湖南地方의 原三國時代 對外交流

# 湖南地方의 原三國時代 對外交流

金京七 著

학연문화사

■ 金京七

전남 영암 출생
목포대학교 사학과 졸(1988년)
목포대학교대학원 사학과 졸(문학석사, 1997년)
공주대학교대학원 사학과 졸(문학박사, 2008년)
현 광주광역시 · 전라남도 문화재전문위원
현 (재)태산문화유산연구원 연구실장

주요 논문으로는
「全南地方 出土 磨製石斧에 대한 硏究」
「靈光 水洞鏡으로 본 被葬者의 性格」
「有孔壺形土器一考」
「南韓地域 出土 漢代 金屬貨幣와 그 性格」
『문화재학 이론과 실제』(공저) 등이 있다.

湖南地方의 原三國時代 對外交流

2009년 11월 5일  초판 1쇄 펴냄

글쓴이 · 김경칠
펴낸이 · 권혁재

책임편집 · 선시현
편집 · 조혜진, 조은숙

펴낸곳 · 학연문화사 | 등록 · 1988년 2월 26일 제 2-501호
주소 · 서울특별시 금천구 가산동 371-28 우림라이온스밸리 B동 712호
전화 · 02-2026-0541~4 | 팩스 · 02-2026-0547
이메일 · hak7891@chol.com | 홈페이지 · www.hakyoun.co.kr

ⓒ 김경칠, 2009

책값은 뒤표지에 있습니다.
잘못된 책은 바꾸어 드립니다.

ISBN  978-89-5508-203-6  93910

# 머리글

　이 책은 박사학위 논문을 수정·보완한 것이다. 원삼국시대 한반도 남부 지역에는 삼한의 정치체들이 철기문화를 기반으로 발전하였다. 그리고 이들 정치체들은 중국 군현(낙랑)과의 교류를 통해서 중국대륙의 선진문화를 입수하고, 변한의 경우는 왜와도 활발한 교류를 하면서 낙랑과 왜를 연결한 중개 무역을 주도하였다. 이러한 대 중국, 낙랑군, 왜와 삼한과의 교류 흔적은 문헌기록상으로 일부 확인되고 있으며, 고고학적인 유물이 곳곳에서 확인되고 있다. 하지만 호남지방은 타 지방에 비해 자료의 양이 적어서 단편적이거나 연구논문 중에서 일부만 언급되는 정도일 뿐, 체계적이지 못한 실정이었다.

　그런데 최근 호남지방에서도 고고학적인 발굴이 증가하면서 대외교류 내용을 살펴볼 수 있는 많은 외래유물이 출토되었고, 기존에 출토된 유물 중에서도 새롭게 확인, 재조명된 외래유물의 양이 증가하였다. 이에 유물의 성격과 대외교류의 변천 양상에 대한 연구의 필요성이 대두되었다. 본 연구는 바로 이러한 호남지방에서 출토된 원삼국시대 외래유물을 통해 대외교류의 양상과 특징을 처음으로 종합적으로 정리했다는 점에서 그 의의를 찾을 수 있다.

　필자가 처음 발굴조사에 참여한 것은 1982년 학부 2학년 겨울방학 때 국립광주박물관에서 발굴조사한 강진 영복리 지석묘 현장이었다. 조그마한 석실을 너무 정성스럽게 정리한 모습을 보고 있던 당시 사학과 이해준 교수(현 공주대학교)님께서 하신, 앞으로 고고학을 공부해도 되겠다는 말씀이 귓전에 생생하다. 그 이후로 어설프게 공부한 고고학이 직업이 될 줄은 생각을 해보지 못했다. 국사선생님이 되는 것이 희망이었는데 국사선생님이 되지는 못했어도 그와 가까운(?) 학문을 하고 있으니 다행이다.

한때 잠시 고고학과는 무관한 전남도립 옥과미술관에서 근·현대 미술 관련 업무를 보게 되어 미술분야에 대한 공부도 할 수 있어 이에 대한 조그마한 안목도 생겨나게 되었다. 이때 고고학의 더 깊이 있는 공부를 하고 싶어 미술관 측의 배려로 대학원 석사과정에 진학하게 되어 「전남지방 출토 마제석부에 대한 연구」로 석사학위를 취득하게 되었다.

얼마간의 공직생활을 접고 2001년 발굴조사 전문기관인 전남문화재연구원이 설립됨과 동시에 직장을 옮겨 호남지방 곳곳에서 실시한 발굴조사에 참여하게 되면서 본격적으로 고고학을 공부하게 되는 기회를 얻었다. 그러던 중 2003년에 유명한 나주 복암리 고분군 주변에 있는 랑동유적을 발굴하면서 중국 신나라 때 화폐인 화천 2점을 출토하였다. 학부 때 발굴조사에 참여한 해남 군곡리 패총에서 출토된 화천도 필자가 발견한 것이니 전남지방에서 출토된 화천 3점을 모두 필자가 발견하는 행운을 얻게 된 것이다. 이에 중국화폐인 화천의 자료를 수집하는 중에 호남지방에 출토된 대외교류 관련 유물이 상당수 있음을 알고 이들의 성격규명과 함께 종합적으로 정리해 볼 필요성이 있어 박사학위 논문의 주제로 선택하게 되었다. 하지만 공부란 하면 할수록 어렵고, 풀리지 않는 수수께끼가 더 많아 의문으로 남는 경우가 많음을 느낀다.

이 책이 나오기까지 많은 분들의 도움을 받았다. 내 생애에 박사라고는 생각지도 못해보았지만 용기를 북돋아 주면서 열정으로 논문을 지도해 주신 공주대학교의 이남석 교수님, 격려와 희망을 심어준 이해준 교수님, 문헌사에 약한 부분을 다듬어 주시고 지적해 주신 정재윤 교수님, 항상 나의 어려운 부탁도 마다하지 않고 도와준 한국전통문화학교 김경택 교수님, 발굴현장의 어려움을 걱정하면서 격려해 주신 충남대학교 우재병 교수님께 각별하게 감사드린다.

정말 힘들고 어려울 때 용기와 격려를 해준 친구인 태산문화유산연구원 정기정 원장, 경인문화재연구원 이한주 원장, 한국문화유산연구원 한성욱 연구실장께 진심으로 감사드린다. 그리고 세상을 원망하면서 고독함과 쓸쓸함을 이기면서 논문을 쓰고 있을 때 도와준 전남문화재연구원 시절의 정일, 윤정국, 김영필, 백명선 등에게도 고마움을 전한다. 또한 목포대학교 사학과 및 고고인류학과 동기 및 후배들과 공주대학교 사학과 교수님, 선후배 여러분들께도 감사드린다. 전남도청의 김희태 문화재전문위원, 국립광주박물관의 신상효 연구관님, 서산초등학교 동창친구들에게도 감사드린다.

그리고 무엇보다도 홀로 사시면서 자식 잘 되기만을 바라는 어머님과 논문이 완성된 후 형이 그렇게 보고 싶다고 하면서 선뜻 연락도 못하고 생의 마지막을 며칠 남겨두고 연락하면서 보고 싶다는 말만 남기고 먼저 간 둘째 동생 광율에게도 미안하다고 전하면서 하늘나라에서 아버님과 함께 정말 행복하기를 기원해 본다.

또한 어렵고 흔들릴 때마다 해결방안을 제시하면서 용기와 희망을 심어준 나의 영원한 동반자이자 인생의 스승인 아내 김승희, 아들 수환, 명환, 우리문화재보존연구소 이군옥 이사에게도 한없는 고마움을 전한다.

끝으로 어려운 여건 속에서도 출판을 허락해 주신 학연문화사 권혁재 사장님께 감사드린다.

노자 『도덕경』의 「上善若水」를 되새기며
2009년 10월
김경칠 식

# 차 례

# 그림 차례

# 표 차례

# 제1장
## 서 론

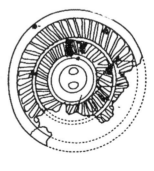

근래 湖南地方에서도 대외교류 내용을 살펴볼 수 있는 外來遺物이 출토되거나, 기존에 출토된 유물 중에서 미처 확인하지 못한 유물들이 재조명되고 있다. 青銅器時代 後期와 初期鐵器時代에는 중국 관련, 原三國時代에는 중국 또는 낙랑, 倭 관련, 三國時代에는 왜 관련 유물들이 관심의 대상이며, 각 유물의 성격과 교류의 시기별 變遷樣相에 대한 연구의 필요성이 대두되게 되었다.

본 연구는 이러한 연구 필요성을 토대로 호남지방에서 출토된 원삼국시대[1]

---

1) 원삼국시대는 고고학적으로 기원전 100년부터 기원후 300년까지의 시기를 지칭하는 것으로 鐵器時代, 原三國時代, 三韓時代, 三國時代 前期 등 다양한 시대용어로 불려지고 있는데, 본고에서는 원삼국시대란 용어를 사용하고자 한다. 이에 관한 대표적인 참고문헌은 다음과 같다.

① 金元龍, 1963, 『韓國考古學概說』, 一志社(제3판).
② 金元龍, 2000, 「原三國時代에 대하여」, 『考古學誌』 第11輯, 韓國考古美術研究所.
③ 安在晧, 1994, 「三韓時代 後期 瓦質土器의 編年-下垈遺蹟을 中心으로-」, 『嶺南考古學』 14, 嶺南考古學會.
④ 신경철, 1995, 「삼한·삼국시대의 동래」, 『동래구지』, 동래구지편찬위원회.
⑤ 李熙濬, 2004, 「초기철기시대·원삼국시대 再論」, 『韓國考古學報』 52, 韓國考古學會.
⑥ 최몽룡·김경택, 2005, 『한성시대 백제와 마한』, 주류성.
⑦ 최성락, 2004, 「초기철시시대·原三國時代 재론에 대한 반론」, 『韓國考古學報』 54, 韓國考古學會.
⑧ 崔鍾圭, 1991, 「무덤으로 본 三韓社會의 構造 및 特徵」, 『韓國古代史論叢』 2, 韓國古代史研究所編, 財團法人 駕洛國史蹟開發研究院.
⑨ 이청규, 2007, 「선사에서 역사로의 전환-原三國時代 개념의 문제-」, 『韓國古代史研究』 46, 한국고대사학회.

외래유물을 통해 대외교류의 양상을 고고학적 방법에 의해 복원하고자 한다. 지리적 범위는 구체적으로 三韓 중 馬韓地域, 고고학 편년으로는 기원전 3세기 후반에서 기원후 3세기 후반까지를 대상으로 하고자 한다.[2] 그리고 이 시기 중국과 한반도의 문화를 기록한 『漢書』, 『後漢書』, 『三國志』, 『晉書』 등의 각종 문헌의 내용도 참고하였다.

한국고고학에서는 交流를 交涉(negotiation), 交易(trade)으로 번역되고 있으나 서양고고학에서 논의되는 相互作用(interaction)이라는 용어를 사용해 두 지역 간의 관계를 나타내는 개념이 우리나라에 소개되어 논의된 바 있다.[3] 따라서 본 연구에서 교류(interaction)의 개념을 교섭, 교역, 貿易 등을 포함하여 물자의 이동, 기술·정보의 이동, 원재료의 이동, 양식(style)의 전이 등으로 인해서 나타나는 상호작용 또는 현상의 모두를 망라하여 포괄적인 의미로 사용하고자 한다.

원삼국시대 한반도 남부지역에는 삼한의 政治體들이 鐵器文化를 기반으로 발전하였다. 그리고 이들 정치체들은 낙랑군과의 교류를 통하여 중국대륙의 선진문화를 입수하고, 변한의 경우는 倭와도 활발하게 교류를 하면서 낙랑과 왜를 연결한 중개무역을 주도하였다. 이러한 對 中國, 樂浪郡, 倭와 三韓과의 교류 흔적은 문헌기록상으로 일부 확인되고 있으며, 고고학적 유적과 유물이 곳곳에서 확인되고 있다.

기록이 없는 先史時代나 기록이 충분치 못한 歷史時代 초기의 교류사 연구는 고고학 자료를 통해 교류양상을 파악할 수밖에 없다. 특히 영남지방은

---

2) 본 연구에 필요한 空間的인 범위는 현재의 행정구역상 전남과 전북을 아우르는 지역으로 한정하되, 논지의 전개상 이 지역을 벗어나는 지역도 포함되고 있으며, 대외교류 관련 유물의 범위를 원삼국시대 이전과 이후의 유물도 부분적으로 함께 다루었다.
3) 權鶴洙, 1994, 「加耶諸國의 相互關係와 聯盟構造」, 『韓國考古學報』 31, 韓國考古學會.
　李盛周, 1996, 「靑銅器時代 東아시아世界體系와 韓半島 文化變動」, 『韓國上古史學報』 第23號, 韓國上古史學會.
　李盛周, 1998, 「韓半島 鐵器時代에 대한 槪念化의 試圖」, 『東아시아의 鐵器文化』, 문화재연구소 국제학술대회 발표논문 제7집, 國立文化財研究所.

많은 대외교류 관련 외래유물 출토를 통해 이러한 연구들이 비교적 활발했지만, 嶺南地方을 제외한 다른 지역에서는 백제와 중국·왜와의 교류관계에 대한 연구가 단편적이고 미진한 형편이었다. 그러다가 그 밖의 지역에서도 외래유물 중 낙랑 관련 유물들이 다수 발견되므로써 이에 대한 연구가 활발하게 진행되고 있는 추세이다. 이러한 연구들의 대부분은 교류, 교섭, 교역 등에 초점이 집중되고 있으며, 그 대상지역은 中國, 樂浪, 倭가 중심인데 그 중에서도 중국 및 낙랑이 가장 중심을 이룬다.

중국 화폐와 복골, 장신구, 철기 등은 완제품과 제작기술이 유입되었는데, 호남지방의 이 분야 연구, 특히 원삼국시대 對外交流를 다룬 연구는 중국으로부터 서해안과 남해안을 거쳐 일본에 이르는 해상루트를 통한 것으로 海路의 역할을 강조한 견해와,[4] 粘土帶土器文化期에 있어서 점토대토기, 鐵莖銅鏃, 복골, 화폐 등을 통해서 중국 또는 낙랑으로부터 철기문화의 확산과 함께 대외교류가 이루어졌으며, 그 루트는 육로와 해로를 통해서 외래유물들이 유입되거나 파급된 것으로 보는 견해가 있다.[5] 또한 영광 수동유적에서 출토된 倣製鏡을 검토하여 토광묘의 被葬者가 낙랑군과의 직·간접적으로 技術과 情報를 통한 대외교류를 실시하여 漢鏡을 모방한 방제경을 在地에서 제작하여 실질적으로 지배의 정당성을 유지한 것으로 본 연구[6]가 있으며, 나주 랑동유적에서 출토된 貨泉을 분석하여 낙랑에서 유입된 화천은 현지의 재지상인나 교역자에 의해 영산강의 내륙수로를 따라 유입된 후에 전세되어 저습지에 폐기된 것으로 본 글도 있다.[7]

4) 최성락, 1993,『韓國 原三國文化의 硏究』, 學硏文化社, p. 253.
   최성락, 2000,「호남지역의 철기시대-연구현황과 과제-」,『호남지역의 철기문화』, 第8回 湖南考古學會 學術大會 發表要旨, 湖南考古學會, pp. 18~19.
5) 申敬淑, 2002,『湖南地域 粘土帶土器 硏究』, 木浦大學校大學院 碩士學位論文, pp. 90~93.
6) 김경칠, 2005,「靈光 水洞鏡으로 본 被葬者의 性格」,『지방사와 지방문화』第8권 2호, 역사문화학회편, 학연문화사.
7) 김경칠, 2006,「羅州 郎洞遺蹟 出土 貨泉의 性格」,『全南文化財』第13輯, 全羅南道.

호남지방에 대한 이러한 연구들은 매우 단편적이거나 다른 연구논문 중에서 일부만이 언급되는 정도여서 체계적이지 못한 실정이었다. 하지만 영광 수동의 방제경이나 나주 랑동의 화천과 같이 특정 유물을 대상으로 한 연구도 일부 있어 그 범위를 확대하여 호남지방에서 출토된 대외관련 자료들을 찾아 정리해 보면 호남지방 원삼국시대의 대외교류 상황을 체계적이고 종합적으로 연구할 수 있을 것으로 기대된다.

지금까지 원삼국시대의 대외교류 관련 연구는 고고학 발굴 결과 출토된 특정 유물을 중심으로 이루어질 수밖에 없었다. 일반적으로 대외교류의 물적 증거인 외래유물은 정치체의 대외교류 형태와 발전 정도를 간접적으로 가늠해 볼 수 있는 기초자료로 평가되고 있다. 또한 고대사회에 있어서 외래유물은 대체로 위세품으로 특정 계층이 소유하고 아울러 교류 상대국과의 정세에 따라 다양한 변화상을 나타낸다.[8]

본 연구에서는 지금까지의 연구성과를 동경이나 토기 등의 특정 유물과, 중국 또는 낙랑, 왜와 삼한 사이에 이루어진 대외교류 연구를 요약하여 정리하고자 한다.

특정 유물을 대상으로 한 교류의 연구는 銅鏡, 漢代貨幣, 帶鉤, 土器類 등이 대표적이다. 동경은 청동기시대 이래 대표적 신분상징물로 원삼국시대에는 각 지역 최고지배층에서 漢鏡을 지배의 정당성 확보를 위해서 威勢品으로 중국이나 낙랑을 통해 朝貢貿易의 형태로 유입, 소지한 것으로 본다. 또 이는 한경을 통해 유력 정치체들이 한군현의 교섭상대로 인정받으려는 것으로 보는 연구도 있다.[9]

漢代 화폐로는 오수전, 화천 등이 출토되었는데, 이들이 중국이나 낙랑상인과의 상거래의 과정에서 유입된 것으로 보는 연구[10]와 印綬衣幘의 수여

---

8) 함순섭, 1998, 「天安 淸堂洞遺蹟을 통해 본 馬韓의 對外交涉」, 『馬韓史硏究』, 忠南大學校 出版部, p. 52.
9) 成正鏞·南宮丞, 2001, 「益山 蓮洞里 盤龍鏡과 馬韓의 對外交涉」, 『考古學誌』 第12輯, 韓國考古美術硏究所.

형식을 통한 정치적 상징성 의미의 위세품의 성격으로 유입되었다고 보는 연구가 있다.[11] 帶鉤는 着裝用具類의 일종으로 虎形과 馬形으로 구분되는데, 漢代의 유물이 직접 한반도에 유입된 것이거나 원료를 수입하여 모방 제작된 경우가 있었을 것이다. 김구군은 帶鉤를 VIII형식으로 분류하고 각 단계별로 변화 양상을 고찰, 편년을 만들었다.[12]

토기는 樂浪(系)土器, 中國土器, 倭(系)土器 등으로 나누어지는데, 낙랑토기는 제작기법에 대한 연구[13]와 백제지역과 호남지방의 일부 토기의 기종과 영남지방의 와질토기에 繩文타날과 格子文이 타날된 기종들이 낙랑토기의 영향을 받아 제작된 것으로 보는 연구가 대부분이다.[14] 또한 중부지역 및 강

10) 崔盛洛, 1993, 앞의 책.

　　李賢惠, 1998, 「三韓의 對外交易체계」, 『韓國 古代의 생산과 교역』, 一潮閣.

　　李在賢, 2000, 「加耶地域出土 銅鏡과 交易體系」, 『韓國古代史論叢』 9, 韓國古代社會研究所編, 財團法人 駕洛國史蹟開發研究院.

　　박선미, 2008, 「한반도 출토 漢代 화폐와 그 의미-古朝鮮 멸망 이후 삼한지역 교역체계의 변동과 관련하여-」, 『先史와 古代』 28, 韓國古代學會.

　　武末純一, 2009, 「茶戶里遺蹟과 日本」, 『考古學誌』 特輯號, 國立中央博物館.

11) 이재현, 2005, 「남한출토 낙랑관련 유물의 현황과 성격」, 『낙랑의 고고학』, 제33회 한국상고사학회 학술발표대회, 한국상고사학회.

　　李釩起, 2006, 「考古學資料를 통해 본 古代 南海岸地方 對外交流-貨幣와 卜骨을 中心으로-」, 『지방사와 지방문화』 제9권 2호, 역사문화학회편, 학연문화사.

　　金京七, 2007, 「南韓地域 出土 漢代 金屬貨幣와 그 性格」, 『湖南考古學報』 27, 湖南考古學會.

12) 金邱軍, 2000, 「虎形帶鉤의 型式分類와 編年」, 『慶北大學校 考古人類學科 20周年 紀念論叢』, 慶北大學校 人文大學 考古人類學科.

13) 오영찬, 2001, 「낙랑토기의 제작기법」, 『낙랑』 특별전 도록, 국립중앙박물관.

　　정인성, 2005, 「樂浪土器와 평기와의 제작기법-盆形土器의 관찰과 제작실험을 중심으로-」, 『낙랑의 고고학』, 제33회 한국상고사학회 학술발표대회, 한국상고사학회.

14) 토기에 대한 연구논문은 다음과 같다.

　　김종만, 1999, 「馬韓圈域出土 兩耳附壺 小考」, 『考古學誌』 第10輯, 韓國考古美術研究所.

　　朴淳發, 2004, 「百濟土器 形成期에 보이는 樂浪土器의 影響-深鉢形土器 및 長卵形土器 形成 過程을 중심으로-」, 『百濟研究』 第40輯, 忠南大學校 百濟研究所.

　　朴淳發, 2005, 「土器相으로 본 湖南地域 原三國時代 編年」, 『湖南考古學報』 21, 湖南考古學會.

원지역에서 많이 발견되고 있는 낙랑토기들은 완제품으로 낙랑지역에서 직접 유입된 것도 있지만, 재지에서 제작된 낙랑계토기는 낙랑지역으로부터 이동한 주민에 의해 제작된 것으로 보고 있다.[15] 이러한 낙랑의 영향을 받아 제작된 토기들은 낙랑과의 교류에 의해 유입된 것으로 그 방법은 제작기술의 유입, 주민이동에 의한 것 등으로 남부지역의 토기제작에 영향을 미쳐 각 지역의 土器 발달에 기여하였다.

중국토기는 주로 중부지역의 마한 및 백제지역에서 출토되고 있다. 이 중 錢文陶器, 施釉陶器 등은 마한연맹체의 맹주로 부상한 한강유역의 백제가 중국 西晉과의 교류에 의해 유입된 것으로 보며,[16] 東晉대에는 중국도자가 유입되었는데 이는 백제가 대외적으로 중국과의 조공무역을 통해 한 국가로서 위상을 높이고 왕의 권위를 확고히 하기 위한 목적이 있다고 보는 것이 지배적이다.[17]

왜계토기는 彌生系土器가 부산 및 김해지역을 중심으로 한 동남해안 지역

徐賢珠, 2006, 『榮山江流域 三國時代 土器 硏究』, 서울大學校大學院 博士學位論文.

李盛周, 1999, 「弁·辰韓地域 墳墓 出土 1~4世紀 土器의 編年」, 『韓國考古學報』 24, 韓國考古學會.

安在晧, 2000, 「弁·辰韓の木棺墓文化」, 『東夷世界の考古學』, 靑木書店.

김길식, 2001, 「삼한지역 출토 낙랑계 문물」, 『낙랑』 특별전 도록, 국립중앙박물관.

15) 金武重, 2004, 「考古資料를 통해 본 百濟와 樂浪의 交涉」, 『湖西考古學』 第11輯, 湖西考古學會.

金武重, 2004, 「華城 旗安里製鐵遺蹟 出土 樂浪系土器에 대하여」, 『百濟硏究』 第40輯, 忠南大學校 百濟硏究所.

16) 權五榮, 1988, 「考古資料를 중심으로 본 百濟와 中國의 文物交流-江南地方과의 관계를 중심으로」, 『震檀學報』 第66號, 震檀學會.

朴淳發, 1999, 「漢城百濟의 對外關係-國家 成立期 對外交涉의 實狀과 意義-」, 『百濟硏究』 第30輯, 忠南大學校 百濟硏究所.

17) 權五榮, 1988, 앞의 논문.

尹龍二, 1988, 「百濟 遺蹟發見의 中國磁器를 通해 본 南朝의 交涉」, 『震檀學報』 第66號, 震檀學會.

김영원, 1998, 「百濟時代 中國陶磁의 輸入과 倣製」, 『百濟文化』 第27輯, 公州大學校 百濟文化硏究所.

에 주로 출토되고 있다. 토기교류에 대한 연구는 원삼국 토기가 일본지역으로 이입된 시기와 역사적 배경, 그 이후의 전개사항과 한국 내에서의 彌生系土器 출토의 역사적 의미의 해석 문제, 교섭을 담당한 집단 간에 의한 산물과 집단 또는 개별 이주 등이 주요 논의점이다.[18] 이 밖에 원삼국시대 鐵器의 지역성과 전개양상의 특성을 정리한 글도 있다.[19]

교류 대상국은 주로 중국 및 낙랑이고 교류형태는 낙랑 및 중국 본토와의 조공무역 및 원거리 교섭에 의한 물자의 이동, 기술의 전래, 주민의 이동, 사상적 영향관계에 의한 대외교류 관련 유물의 유입 연구가 대부분이다.[20] 한편 낙랑군에서 삼한지역으로 유입된 유물을 漢式과 非漢式으로 구분하고, 이 중 한식유물은 상위계층 간에 이루어진 朝貢貿易 형태로, 비한식유물은 하위계층 간에 이루어지는 것으로 이동이나 무역 등을 통한 교섭의 형태라고 파악한 연구도 있다.[21]

倭와의 대외교류 연구는 1980년 후반에서 1990년대에 걸쳐 영남지방에서 倭系遺物의 출토 例가 증가하면서 영남지방을 중심으로 활발하게 진행되었

---

18) 後藤直, 1987, 「朝鮮系無文土器再論」, 『岡崎敬先生退官紀念東アジア考古と歷史』.
　　河仁秀, 1990, 「無文土器時代」, 『東萊福泉洞萊城遺蹟-考察』.
　　井上主稅, 2006, 『嶺南地方 출토 倭系遺物로 본 韓日交涉』, 慶北大學校大學院 博士學位論文.
19) 李南珪, 2005, 「韓半島 西部地域 原三國時代 鐵器文化-地域性과 展開樣相의 特性-」, 『원삼국시대 문화의 지역성과 변동』, 제29회 한국고고학전국대회, 韓國考古學會.
20) 함순섭, 1998, 앞의 논문.
　　박순발, 2001, 「馬韓 對外交涉의 變遷과 百濟의 登場」, 『百濟研究』 第33輯, 忠南大學校 百濟研究所.
　　鄭仁盛, 2003, 「弁韓·加耶의 對外交涉-樂浪郡과의 교섭관계를 중심으로-」, 『가야 고고학의 새로운 조명』, 부산대학교 한국민족문화연구소편, 혜안.
　　權五榮, 2003, 「物資·技術·思想의 흐름을 통해 본 百濟와 樂浪의 交涉」, 『漢城期 百濟의 물류시스템과 對外交涉』, 한신대학교학술원, 학연문화사.
　　金武重, 2004, 앞의 논문.
21) 高久健二, 1997, 「樂浪郡과 三韓과의 交涉形態에 대하여-三韓地域 出土의 漢式遺物과 非漢式遺物의 檢討를 중심으로-」, 『文物研究』 창간호, 재단법인동아시아문물연구학술재단.

다.[22] 지역별 교류문제는 늑도 유적에서 출토된 외래유물을 통해 녹도를 韓·中(낙랑)·日(왜) 사이에 행해진 교역의 거점 역할을 한 곳으로 정리한 글[23]과 제주도의 대외교류의 양상을 정리한 글[24]이 있다.

한편 대외교류를 종합적으로 정리한 글로는 청동기시대부터 원삼국시대까지 고고학적인 자료를 바탕으로 각 지역별로 구분해서 韓中交流의 양상을 종합한 연구[25]와 남한지역에서 출토된 낙랑 및 한대유물을 정리하여, 그 성격과 남부지역 사회와 낙랑과의 관계에 대하여 정리한 것,[26] 한일교류와 관련된 자료가 한·일 양국의 연구자에 의해 집대성된 것,[27] 한일 문화교류의 연구에 있어서의 논쟁점과 해석상의 시각 차이와 전망에 대해 정리한 것[28] 등이 있다.

이상의 연구사를 검토해 보면, 대개 다음과 같은 몇 가지 특징과 문제점이 있다.

---

22) 後藤直, 1987, 앞의 논문.

柳田康雄, 1989, 「朝鮮半島における日本系遺物」, 『九州における古墳文化と朝鮮半島』, 學生社.

河仁秀, 1990, 앞의 책.

安在晧·洪潽植, 1998, 「三韓時代 嶺南地方과 北九州地方의 交涉史 硏究」, 『韓國民族文化』 12, 부산대학교 한국민족문화연구소.

李盛周, 2003, 「加耶-倭 相互作用에 대한 考古學의 解釋-韓半島 南部地域 出土 倭系遺物의 解釋-」, 『伽倻文化』 第16號, 財團法人 伽倻文化硏究院.

井上主稅, 2006, 앞의 논문.

23) 李健茂, 2001, 「勒島遺蹟을 통해 본 古代 國際交流」, 『勒島遺蹟을 통해 본 韓·中·日 古代 文化 交流』, 慶尙南道·慶尙大學校博物館.

24) 조현종, 2005, 「先史時代 濟州의 對外交流」, 『제주도의 고고학』, 제13회 호남고고학회 학술대회 발표요지, 湖南考古學會.

25) 李淸圭, 2003, 「韓中交流에 대한 考古學的 접근-청동기시대에서 철기시대까지-」, 『韓國古代史硏究』 32, 한국고대사학회.

26) 이재현, 2005, 앞의 논문.

27) 小田富士雄·韓炳三 編, 1991, 『日韓交涉の考古學-彌生時代 篇-』, 六興出版.

28) 최성락, 2005, 「고고학에서 본 고대 한일 문화교류의 쟁점」, 『북방사논총』 8호, 고구려연구재단.

지금까지의 연구는 크게 중서부지역의 마한이나 백제국 중심으로 낙랑이나 중국과의 교류를 다룬 연구와 영남지방의 경우는 변·진한을 중심으로 낙랑이나 중국 및 왜와의 교류를 다룬 연구가 주류이며, 유물의 경우 동경, 토기, 장신구 등의 특정유물이 중심이 된 것이 많은데, 그 중에서도 주로 동경과 토기의 연구가 가장 많다.

　중서부지역의 경우, 동경으로 마한이나 백제의 對 중국 및 낙랑과의 교류관계에 중심이 보이지만, 3세기대 이후부터는 중국 郡縣뿐만 아니라 西晉 및 東晉系 유물을 중심으로 하여 한강유역의 漢城期의 백제와 중국과의 대외교류에 초점이 맞추어져서 한강유역의 백제국을 부상시키려는 논지의 연구가 활발하다. 최근에는 경기도 및 중부지방에서 낙랑계 유물의 출토가 증가하면서 낙랑과 백제와의 대외교류의 연구가 활성화되고 있지만, 이를 종합적으로 정리한 연구는 아직 없는 실정이다. 영남지방의 경우, 비교적 낙랑, 倭와의 교류를 알 수 있는 외래유물이 많이 출토되고 있어 연구가 활발한 편인데, 주로 진·변한, 가야세력과의 관계가 중심이며, 각 특정유물뿐만 아니라 종합적으로 정리한 연구도 다수 있다. 이는 다른 지역에 비해 외래유물의 출토 비율이 편중되어 있어 연구도 국내뿐만 아니라 일본에서도 활발하게 이루어지고 있기 때문이다. 반면 호남지역의 경우는 이렇다 할 연구가 거의 없었는데 원삼국시대 대외교류 연구의 필요성이 대두되고, 자료의 축적도 어느 정도 이루어졌고, 이에 따라 호남지방 원삼국시대 대외교류의 양상을 綜合的으로 정리할 필요성도 제기되고 있다.

　연구의 방법과 대상 자료[29]는 제Ⅱ장에서 다루었다. 유적을 소개하고 그 내용을 검토하였으며, 호남지방의 원삼국시대 대외교류 관련 유물이 출토된 유적을 분묘, 주거, 패총, 저습지, 매납, 기타 출토품 등으로 분류해서 유구의

---

29) 본 연구에서 사용하고자 하는 用語들은 연구자들이 기존에 발표하면서 사용한 용어를 그대로 따르는 것을 원칙으로 하되, 논리의 전개상, 또는 용어가 개정되어 사용된 경우 등은 일부 고쳐서 사용하기도 하였다.

성격과 함께 유적에서 어떠한 대외교류 관련 유물이 출토되었는가를 살펴보았다.

제Ⅲ장에서는 호남지방의 각 유적에서 출토된 원삼국시대의 對外交流 관련 유물을 청동기류, 철기류, 화폐류, 옥류, 토기류, 복골 등의 유형별로 나누어서 형식분류, 타 지역과의 비교 검토, 유물의 특징, 원산지 검토 등을 종합적으로 分析을 실시하고자 한다. 이러한 유형별로 분석한 결과를 바탕으로 유물의 성격을 파악하고자 한다.

호남지방 원삼국시대의 倣製鏡은 영광 수동유적에서 출토된 2면이 있다. 제Ⅳ장에서는 이 방제경을 중심으로 그 특징을 검토하고 타 지역 출토품과 비교하여 제작지와 제작배경, 유구의 편년과 피장자의 성격을 고찰하여 제작기술 정보를 통한 대외교류를 살펴보고자 한다.

원삼국시대에 해당하는 한반도의 각 유적에서는 漢代의 금속화폐가 발견되고 있는데 그 출토지역이 중국문화의 직접적인 영향을 받았던 것으로 보이는 북부지역에 집중되어 있다. 그러나 이 지역에 비해 출토 빈도나 수량은 적지만, 북부지역과는 거리가 먼 호남지방이 포함된 서남해안 지역의 도서 및 해안지역에서 뿐만 아니라 호남·영남 내륙지방과 한강유역, 동해안 지역에서도 한대 금속화폐의 출토 예가 증가하고 있다. 제Ⅴ장에서는 호남지방을 중심으로 한대 금속화폐의 유입시기, 용도 및 성격, 교류형태를 살펴봄으로써 원삼국시대 한대 금속화폐를 통한 대외교류의 일면을 고찰해 보고자 한다.

제Ⅵ장에서는 앞 장들에서 살펴본 대외교류 관련 유물의 검토와 성격을 통해서 얻은 결과를 바탕으로 유물의 유입시기를 설정해서 각 시기별로 대외교류의 교류품, 방법, 주체 등의 변천과 특징을 고찰하여 호남지방 원삼국시대 대외교류의 양상을 종합하고자 한다.

# 제Ⅱ장
## 대외교류 관련 유적

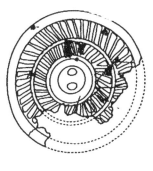

.

交流란 여러 가지 형태로 이루어지는 人間活動을 말하는데, 특히 고고학적 자료는 선사시대의 문화체계를 연구하는 데 중요한 문화해석을 가능하게 해준다. 인간활동은 한 지역에서 다른 지역으로 移動하는 일방적인 경우와 두 지역에서 서로 주고받은 경우가 있는데 진정한 의미의 교류란 양 방향으로 이루어지는 것을 말한다. 선사시대의 교류활동은 그 공간적인 범위가 海上과 陸上을 통하여 이루어졌는데, 그 중에서도 해상을 통한 교류가 주로 이루어졌음을 알 수가 있다.

교류의 방법으로는 교환, 교역, 교섭, 무역, 전파, 외교, 조공, 물자, 기술, 정보, 전쟁, 이동, 여행, 표류 등등이 있을 수 있는데, 先史時代나 古代에는 이러한 행위에 대한 증거가 유적에서 遺物로 남기고 있는 경우가 많다. 이러한 유적은 여러 가지가 있을 수 있는데, 유적에서 어떠한 상태로 유물이 출토되었는가 또는 공반된 유물이 무엇인가, 유적이 위치한 장소는 어디인가, 어떠한 유구에서 출토되었는가에 따라 여러 가지의 정보를 얻을 수 있다.

특히 기록이 없는 선사시대나 기록이 충분치 못한 歷史時代 초기에는 유적에서 출토된 고고학 자료를 통해 교류의 양상을 파악할 수밖에 없다. 따라서 고고학에서는 유적에서 출토된 유물을 통해 본 교류나 原産地 추정 등에 대한 연구가 구석기시대 분야부터 꾸준하게 진행되어 오고 있으며, 원삼국시대부터는 본격적으로 그 증거들이 유적에서 출토된 고고학적인 유물로 나타나고 있다.

따라서 본 장에서는 호남지방의 원삼국시대 대외교류 관련 유물이 출토된 유적을 성격별로 분류해서 검토하고자 한다. 유적은 크게 분묘 유적, 주거 유적, 패총 유적, 저습지 유적, 매납 유적, 유구는 알 수 없으나 유물이 출토된 곳이나 유물 출토지로 傳하는 곳을 기타로 구분하여 그 유구의 성격과 함께 유적에서 출토된 유물을 살펴보고자 한다.

그리고 분묘 유적은 토광묘, 토광석곽묘, 토광목관묘, 주구묘, 적석석관묘 또는 적석목관묘, 삼국시대 고분 등으로 세분할 수 있으나 이를 총괄해서 분묘유적으로 칭해서 검토하고자 한다.

# 1. 분묘 유적

호남지방에서 원삼국시대의 대외교류 유물이 발견된 분묘 유적으로는 토광묘, 적석토광묘 또는 적석목관묘, 주구묘 등이 있다. 토광묘는 일반적으로 토광직장묘, 토광목관묘, 토광목곽묘 등으로 분류되나 호남지방의 토광묘는 청동시대의 석관묘계열인 積石土壙墓 또는 積石木棺墓와 유구 주변에 간단히 돌을 두른 圍石土壙墓, 주구가 있는 周溝土壙墓와 周溝가 없는 단독 토광묘 등으로 나누어진다. 초기의 토광묘 형태는 장수 남양리에서처럼 토광묘에 일부 積石을 한 형태로 이를 적석토광묘 또는 적석목관묘라고 하는데 익산 평장리, 전주 여의동, 화순 대곡리, 함평 초포리 유적이 같은 계열로 보이나 이들 분묘에서는 靑銅器만 출토되었으나 남양리에서는 鐵器類가 청동기와 공반되었고, 평장리에서는 前漢鏡이 발견된 점이 다르다. 위석토광묘는 화순 용강리와 나주 마산리에서 확인되었다.

단독 토광묘는 완주 갈동 유적 등 최근에 호남지방에서 많이 확인되고 있는데, 토광묘의 편년을 기원전 2세기~1세기경과 기원후 2세기~5세기경으로 함으로써 둘 사이에 공백을 두고 있다. 주구토광묘는 周溝墓라고도 하는데 호남지방뿐만 아니라 중서부지역에서도 많이 확인되고 있으며, 최근에는 이러한 주구묘를 '先墳丘 後埋葬'의 축조방식을 바탕으로 墳丘墓의 범주에 포함시키고 있다. 분구묘는 대상부의 평면형태에 따라 방형계, 제형계, 원형계 등으로 구분하며 그 성격은 충청과 호남지방에서 나타나는 마한의 특징적인 묘제로 보고 있다.[1]

## 1) 익산 평장리

전북 익산시 왕궁면 평장리 관동마을 남편의 서향한 구릉상에서 토광묘로 추정되는 유구에서 蟠螭文鏡 1면(그림 4-8)이 細形銅劍, 銅鉾, 銅戈와 함께 수습되었다. 반리문경은 12편으로 나누어져서 수습되었는데 결실된 부분이 많아서 전체를 복원하기는 어렵다. 복원된 직경은 13.4cm이며, 周緣은 높이 0.3cm의 匕緣이며, 두께는 0.2cm로 素文帶를 돌리고 있다. 外緣과 內區는 폭이 좁은 斜行櫛齒文帶와 평권의 素圈帶가 있다. 내구의 문양은 細線의 渦文으로 사이를 메우고, 十字形으로 四葉文을 鑄出하고 그 사이 사이에는 蟠螭文을 배치하였다. 내구의 내측에는 素圈帶二條를 돌리고 紐는 결실되었으나 紐座의 흔적이 일부분이 남아 있다. 동경의 연대는 戰國 말~前漢 초기로 추정하고 있다.[2]

## 2) 익산 신동리

전북 익산시 팔봉동 신동리의 저평한 구릉의 토광묘에서 鐵斧, 鐵鉇가 출토되었다. 주조철부(그림 2-3-⑦)는 1호 토광묘에서 細形銅劍, 劍把頭飾, 粘土帶土器와 함께 출토되었다. 평면형태는 장방형이며 銎部 단면은 장방형을

---

1) 崔完奎, 2000, 「湖南地域의 馬韓墳墓 類型과 展開」, 『湖南考古學報』 11, 湖南考古學會.
　崔完奎, 2002, 「全北地方의 周溝墓」, 『東아시아의 周溝墓』, 호남고고학회 창립 10주년 기념 국제학술 발표요지, 湖南考古學會.
　崔完奎, 2006, 「墳丘墓 硏究의 現況과 課題」, 『墳丘墓·墳丘式 古墳의 新資料와 百濟』, 第49回 全國歷史學大會 考古學部發表資料集, 韓國考古學會.
　李澤求, 2006, 『韓半島 中西部地域 馬韓 墳丘墓 硏究』, 全北大學校大學院 碩士學位論文.
2) 全榮來, 1987, 「錦江流域 靑銅器文化圈 新資料」, 『馬韓·百濟文化』 第十輯, 圓光大學校 馬韓·百濟文化硏究所.

띤다. 측면은 긴 삼각형을 이루며 鏺部와 刃部의 폭이 신부보다 넓다. 길이 8.6cm이다. 철사(그림 2-4-⑤)는 2호 토광묘에서 점토대토기와 함께 출토되었다. 단조품으로 선단부는 삼각형을 이루며, 단면형태는 초승달 모양으로 곡선을 이루고 있다. 전체적으로 봉부에서 착부로 내려갈수록 좁아지는 형태이다. 현 길이 14.2cm이다. 유적의 연대는 기원전 2세기 전반~중엽경으로 추정하고 있다.[3]

### 3) 장수 남양리

전북 장수군 장수읍의 금강 최상류에 가까운 소백산맥 기슭 가장자리의 해발 360m 고지대의 동서 양쪽으로 이어진 산맥에 에워싸여 형성된 긴 고원분지에 위치한다. 土壙石槨墓나 土壙木棺墓의 분묘 유적으로 細文鏡, 細形銅劍, 劍把頭飾, 銅矛, 銅鑿, 粘土帶土器, 黑陶長頸壺, 石鏃, 숫돌 등과 함께 鐵斧, 鐵鉇, 鐵鑿 등의 철기류와 유리제 관옥 4점이 출토되었다. 철부(그림 2-3-①·②·⑥)는 4점이 출토되었는데 모두 주조품으로 단면 장방형의 소켓트를 가지고 있으며, 길이 11.1~16.5cm, 너비 4.2~6.0cm이다. 철사(그림 2-4-①~④)는 4점이 출토되었고, 철착(그림 2-4-⑥)은 2점으로 주조품이며, 길이 17.5~18.5cm이다. 유리제 관옥은 2호에서 출토되었는데, 청녹색을 띠며 4점 모두 크기가 각각 다르다. 부여 합송리,[4] 당진 소소리[5] 출토품과 같은 중국계통의 납바륨유리로 보인다. 유적의 연대는 기원전 2세기 말~1세기 전반경으로 추정하고 있다.[6]

---

3) 崔完奎 외, 2005, 『益山 信洞里 遺蹟』, 圓光大學校 馬韓·百濟文化硏究所.
4) 李健茂, 1990, 「扶餘 合松里遺蹟 出土 一括遺物」, 『考古學誌』 第2輯, 韓國考古美術硏究所.
5) 李健茂, 1991, 「唐津 素素里遺蹟 出土 一括遺物」, 『考古學誌』 第3輯, 韓國考古美術硏究所.
6) 池健吉, 1990, 「長水 南陽里 出土 靑銅器·鐵器 一括遺物」, 『考古學誌』 第2輯, 韓國考古美術硏究所.
   尹德香, 2000, 『南陽里 發掘調査報告書』, 全北大學校博物館.

## 4) 완주 갈동

전북 완주군 이서면 반교리에 위치한 유적으로 해발 50m 이내의 야트막한 구릉에서 토광묘 5기가 조사되었는데, 동촉, 철겸, 철부, 철사, 환형유리가 출토되었다. 동촉(그림 2-2-①~③)은 3호 토광목곽묘의 서쪽 장벽 충전토 위에서 흑도장경호 2점, 점토대토기, 철부, 철겸, 관옥 등과 함께 3점이 출토되었다. 동촉은 兩翼形으로 길이 3.5~4.1cm, 폭 1.5cm 내외로 莖部가 있다. 한 점에는 화살대가 꽂혀 있으며, 바닥면에서 漆痕이 확인되어 화살통에 부장하였던 것으로 보인다. 鐵鎌은 2호 土壙木棺墓에서 1점(그림 2-4-⑧), 3호 土壙木槨墓에서 1점(그림 2-4-⑦)이 출토되었다. 모두 鑄造品으로 길이 24cm 이상의 대형으로 기부와 등 부분이 돌출되어 있으며, 자루를 착장하는 부분이 약간 패여 있어 刃部와 구분되는 형태이다. 鐵斧는 3호에서 1점(그림 2-3-⑤), 4호 토광목관묘에서 2점(그림 2-3-③·④), 6호 토광목관묘에서 2점, 9호 토광목관묘에서 2점 등 총 7점이 출토되었다. 모두 주조품으로 銎部 형태가 장방형이다. 3호 출토품은 길이 10.1cm, 인부 폭 5.1cm, 공부 5.1×1.9cm로 한쪽면에 구멍이 뚫려 있다. 4호 출토품 중 하나는 길이 12.1cm, 인부 폭 5.0cm, 공부 5.0×2.1cm이며, 다른 하나는 길이 16.8cm, 인부 폭 5.4cm, 공부 6.3×2.5cm이다.

6호 출토품은 길이 12.3cm, 인부 폭 6.1cm, 공부 2.0×5.3cm, 다른 하나는 길이 12.0cm, 인부 폭 6.0cm, 공부 2.5×6.1cm이다. 9호 출토품은 길이 16.7cm, 인부 폭 5.1cm, 공부 3.0×6.0cm로 가장 길고 큰 형태이다. 다른 하나는 잔존 길이 14.9cm, 폭 5.4cm로 공부가 결실되어 있다. 철사는 6호 토광목관묘에서 1점이 출토되었는데 자루를 고정하는 쪽이 1/3 정도가 결실되었다. 단조품으로 잔존 길이 14.7cm, 폭 2.6cm, 두께 0.2cm이다. 環形琉璃은 2호 토광목관묘에서 2점(그림 2-5-⑬~⑭)이 철겸, 우각형파수 등과 함께 출토되었다. 한 점은 완형이고, 다른 한 점은 일부러 깨뜨려서 부장하였다. 직경 3.7~4.2cm, 두께 0.3cm이며 청록색이다. 유적의 연대는 기원전 2세기 초반~기원전 1세기 말경으로 추정하고 있다.[7]

### 5) 완주 상운리

전북 완주군 용진면 상운리의 산간지역에서 평야지대로 진입하는 경계에 해당되는 구릉지에 위치한다. 이 유적의 가지구 1호 분구묘 2호 토광에서 半兩錢 1점과 金箔琉璃玉 1점이 연질壺 2점, 玉 593점 등과 함께 출토되었다.[8]

### 6) 고창 만동

전북 고창군 아산면 봉덕리에 위치한 해발 46m의 남북방향으로 형성된 독립구릉에서 주구묘가 조사되었는데, 10호 주구묘의 1호 토광묘에서 水晶製 多面玉(그림 2-5-⑨-⑪)이 출토되었다. 유구의 연대는 3세기 중반~4세기 중반으로 추정하고 있다.[9]

### 7) 함평 초포리

전남 함평군 나산면에 위치한 유적으로 영산강의 지류인 해보천과 조사천이 합류하는 표고 20~30m 가량의 평지성 구릉에서 積石石棺墓나 積石木棺墓로 추정되는 분묘에서 中國式銅劍 1점(그림 2-1-②)이 細文鏡, 細形銅劍, 劍把頭飾, 銅鉾, 銅戈, 銅斧, 銅鑿, 銅鉇, 竿頭鈴, 雙頭鈴, 曲玉, 숫돌 등과 함께 출토되었다. 중국식동검은 부장품으로 두 편으로 파손되어 상당 부분이 결실되었으며 전체적으로 기포가 많고 거칠다. 劍身단면이 扁菱形에 가깝고, 柄部의 단면이 볼록렌즈형이다. 추정 길이 35cm, 추정 검신 최대 폭 4.5cm이다. 유적의 연대는 기원전 2세기 초~2세기 전반으로 추정하고 있다.[10]

---

7) 金建洙 외, 2005,『完州 葛洞遺蹟』, 湖南文化財研究院.
　　湖南文化財研究院, 2009,『完州 葛洞遺蹟(Ⅱ)』.
8) 金承玉・金澤求, 2004,「完州 上雲里遺蹟 發掘調査 槪報」,『통일신라시대고고학』, 제28회 한국고고학전국대회, 한국고고학회.
9) 金建洙・李永德, 2004,『高敞 萬洞遺蹟』, 湖南文化財研究院.
10) 李健茂・徐聲勳, 1988,『咸平草浦里遺蹟』, 國立光州博物館.

## 8) 영광 수동

전남 영광군 대마면 화평리의 야트막한 구릉 기슭에 위치한 토광묘 유적에서 倣製鏡 2면과 水晶製 多面玉 2점이 鳥文青銅器, 硬質無文土器, 鐵刀子, 管玉·小玉 등과 함께 출토되었다. 방제경a(그림 4-2-①)는 직경 8.5cm로 鏡面은 평평하며, 背面은 鈕座-鋸齒文＋連弧文-櫛齒文-周緣으로 구성되어 있다. 鈕座는 원형이며, 鈕는 半球形으로 높이 0.7cm이다. 원형의 뉴좌 둘레에 가는 띠를 돌렸는데 이 띠와 연호문 사이에 3重의 細長한 鋸齒文 10개를 배치하였고, 그 외측에 반원형의 10엽의 연호문을 施文하였다. 연호문 외측으로는 시계방향으로 斜行櫛齒文을 배치하였다. 周緣은 素文으로 폭 1.2cm, 두께 0.4cm의 平緣이다. 이 동경은 連弧文系倣製鏡이다. 방제경b(그림 4-2-②)는 직경 5.7cm로 主文部와 周緣部 1/3 정도가 결손되었다. 鏡面은 약간 볼록하며, 배면은 鈕座-重圈櫛齒文-周緣으로 구성되어 있다. 뉴좌는 원형이며, 鈕는 반구형으로 높이 0.5cm이다. 鈕座를 중심으로 2중의 圓圈을 가지며 원권內에는 斜行櫛齒文을 시계방향·시계반대방향으로 돌아가면서 施文하였다. 周緣은 폭 0.4cm, 두께 0.3cm의 內傾化된 반원형이다. 이 동경은 重圈文系倣製鏡으로 銘文帶가 사라진 퇴화형이다. 수정제 다면옥 2점(그림 4-4-③-1·2)은 단면 육각형으로 길이 1.3~1.8cm, 두께 0.6~0.8cm, 무게 2~2.3g이다.[11] 유구의 연대는 기원후 1세기 후반~2세기 초반경으로 추정하고 있다.[12]

## 9) 영암 신연리

전남 영암군 시종면 신연리 뒷모실 마을을 휘감아 도는 밋밋한 구릉의 정상부에 위치한 9호분 5호 토광묘에서 連珠形의 金箔琉璃玉 1점(그림 2-5-⑫)이 출토되었다. 유구의 연대는 4세기 전반경으로 추정하고 있다.[13]

11) 이기길 외, 2003, 『영광 마전·군동·원당·수동유적』, 조선대학교박물관.
12) 金京七, 2005, 「靈光 水洞鏡으로 본 被葬者의 性格」, 『지방사와 지방문화』 제8권 2호, 역사문화학회편, 학연문화사.

## 10) 고흥 안동

전남 고흥군 포두면 길두리의 해창만이 바라보이는 낮은 구릉상에 위치하고 있는 삼국시대 고분에서 직경 10.5cm의 連弧文鏡 1면이 금동관, 금동신발, 금동이식, 투구, 갑옷, 환두대도, 철촉, 철부, 살포 등과 함께 출토되었다. 동경은 後漢의 연호문경으로 중앙의 원형 鈕를 박쥐형 四葉鈕座가 감싸고 있고 그 사이에 "長宜子孫"의 銘文이 있다. 鈕座 외각으로는 8엽의 연호문이 있으며 그 사이에 8자의 명문이 있다. 이 연호문경의 제작연대는 중국 熹平三年(174년)銘 연호문경보다는 문양이 약간 앞서는 것으로 보아 2세기 중엽에 제작된 것으로 추정되며, 고분의 축조연대는 5세기 후반경으로 추정하고 있다.[14]


# 2. 주거 유적

호남지방 원삼국시대의 주거지는 구릉, 평지, 강가에 입지하는 경우가 많으나 전북지방의 경우는 서해안 일대에 집중 분포하고 있다. 이러한 주거지들은 초기에는 작은 규모의 취락이 형성되었으나 점차 큰 규모의 취락이 형성되었다. 그리고 취락의 주변에서 환호가 발견되기도 한다. 이들 주거지들은 3기로 분기설정이 가능하다. 주거지의 특색은 평면형태가 다양하지만 초기에는 圓形系가 많으나 방형계도 일부 나타나며, 후기로 갈수록 方形系가 늘어난다. 노지는 무시설형이나 위석형, 敷石形, 아궁이형이 나타난다. 壁溝 시설도 청동기시대에 이어 계속되며, 초기에도 일부지역에서는 四柱式이 나타나지만 후기에 가면 더욱 사주식이 많아지고 일부에서는 지상가옥의 출현도 이루어진다.[15]

---

13) 국립광주박물관, 1993, 『靈巖 新燕里 9號墳』.

14) 林永珍・吳東墠, 2006, 「高興 吉頭里 雁洞古墳 試掘調査 槪報」, 『研究論文集』 第7號, 湖南文化財研究院.

## 1) 남원 세전리

전북 남원시 송동면의 섬진강의 지류인 水旨川과 蓼川이 합류하며 이루는 삼각형 대지상에 위치한다. 이 유적에서는 평면형태가 타원형 내지 장방형의 원삼국시대 주거지 30여 기가 발굴조사 되었다. 중심연대는 기원후 2세기경이다. 이 유적의 3BTr, 8Pit에서 彌生系土器인 細頸壺 1점(그림 2-6-⑮)이 출토되었다. 토기는 옆으로 긴 長楕圓形 기신에 좁은 平底바닥이며, 器身 상면에는 기신과의 접합부에 낮은 단을 이루며 頸은 위로 갈수록 조금씩 넓어져 口緣을 이룬다. 口徑 7.0cm, 底徑 6.5cm, 最大腹徑 18cm, 높이 20.2cm이다.[16]

## 2) 함평 소명

전남 함평군 손불면 죽암리 소명 17호 주거지에서 土師器系甕 구연부편[17](그림 2-6-⑱)이 출토되었다.

## 3) 진도 오산리

전남 진도군 고군면에 위치하며 유적은 마을 북쪽 야산에서 이어지는 2개의 완만한 구릉을 중심으로 형성된 구릉부와 곡간지형으로 이루어져 있다. 곡간지형으로 이루어진 나지구 5호 수혈에서 繩蓆文이 시문된 短頸壺(그림 2-6-⑲)와 有孔壺形土器(그림 2-6-⑳)가 출토되었다. 유적의 연대는 3세기 후반

---

15) 崔盛洛, 1998,「철기시대 주거지를 통해 본 사회상」,『東아시아의 鐵器文化-住居 및 古墳을 통해 본 政治・社會相-』, 문화재연구 국제학술대회 발표논문 제7집, 國立文化財研究所.
    崔美淑, 2001,『全南地方 鐵器時代 住居址研究』, 木浦大學校大學院 碩士學位論文.
    金垠井, 2006,『全北地方 原三國時代 住居址 研究』, 全北大學校大學院 碩士學位論文.
16) 全北大學校博物館, 1989,『細田里 發掘調査報告書』, 圖面・圖版Ⅰ, p. 153.
    武末純一, 1995,「고고학으로 본 영산강유역과 일본 큐슈지역」,『영산강유역 고대문화권의 역사적 성격』, 광주전남발전연구원 영산강연구센터・호남고고학회.
17) 林永珍 외, 2003,『咸平 昭明 住居址』, 全南大學校博物館.

~4세기 전반경으로 추정된다.[18]

## 4) 순천 낙수리

전남 순천시 송광면 낙수마을 동쪽 끝에 ㄱ자형으로 돌출된 구릉에 위치한 유적이다. 외래유물로는 13호 장방형주거지와 15호 말각방형 주거지에서 출토된 단경호(그림2-6-③)나 鉢로 추정되는 灰色軟質陶器(그림 2-6-④)가 있다. 이 토기는 빠른 陶車로 성형한 흔적이 토기 바닥과 안벽에 나선형의 골과 마루로 된 뚜렷한 輪文이 남아 있다. 유적의 연대는 3세기 전반에서 4세기 전반으로 추정하고 있다.[19]

## 5) 순천 대곡리

전남 순천시 송광면 대곡리 도롱마을 보성강변의 퇴적지대에 형성된 복합유적이다. 외래유물로는 40호 말각방형 주거지에서 출토된 灰白色軟質蓋 1점(그림 2-6-⑤)이 있다. 형태상으로 드림부가 몸통 끝에서 0.5cm 가량 안으로 들어와 거의 직각으로 만들어져 있고 蓋의 윗면은 편평하다가 몸통끝 4.4cm에서부터는 둥글게 들려있으며 회전판의 사용으로 同心圓이 돌아가고 있다. 태토는 전형적인 회백색연질이다. 직경 16.6cm, 높이 6.0cm 이다. 주거지의 연대는 2세기 중엽~3세기 전후경으로 보고 있다.[20]

## 6) 순천 대곡리 도롱

전남 순천시 송광면 대곡리 도롱 6호 주거지에서 大鉢(그림 2-6-⑥)의 바닥으로 보이는 낙랑계토기 1점이 출토되었다. 연한 회색을 띠며 器內外面에

---

18) 金京七 외, 2004, 『珍島 五山里遺蹟 試掘調査報告書』, 全南文化財硏究院.
   金京七, 2006, 「有孔壺形土器一考」, 『百濟文化』第35輯, 公州大學校 百濟文化硏究所.
19) 崔夢龍 외, 1989, 「洛水里 낙수 住居址」, 『住岩댐水沒地域 文化遺蹟發掘調査報告書』
   Ⅵ, 全南大學校博物館.
20) 崔夢龍 외, 1989, 「大谷里 도롱 住居址」, 『住岩댐水沒地域 文化遺蹟發掘調査報告書』
   Ⅵ, 全南大學校博物館.

회전판 등을 사용하여 성형할 때 생긴 홈이 나타나 있다.[21]

## 3. 패총 유적

　우리나라에 분포하는 패총은 160여 개 이상인데 이것들은 대부분 신석기시대와 원삼국시대에 형성된 것들이다. 신석기시대의 패총은 전국적인 분포를 보이는 반면에 원삼국시대의 패총은 남해안지역에 집중 분포하고 있다. 패총은 당시의 생활도구가 패각과 함께 매몰되어 있어 다양한 인공유물의 수습뿐만 아니라 자연유물의 수습도 가능하기 때문에 당시 생활상을 복원하는 데 중요한 자료를 제공해 주고 있다. 이러한 貝塚의 형성원인에 대해서는 防禦性 취락과 연결 짓거나 기후의 한랭화로 인한 농업생산력의 상대적인 저하를 극복하려는 노력에 의한 것, 人口壓, 철기문화의 유입과 더불어 해로가 발달되면서 해안으로 사람들이 모여들어 인구가 증가하여 바다로부터 식량자원을 획득하면서 형성된 것으로 보는 견해 등이 있다. 한편 기원후 2~3세기에 기후의 한랭화로 식량자원이 부족하게 되어 주민집단 간에 갈등이 나타나면서 패총의 급증과 高地化를 야기한 것으로 추론한 경우도 있으며, 패총의 기원을 중국 遼寧地方의 夏家店上層文化와 관련된다고 하기도 하였다. 하지만 이러한 견해들은 가설에 불과하여 아직 설득력이 부족한 것으로 보고 있다.[22]

---

21) 徐聲勳·成洛俊, 1989, 「大谷里 도롱·한실 住居址」, 『住岩댐水沒地域 文化遺蹟發掘調査報告書』 VI, 全南大學校博物館.
22) 徐賢珠, 1996, 「南海岸地域 原三國時代 貝塚의 時期區分과 起源問題-出土遺物을 중심으로-」, 『湖南考古學報』 4, 湖南考古學會.
　　徐賢珠, 2000, 「湖南地域 原三國時代 貝塚의 現況과 形成背景」, 『湖南考古學報』 11, 湖南考古學會.
　　최성락·김건수, 2002, 「철기시대 패총의 형성과 배경」, 『湖南考古學報』 15, 湖南考古學會.

## 1) 군산 남전

전북 군산시 성산면 여방리 남전에서 37점의 복골과 土師器가 출토되었다.[23] 복골은 멧돼지나 사슴의 肩甲骨, 肋骨, 寬骨 등을 이용하였으며, 작은 조각까지 사용한 것으로 보아 동물뼈를 효과적으로 사용하였음을 알 수 있다. 구멍파기는 모두 내측에서 이루어졌으며 대부분 지지기를 하였다. 날카로운 도구를 이용해서 얇게 파낸 圓孔으로 크기는 0.4~0.5cm이다. 한 점은 장타원형의 구멍을 파고 지지기를 두 번씩 한 것도 있어 특이하다. 견갑골은 肩甲棘을 모두 제거하였고 일부는 제거시킨 견갑극을 복골로 사용한 것도 있다. 구멍 열은 무질서하고 파손된 것이 대부분이나 일부는 좌우로 열을 맞춘 것도 보인다(그림 2-7-⑩~⑰). 유적의 연대는 3~4세기경에 형성된 것으로 추정하고 있다.[24]

## 2) 해남 군곡리

전남 해남군 송지면 군곡리 방처마을의 가공산 서쪽 기슭에 있는 해발 26m의 낮은 구릉에 형성된 유적이다. 이곳에서 貨泉 1점, 낙랑계토기, 유리제 관옥 1점, 수정제 다면옥 1점, 초록색투명 관옥, 유리소옥, 복골 23점이 출토되었다. 화천(그림 2-5-②)은 B2피트 패각층 최하단부인 Ⅱ기층(11층)에서 출토되었다. 전면은 무문으로 중앙에 지름 0.75cm 크기의 方形 구멍이 뚫려 있다. 方形穿은 單帶의 郭이 뚜렷하며 周緣部도 곽의 형태가 비교적 뚜렷하며 폭이 일정하다. 후면도 무문으로 단대의 방형천곽이 전면보다 더 뚜렷하고 주연부도 폭은 일정하지 않으나 뚜렷하게 圓周하고 있다. 지름 2.5cm, 두께 0.2cm, 무게 2.77g이다. 화천이 출토된 11층의 연대는 기원후 1세기 중반경으로 추정하고 있다.[25] 화천분류[26]의 제Ⅱ류에 해당된다. B2 피트 Ⅲ기층

---

23) 홍보식, 2006, 「한반도 남부지역의 왜계 요소-기원후 3~6세기대를 중심으로-」, 『韓國古代史硏究』 44, 한국고대사학회.

24) 殷和秀, 1999, 『韓國 出土 卜骨에 對한 硏究』, 全北大學校大學院 碩士學位論文.

25) 崔盛洛, 1987, 『海南郡谷里貝塚』 Ⅰ, 木浦大學校博物館.

(8층)에서 유리제 管玉 1점(그림 2-5-㉔)과 수정제 다면옥 1점(그림 2-5-⑱)이 출토되었다. 관옥은 길이 2.1cm, 폭 0.8cm의 청색 원통형이며, 다면옥은 평면 6각형으로 폭 1.3cm, 두께 0.9cm이다. Ⅲ기층의 연대는 기원후 1세기 후반경으로 비정하고 있다. 이외 초록색 투명의 단면 4각형의 관옥(그림 2-5-⑲)과 유리소옥(그림 2-5-⑯·⑰) 등이 있다.[27] 토기는 A4피트 6층(제Ⅱ기층)에서 외래토기인 繩蓆文圓底壺 1점(그림 2-6-②)이 출토되었는데 구연부와 저부는 결실되고 동체부만 남아 있으며 器形은 壺形이다. 문양은 동체부 위쪽에 繩蓆文을 시문하고 그 사이에 沈線을 돌리고 그 아래에는 승석문을, 저부에는 斜線格子文을 시문했다.[28] 군곡리 제Ⅱ기층의 연대는 기원전 2세기 말 내지는 1세기 초반~기원후 1세기 중엽으로 추정하고 있다.[29] 복골(그림 2-7-①~⑤)은 모두 23점이 출토되었는데, 복골이 출토된 층은 8층(12점), 11층(4점), 7층(3점), 5층(1점), 4층 이상(3점)에서 일부 발견되었고, 期層으로 보면 Ⅱ기층(4점), Ⅲ기층(12점), Ⅳ기층(4점), Ⅴ기층(3점)에서 각각 발견되었다. 이른 시기에는 멧돼지 견갑골을, 늦은 시기에는 사슴 견갑골을 이용하였다. 구멍파기는 하지 않고, 지지기를 하였으며 肩甲棘을 제거하고 측연을 깎아 낸 것이 대부분이다. 복골의 지진흔적은 좁은 범위에 남아 있어 끝부분이 뾰족한 도구를 이용하였다.[30]

### 3) 보성 금평

전남 보성군 벌교읍 척령리에 위치한 유적으로 패각층 Ⅰ층 둑에서 외면에 3~4줄의 短集線을 교차시킨 문양을 타날한 동체부편(그림 2-6-⑦)이 출토되었다. 이 토기의 문양은 중국 河南의 印文灰陶에 보이고 있다.[31] 복골은 모두 4

26) 戴志强·謝世平, 1984, 「"貨泉"初探-兼論莽錢制作特徵的演變」, 『中國錢幣』 1984-1.
27) 崔盛洛, 1987·1988, 『海南郡谷里貝塚』 Ⅰ·Ⅱ, 木浦大學校博物館.
28) 崔盛洛, 1988, 『海南郡谷里貝塚』 Ⅱ, 木浦大學校博物館.
29) 崔盛洛, 1993, 『韓國 原三國文化의 硏究』, 學硏文化社, p. 232.
30) 崔盛洛, 1987·1988·1989, 『海南郡谷里貝塚』 Ⅰ·Ⅱ·Ⅲ, 木浦大學校博物館.

점(그림 2-7-⑥~⑨)이 출토되었다. 복골은 Ⅶ~Ⅸ층 1점, Ⅰ~Ⅳ층에서 3점이 출토되었다. 모두 사슴의 견갑골을 사용하였으며, 肩甲棘은 깎아 내고 구멍파기를 실시한 후 지지기를 하였다. 지지기가 이루어진 부분이 좁은 범위에 남아 있어 지진 도구는 끝 부분이 뾰족한 것을 이용하였다. 은화수 분류의 Ⅱ형식(有鑽燒灼)에 해당된다. 유적의 연대는 기원전 1세기부터 기원후 3세기까지로 보고 있으나 중심연대는 3세기 중·후반경으로 추정하고 있다.[32]

## 4. 저습지 유적

저습지 또는 습지는 高層濕原, 드문드문 나무가 자라거나 주기적으로 물에 잠기는 습지, 沼澤地, 선상지의 底層濕原, 간척, 湖畔, 河畔과 같이 물과 연면하고 있거나 의존하고 있는 곳을 말한다. 저습지유적이란 과거 이러한 저습지의 내부 또는 그 주변에 형성되어 있는 유적을 지칭하는 용어인데, 소택지, 沓, 구하천, 泥炭層 등의 유적을 포함한다. 이러한 곳에서는 목재, 석기와 동물뼈, 어골패류, 열매, 씨앗 등을 포함한 수침상태의 식물자료 등이 보존되어 있어 고고학적으로 좋은 자료를 제공한다. 저습지 고고학은 건조지유적을 대상으로 하는 일반적인 고고학과는 달리 식물성유물이 풍부하게 남아 있는 저습지를 대상으로 한다는 특징을 가지고 유적의 생활환경 복원에 기초를 두고 있다. 한편, 울산 옥현 유적과 논산 마전리 유적 등에서 확인된 논은 우리나라 저습지고고학 연구의 대표적인 예이다. 특히 충적지 하부에 형성된 고대의 논이나 소택지 등의 저습지유적은 그 자체가 갖는 유구로서의 중요성 이외에도 水沈상태의 유기물을 이용하게 보존하고 있을 가능성이 매우 높아 고고학적인 가치를 倍加시킨다. 고대의 논에서는 물의 유입·배

---

31) 彭活凡, 1987, 『中國南方古代印紋陶』, 文物出版社.
32) 林永珍 외, 1998, 『寶城 金坪 遺蹟』, 全南大學校博物館.

수, 논둑의 설치와 보수유지를 위한 시설뿐만 아니라 다양한 농기구 및 운반용구로 사용되는 많은 목제유물이 출토되기도 한다. 호남지방의 대표적인 저습지가 확인된 광주 신창동 유적은 영산강변의 위치한 복합유적으로 저습지는 谷口가 영산강의 범람원으로 차단되면서 형성된 배후저습성 湖沼가 인간활동 및 자연환경의 변화에 의해 육지화 한 것이다. 이곳에서는 토기류, 목기류, 칠기류, 목제류, 볍씨, 탄화미, 오이, 호도 등의 씨앗류, 수골, 어류뼈, 패류 등과 함께 논 유구도 확인되었다.[33]

## 1) 광주 신창동

광주광역시 광산구에 위치한 유적으로 극락강에 인접한 해발 25~30m 정도의 저평한 구릉과 구릉 사이에 위치한 곡간충적지에 형성되어 있으며 옹관, 토기가마, 환호, 주거지, 저습지 등이 확인되었다. 이곳에서는 鐵莖銅鏃 1점, 낙랑계토기 1점, 彌生系土器, 복골 20여 점이 출토되었다. 철경동촉(그림 2-2-④)은 1998년도에 실시된 저습지 서남쪽 부분 조사에서 출토되었다. 三稜形으로 莖部는 단면 6각형이다. 현 길이 6.2cm, 鏃身 2.8cm이다. 외래토기는 낙랑토기와 彌生(系)土器로 구분된다. 낙랑토기는 S4E4 피트에서 구연부가 ㄱ字형태로 꺾여 있는 아가리 1점이 수습되었다(그림 2-6-①). 彌生土器는 모두 아가리만 6점이 출토되었는데, 彌生土器와 재지에서 생산한 것으로 보이는 彌生系土器로 구분된다. 彌生土器는 구연부가 T자형태를 이루고 구연단 아래에 돌대가 있는 것으로 보아 須玖式土器의 일종으로 보인다(그림 2-6-⑨~⑭).[34]

복골은 저습지에서 멧돼지와 사슴의 肩甲骨을 이용한 20여 점이 출토되었다. 복골로 사용된 견갑골은 대부분 肩甲棘 제거하고 側緣과 肩甲下窩를 얇

33) 趙現鐘, 2001,「韓國 低濕地考古學의 展望」,『南道文化研究』第7輯, 順天大學校 南道文化研究所.
　　호서고고학회, 2005,『저습지고고학』, 제11회 호서고고학회 학술대회.
34) 趙現鐘 외, 2003,『光州 新昌洞 低濕地 遺蹟-土器를 중심으로-』Ⅴ, 國立光州博物館.

게 깎아 내었으나 일부 사슴의 것은 견갑극을 제거하지 않는 것도 있다. 한 점은 지질부분을 타원형으로 얇게 깎아 구멍파기와 유사한 형태를 띠는 것도 있다. 지지기는 모두 내측인 肋骨面에서 하였다. 卜骨은 구멍파기를 하지 않았으며 지진부분이 4~5mm 정도로 비교적 넓어 도구는 끝 부분이 뭉툭한 것으로 추정된다. 은화수 분류의 I형식(無鑽燒灼)에 해당된다.[35] 유적의 연대는 기원전 2세기~기원후 1세기경으로 추정하고 있다.[36]

## 2) 나주 랑동

전남 나주시 다시면 복암리 랑동마을의 남쪽 곡간부와 동쪽 산사면부에 위치하며, 추정 저습지 유구에서 貨泉 2점이 출토되었다. 화천은 IV층의 蓋, 玉, 高杯 등과 함께 2점이 포개져서 출토되었다. 화천①(그림 2-5-④)은 方形의 穿郭일부가 유실되었으나 형태는 잘 남아 있다. 전면은 무문으로 중앙에 지름 0.7cm의 방형구멍이 뚫려 있으며, 泉자 일부가 훼손되었다. 方形穿은 郭이 없는 형태이며 周緣部는 곽의 형태가 비교적 뚜렷하며, 후면은 무문으로 방형천곽의 단대의 곽이 뚜렷하며, 주연곽은 폭이 일정하게 圓周하고 있다. 지름 2.3cm, 두께 0.15cm, 무게 1.44g이다. 화천분류의 제III류에 해당된다. 화천②(그림 2-5-③)는 두 조각으로 분리되어 있는데 方形穿郭과 주연부 일부가 남아 있고 나머지는 모두 유실되었으나 형태는 알 수 있다. 전면은 무문으로 중앙에 지름 0.65cm의 방형 구멍이 뚫려 있으며, 貨자와 泉자 일부가 훼손되었다. 방형천곽은 단대로 비교적 뚜렷하다. 주연곽은 곽의 형태가 뚜렷하다. 후면은 무문으로 방형주곽이 단대로 전면보다 더 뚜렷하다. 주연곽은 폭이 일정하게 원주하고 있다. 지름 2.2cm, 두께 0.99cm, 현 무게 0.62g이다.[37] 화천분류의 제II류에 해당된다.

35) 殷和秀, 1999, 앞의 논문.
36) 申相孝 외, 2001, 『光州 新昌洞 低濕地 遺蹟』 III, 國立光州博物館.
37) 金京七 외, 2004, 『羅州 郞洞遺蹟 試掘調査報告』, 全南文化財研究院.
   崔盛洛 외, 2006, 『羅州 郞洞遺蹟』, 全南文化財研究院.

# 5. 매납 유적

埋納은 특별한 목적을 가지고 유물을 의도적으로 묻는 것으로 그 이면에는 종교·신앙적인 의미가 내포되어 있는 것으로 이해되고 있다. 매납유적 입지의 공통점은 주위를 조망할 수 있을 정도의 산사면이며, 특히 바닷가나 섬에 위치한 유적은 바다가 훤히 내려다보이는 곳을 택하고 있다. 전체 생활공간 속에서 매납 유적은 주거지역의 외곽 높은 곳에 위치하면서, 취락의 전체적인 境域, 즉 생활 근거지를 조망할 수 있는 곳이 선정되었다. 이러한 매납 유적은 대부분 武具類 중심의 청동기를 한두 점 매납하거나 화폐, 석기, 구슬, 검파두식 등과 함께 매납하는 경우도 있는데 아무런 시설 없이 매납하는 경우가 많으며, 완주 상림리처럼 의도적으로 유물을 배열하여 매납한 경우도 있다. 이러한 매납행위는 청동기가 당시 사회에 있어서 누구나 가질 수 있는 성질이 아니라 수장, 종교적 제의를 主宰하는 주재자 등 상위계층이 소지할 수 있었던 것으로 보아, 정치적인 지도층에 의해 주도되어 집단을 대표하는 首長에 의해 범 공동적인 차원의 儀禮로 행해진 것이며, 이는 매납 대상의 청동기가 儀器가 아니라 武具 중심의 유물구성으로 보아 알 수 있다.[38)]

## 1) 완주 상림리(그림 2-1-①)

전북 완주군 이서면의 전주~김제간 지방도로변 바로 남쪽 약 20m 떨어진 낮은 구릉상의 지표아래 60cm 지점에서 中國式銅劍 26점이 일괄로 출토되었다. 일명 桃氏劍으로 부르는 형식으로 출토 당시 모두 鋒部를 동쪽으로 향하여 한데 묶인 것처럼 수평으로 가지런히 놓여 있었다. 대체로 劍身은 횡단면이 납작한 마름모형이고 검코는 나비모양이며, 자루는 원통형인데 중간에 2개의 마디가 있다. 대부분의 동검이 완형으로 전체 길이는 44.4~47.2cm이

---

38) 李相吉, 2000,『青銅器時代 儀禮에 관한 考古學的研究』, 大邱曉星카톨릭大學校 大學院 博士學位論文, pp, 169~192.

며 동일 규격품은 하나도 없다. 보고자는 일종의 埋納 유적으로 추정하고 있
다.[39] 연대는 기원전 3~2세기로 보고 있다.[40]

## 6. 기타

### 1) 익산 신용리출토 중국식동검

전북 익산시 금마면 미륵산 남쪽 기슭에서 출토되었다고 전하는 柄部 일
부만 남아 있는 中國式銅劍 1점(그림 2-2-⑤)이 있다. 병부의 단면이 타원형이
고 검코는 마름모형이다.[41]

### 2) 익산 연동리출토 반용경(그림 4-10)

전북 익산시 삼기면 태봉사 부지 내에서 발견된 것으로 전하는 盤龍鏡으
로 발견 당시 周緣의 약 1/5과 內區의 명문대 3/4 및 主文 일부가 결실된 상
태였으나 복원되었다. 직경 14.3cm로 鏡面이 약간 휘어져 있으며, 鈕座-內
區(主文-銘文帶-櫛齒文)-外區(鋸齒文-複線波文-鋸齒文)-周緣으로 구성되어 있다.
주연은 높이 1.1cm로 약 13° 정도로 내경하고 있는 內頃緣이다. 외구는 폭
2.5cm, 높이 0.7~0.8cm로 넓고 두텁게 되어 있으며 역시 안쪽으로 약간 경
사져 있다. 문양은 바깥부터 鋸齒文-複線波文-鋸齒文 순으로 시문되어 있으
며, 문양 사이는 원권으로 구분하였다. 내구는 外區와 0.5cm 정도의 높이 차
가 있으며 두께는 0.2cm 내외이고, 바깥부터 櫛齒文-銘文帶-主文으로 구성
되어 있다. 銘文은 "家人民息 胡羌除滅天下復 風雨"의 13字만 남아 있다. 主

---

39) 全榮來, 1976,「完州 上林里出土 中國式銅劍에 關하여」,『全北遺蹟調查報告』第6輯,
　　全州市立博物館.
40) 鄭相石, 2001,「錦江流域 細形銅劍文化의 발전과 桃氏劍」,『韓國古代史研究』22, 한국
　　고대사연구회편, 서경문화사.
41) 金貞培, 1993,『韓國古代의 國家起源과 形成』, 고려대학교출판부, pp. 267~268.

文은 高浮彫에 표현이 매우 섬세하고 정교한데, 2龍 1虎를 주문으로 하고 있다. 서로 마주보고 있는 2獸는 왼쪽 것이 1角龍으로서 1虎와 對向하고 있다. 반대편 1獸는 용호를 구별하기 어려우나 뿔로 보이는 것이 약간 남아 있어 龍으로 보이며, 對向하는 2獸 가운데 용쪽으로 頭部를 향하고 있다. 鈕座는 직경 3.5cm로 素文이며, 내구보다 약간 높은 원형이다. 鈕는 半球形으로 직경 1.8cm, 높이 1.4cm이며, 鈕孔은 반원형으로 높이 0.7cm이다. 동경의 연대는 후한 중기로 추정하고 있다.[42)]

### 3) 고창 장두리출토 土師器 直口壺(그림 2-6-⑯)
전북 고창군 고수면의 장두리에서 수습된 높이 17.4cm의 적색연질 土師器系 直口壺이다.[43)]

### 4) 여수 출토 이체자명대경
국립광주박물관에 소장(유물번호 光1858)된 異體字銘帶鏡으로 전남 여수시 여천공단 내에서 출토된 것으로 전한다. 鈕座는 원형이며, 鈕는 반구형이다. 뉴좌를 중심으로 4개의 巴文과 8엽의 連弧文이 시문되고 銘文이 있는 主文帶 사이에 斜行櫛齒文을 돌렸다. 銘文은 "見日之光 天下大明"이며 字間의 문양은 渦文과 菱形文을 교대로 시문하였다. 주문대와 周緣 사이에 斜行櫛齒文을 돌렸다. 日光鏡으로도 부르며, 직경 8.0cm이다.

### 5) 여수 거문도출토 오수전(그림 2-5-⑥)
전남 여수시 삼산면 서도리에서 1977년에 주민이 가옥을 신축하기 위해

42) 成正鏞·南宮丞, 2001, 「益山 蓮洞里 盤龍鏡과 馬韓의 對外交涉」, 『考古學誌』 第12輯, 韓國考古美術研究所.
43) 복천박물관, 2002, 『고대아시아 문물교류』, 특별전 도록.
　서현주, 2007, 「湖南地方의 倭系文化」, 『교류와 갈등-호남지역의 백제, 가야, 그리고 왜-』, 제15회 호남고고학회 정기학술대회, 湖南考古學會.

바닷가에서 모래를 채취하던 중에 오수전 980점이 수습되었다. 주변에서 오래된 木船의 部材로 추정되는 나뭇조각들과 함께 수습된 점으로 보아 난파선으로 추정된다. 현재는 336점만이 알려지고 있는데 크기와 두께, 글자 형태 등에서 약간의 변화가 보이지만 대체적으로 비슷한 것들이다. 그 특징을 통해서 3종으로 구분하였다. ① 穿上橫文錢 74점, 지름 2.48~2.66cm, 두께 0.13~0.22cm, 무게 2.48~4.36g ② 穿上半星文錢 52점, 지름 2.69~1.96cm, 두께 0.13~0.23cm, 무게 2.89~4.28g ③ 無特徵錢 106점, 지름 2.52~2.71cm, 두께 0.11~0.19cm, 무게 2.18~3.34g 등이며 그 외 104점은 부식이 심하여 그 특징을 알 수가 없다. 낙양소구한묘의 출토형식[44]으로 보아 일부 제Ⅲ형도 보이지만 대부분 제Ⅱ형이 주류를 이루고 있으며, 五자의 특징으로 보아서는 제Ⅰ형에 속한 것도 있다.[45]

이 밖에 전남 강진에서 출토된 것으로 전하는 명도전 7점(그림 2-5-⑤)[46]과 신안 해저침몰선에서 출토된 화천 1점(그림 2-5-①)과 오수전 2점(그림 2-5-⑦ · ⑧)[47]이 있다.

---

44) 洛陽區考古發掘隊, 1959,「洛陽燒溝漢墓」,『中國田野考古報告集』, 科學出版社.
45) 池健吉, 1990,「南海岸地方 漢代貨幣」,『昌山金正基博士華甲記念論叢』, 昌山金正基博士華甲記念論叢刊行委員會.
46) 朝鮮總督府, 1925,「南朝鮮に於ける漢代の遺跡」,『大正十一年度古蹟調査報告』第二册, p. 133 및 圖版 第49圖.
47) 文化財管理局, 1988,『新安海底遺物』(綜合編).

〈표 2-1〉 호남지방 대외교류 관련 유적 현황

| 유적구분 | 유 적 명 | 출 토 유 물 | 유적연대 | 참 고 문 헌 |
|---|---|---|---|---|
| 분묘 유적 | 익산 평장리 | 蟠螭文鏡 | BC 2C~1C | 전영래 1987 |
| | 익산 신동리 | 鐵斧, 鐵鉇 | BC 2C초~2C 전반 | 최완규 외 2005 |
| | 장수 남양리 | 鐵斧, 鐵鉇, 鐵鑿, 琉璃製 管玉 | BC 2C 말~1C 말 | 윤덕향 2000 |
| | 완주 갈동 | 銅鏃, 鐵鎌, 鐵斧, 鐵鉇, 環形琉璃 | BC 2C 초반~1C 말 | 김건수 외 2005<br>호남문화재연구원 2009 |
| | 완주 상운리 | 半兩錢, 金箔琉璃玉 | 4C 중반 | 김승옥 · 이택구 2004 |
| | 고창 만동 | 水晶製 多面玉 | 3C 중반~4C 중반 | 김건수 · 이영덕 2004 |
| | 함평 초포리 | 中國式銅劍 | BC 2C 초~2C 전반 | 이건무 · 서성훈 1988 |
| | 영광 수동 | 倣製鏡, 水晶製 多面玉 | AD 1C 후반~2C 초 | 이기길 외 2003 |
| | 영암 신연리 | 金箔琉璃玉 | 4C 전반 | 국립광주박물관 1993 |
| | 고흥 안동 | 連弧文鏡 | 5C 후반 | 임영진 · 오동선 2006 |
| 주거 유적 | 남원 세전리 | 彌生系土器(細頸壺) | AD 2C | 전북대학교박물관 1989 |
| | 함평 소명 | 土師器系甕 | 3C 후반~4C | 임영진 외 2003 |
| | 진도 오산리 | 樂浪系土器(短頸壺, 有孔壺形土器) | 3C 후반~4C 초 | 김경칠 외 2004 |
| | 순천 낙수리 | 樂浪系土器(短頸壺, 鉢) | 3C 전반~4C 전반 | 최몽룡 외 1989 |
| | 순천 대곡리 | 樂浪系土器(蓋) | 2C 중반~3C 전후 | 최몽룡 외 1989 |
| | 순천 대곡리 도롱 | 樂浪系土器(大鉢) | 2C~3C 후반 | 서성훈 외 1989 |
| 패총 유적 | 군산 남전 | 卜骨, 土師器系土器 | 3~4C | 은화수 1999, 홍보식 2006 |
| | 해남 군곡리 | 貨泉, 樂浪系土器(圓底壺), 琉璃製 管玉, 水晶製 多面玉, 管玉, 琉璃小玉, 卜骨 | BC 1C 초~AD 3C | 최성락 1987~1989 |
| | 보성 금평 | 印文陶, 卜骨 | 3C 후반 | 임영진 외 1989 |
| 저습지 유적 | 광주 신창동 | 鐵莖銅鏃, 樂浪系土器, 彌生系土器, 卜骨 | BC 2C~AD 1C | 신상효 외 2001 |
| | 나주 랑동 | 貨泉 | 4~5C | 김경칠 외 2004 |
| 매납 유적 | 완주 상림리 | 中國式銅劍 | BC 3C~2C | 전영래 1976 |
| 기 타 | 익산 신용리 | 中國式銅劍 | | 김정배 1993 |
| | 익산 연동리 | 盤龍鏡 | | 성정용 · 남궁승 2001 |
| | 고창 장두리 | 土師器系土器(直口壺) | | 서현주 2007 |
| | 여수 | 異體字銘帶鏡 | | 국립광주박물관소장 |
| | 여수 거문도 | 五銖錢 | | 지건길 1990 |

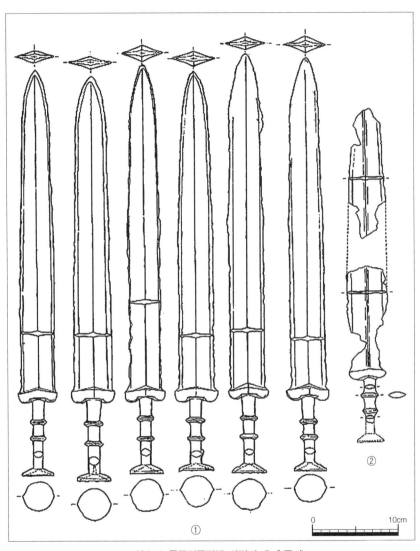

① ②

〈그림 2-1〉 중국식동검(① 상림리, ② 초포리)

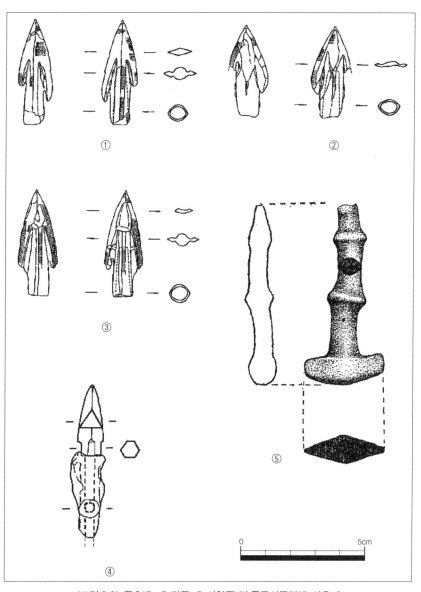

〈그림 2-2〉 동촉(①~③ 갈동, ④ 신창동) 및 중국식동검(⑤ 신용리)

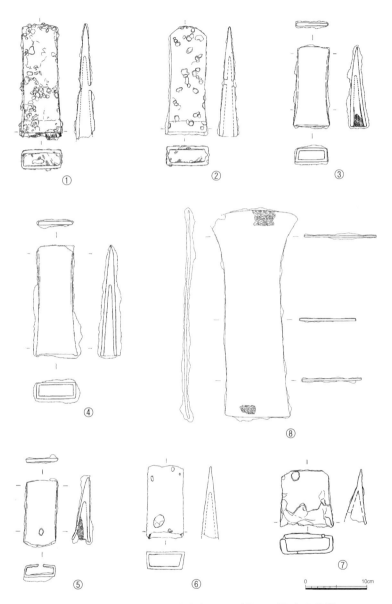

〈그림 2-3〉 철부(①・②・⑥ 남양리, ③~⑤ 갈동, ⑦ 신동리, ⑧ 용호)

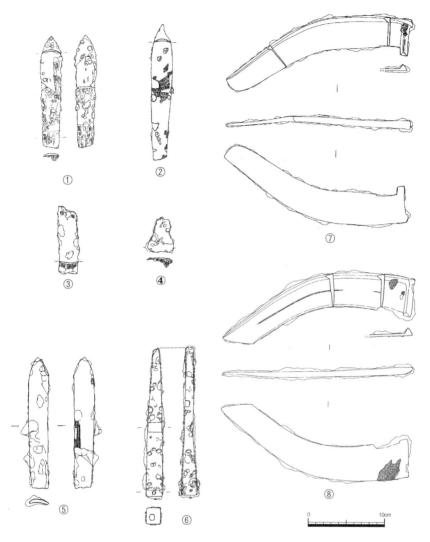

〈그림 2-4〉 철사(①~④ 남양리, ⑤ 신동리), 철착(⑥ 남양리), 철겸(⑦ · ⑧ 갈동)

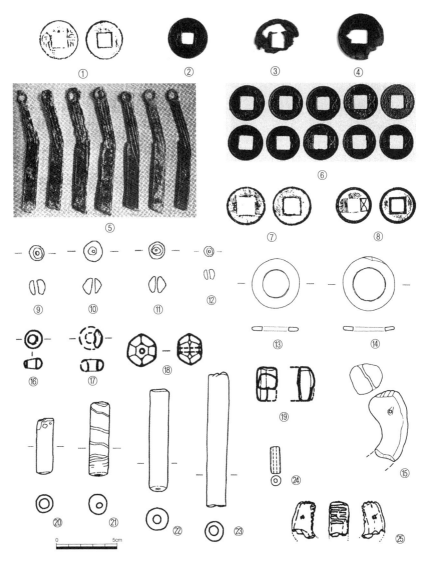

〈그림 2-5〉 화폐류(① 신안 화천, ⑦ · ⑧ 오수전, ② 군곡리 화천, ③ · ④ 랑동 화천, ⑤ 강진 명도전, ⑥ 거문도 오수전 / 축척부동) 및 옥류(⑨~⑪ 만동, ⑫ 신연리, ⑬~⑭ 갈동, ⑮~⑲ · ㉔ 군곡리, ⑳~㉓ 남양리, ㉕ 二塚山遺蹟)

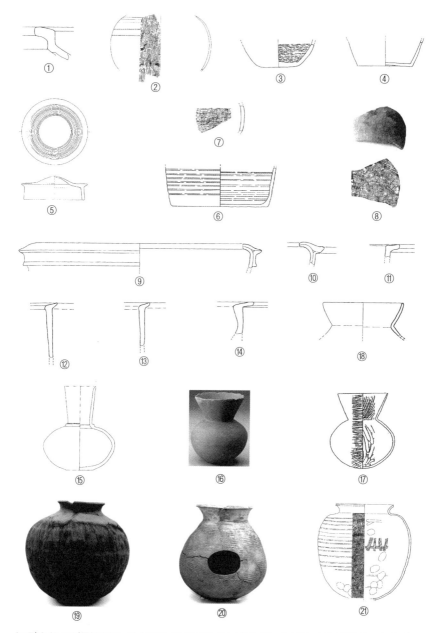

〈그림 2-6〉토기류(樂浪系 : ① 신창동, ② 군곡리, ③ 낙수리, ④ · ⑤ 대곡리, ⑥ 도롱, ⑲ · ⑳ 오산리, 西晉 : ⑦ 금평, ⑧ 동외동, 倭系 : ⑨~⑭ 신창동, ⑮ 세전리, ⑯ 장두리, ⑰ 久宝寺 K3호, ⑱ 소명, 其他 : ㉑ 신금) / 축척부동

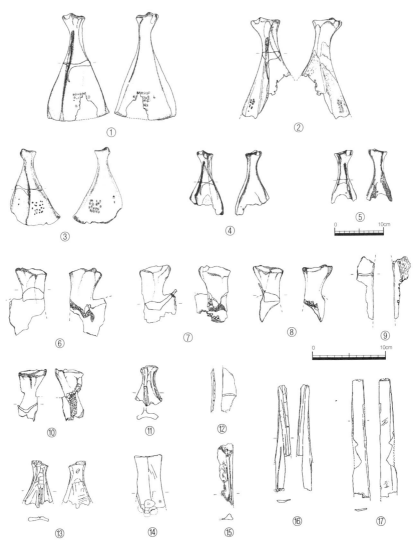

〈그림 2-7〉 복골(①~⑤ 군곡리, ⑥~⑨ 금평, ⑩~⑰ 남전 / 축척부동)

# 제Ⅲ장
## 대외교류 관련 유물의 검토

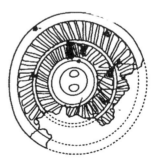

遺物과 遺構에 의해 구성된 고고학 자료에 의하면, 이웃하고 있는 유적 간, 혹은 지역 간에 있어서 비교해서 類似性이 확인되는 경우에 그것은 어떠 한 교류가 있었던 것으로 상정하는 경우가 많다. 이러한 교류가 추정되는 경우, 집단 간의 情報가 전달된 것인지, 人的交流에 의한 것인지, 혹은 집단의 사람이 交替된 것인지 등 여러 가지의 교류를 생각하게 된다. 그러나 고고학 이론에 있어서 교류는 지역 간의 物質文化的 유사성을 초래한다고 생각하는 경우가 많다.[1] 그리하여 교류의 주체는 사람이지만, 기록으로 전하지 않는 과거 주민집단 간의 교류는 잔존하는 물질적 자료를 통해서 확인할 수밖에 없다.[2]

본 장에서는 호남지방 원삼국시대 대외관련 유적에서 출토된 유물을 청동 기류, 철기류, 화폐류, 옥류, 토기류, 복골 등의 유형별로 나누어서 형식분류, 타 지역과의 비교검토, 유물의 특징, 원산지 검토 등을 종합적으로 분석한 후 그 성격을 파악하고자 한다. 분석 대상은 주로 물질자료에 해당되는 外來 遺物이 중심을 이룬다. 고고학적인 조사를 통해 얻어지는 외래유물은 당시 대외교류를 연구하는 물질적 증거로서 그것을 구체적 · 실증적으로 밝혀내 는 데 유효하다. 따라서 대외교류 관련 외래유물이라 하는 것은 정치, 문화, 지리적 기반 및 속성에서 異質的인 국제간의 교류에 의해 유입된 유물과 原

1) 小川英文 編, 2000, 『交流考古學』, 朝倉書店, p. 21.
2) 이청규, 2001, 「기원 전후 慶州와 周邊과의 交流-토기와 청동기를 중심으로-」, 『國家形 成期 慶州와 周邊地域』, 학술문화사, p. 37.

料나 技術 輸入 또는 도입해서 이를 模倣, 變形하여 在地에서 제작된 유물을 말한다. 물론 필요에 따라서는 對內交流에 의해서 유입된 유물도 대상에 포함하기도 하였다.

개별적으로 검토되는 유물은 청동기류는 中國式銅劍, 銅鏃, 漢鏡, 倣製鏡, 철기류는 鐵斧, 鐵鎌, 鐵鑿, 鐵鉇, 화폐류는 半兩錢, 五銖錢, 貨泉, 토기류는 樂浪系土器, 彌生系土器, 土師器系土器, 印文陶와 琉璃瓆玉, 琉璃製 管玉, 金箔琉璃玉, 水晶製 多面玉, 琉璃小玉 등의 옥류와 卜骨이다. 이를 생산지별로는 中國, 古朝鮮, 樂浪, 倭, 在地品 등으로 분류할 수 있으며, 중국 관련 유물 중에는 漢과 낙랑과의 구분이 모호한 경우도 있으며, 특히 낙랑군과 帶方郡의 경우는 더욱 그러하다. 따라서 낙랑군과 대방군의 유물은 분명하게 구분할 수 없기 때문에 두 지역을 포함하여 樂浪系로 보고 있다. 논리의 전개상 유물의 범위를 원삼국시대 이전과 이후의 유물도 일부 검토하였는데, 이는 대외교류 관련 유물의 유입이 시대구분에 의해 시간적으로 명확하게 구분되는 경우도 있지만, 대부분의 유물이 시간의 연속선상에서 출토될 수 있기 때문이다.

# 1. 유물의 분석

## 1) 청동기류

### (1) 중국식동검

中國式銅劍은 익산 신용리, 완주 상림리, 함평 초포리에서 출토되었는데 이 동검은 중국 중원지역에서 유행한 단검으로 대체로 西周때부터 본격적으로 만들어진다. 처음에는 莖을 포함해서 길이 30cm 정도의 짧은 단검으로, 春秋時代의 東周지역에서 북방계 동검의 영향을 받아 훨씬 길어진 이른바 桃氏劍이 되면서 後漢代까지 사용되었다. 도씨검은 『周禮』「考工記」에 "桃

氏爲劍"이라 부른 데서 연유하는데, 劍身과 柄(莖)을 하나의 鎔范으로 주조한 점이 비파형동검이나 세형동검과는 다르다. 검신의 횡단면이 납작한 마름모형이고, 劍鐔은 나비모양이며, 柄(莖)은 원통형인데 중간에 2개의 마디가 있는 것이 특징이다.

중국에서 도씨검의 분포는 河南, 安徽, 江蘇, 湖南, 湖北의 5省이며 모두 揚子江, 淮河流域의 華中地域에 해당된다. 한반도에서는 호남지방 출토품 외에 평양 석암리에서 秦 25年銘(기원전 222년) 銅戈와 함께 발견되었고,[3] 전 평양 출토품(梅原資料 1693~1697) 5점, 재령 고산리에서 변형된 비파형동검과 공반된 2점,[4] 평원 신송리,[5] 전 충남 출토품 2점[6] 등이 있다. 대체로 출토된 지역이 서해안에 가까운 쪽에 위치하는데, 특히 호남지방이 타 지역에 비해 두드러진다. 동검은 柄部에 2개의 둥그런 테두리(節)가 달린 有節柄式이다. 출토된 동검 중 석암리의 경우는 공반된 동과나 동검의 질로 보아 중국에서 직접 유입된 것으로 볼 수 있으나, 상림리나 초포리, 고산리, 전 충남 출토품들은 질과 형태로 보아 중국식동검을 모방해서 한반도에서 자체적으로 만든 倣製中國式銅劍이다. 특히 상림리 출토품은 납동위원소비에 의한 산지추정 결과, 원료는 한반도산 청동을 이용하여 재지에서 제작한 것으로 밝혀졌다.[7]

## (2) 동촉

銅鏃은 기존에는 兩翼鏃과 三角鏃으로 구분하였으나,[8] 평면형태를 기준으로 兩翼形, 三翼形, 三稜形, 四稜形, 三角形 등으로 구분되며, 각각의 형식

3) 梅原末治・藤田亮策, 1947, 『朝鮮古文化綜鑑』第I卷, 養德社.
4) 사회과학원, 1974, 「재령군 고산리 성황동에서 나온 유물」, 『고고학자료집』4집.
5) 송순탁, 1993, 「우리나라에서 좁은놋단검의 형식의 형성과정에 대하여(1)」, 『조선고고학연구』93-2, 사회과학출판사.
6) 李健茂・徐聲勳, 1988, 『咸平草浦里遺蹟』, 國立光州博物館, p. 37.
7) 平尾良光, 1992, 「古代 東아시아에 있어서의 靑銅-납同位元素比를 通한 靑銅器 文化의 解析-」, 『湖巖美術館 開館10周年 記念 招請 學術講演 發表要旨』, 湖巖美術館, p. 15.
8) 尹武炳, 1972, 「韓國靑銅遺物의 硏究」, 『白山學報』12, 白山學會.

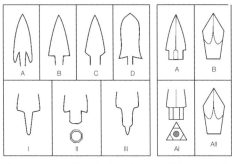

〈그림 3-1〉 양익형동촉과 삼릉형동촉의 분류도(한수영, 2004)

은 날개와 莖部의 형태, 鏊部의 유무 등에 따라 세분된다.[9] 완주 갈동에서 출토된 동촉은 공부가 있는 양익형의 AII 형식으로 평양 정백동 1호[10]와 평양 토성동 4호[11] 출토품과 유사하다. 정백동 1호에서는 양익형 6점과 삼릉형 9점 등 모두 16점이 출토되었는데, 양익형은 6점이 출토되었다고 하나 확인이 가능한 것은 1점에 불과하다. 이 동촉은 길이 4.0cm로 공부의 형태가 8각을 이루고 있는데, 갈동의 한 점이 길이 4.1cm에 공부가 8각을 이루고 있어 거의 동일하다. 토성동 4호에서는 옻칠한 화살통과 양익형, 삼릉형, 삼각형 등 동촉 20여 점이 출토되었는데, 활촉에는 나무로 화살대가 끼워진 채로 출토되었다. 이 가운데 양익형은 단면이 볼록하다고 보고되어 있어 가운데 稜이 없는 형태로 추정되며, 길이는 4.0cm 정도이다.

이러한 양익형은 갈동 이외에 배천 대아리,[12] 사리원 상매리,[13] 은천 약사동,[14] 강릉 포남동, 김해 무계리, 거제 아주동,[15] 창원 삼동동,[16] 보성 덕치리

9) 韓修英, 2004, 「靑銅鏃 小考」, 『硏究論文集』 第4號, 湖南文化財硏究院.

10) 리순진, 1974, 「부조예군무덤 발굴보고」, 『고고학자료집』 제4집, 사회과학출판사.
　　조선유적유물도감편찬위원회, 1989, 『조선유적유물도감-고조선,부여,진국편』 2.

11) 김종혁, 1974, 「토성동 제4호무덤 발굴보고」, 『고고학자료집』 제4집, 사회과학출판사.

12) 리규태, 1983, 「배천군 대아리 돌상자무덤」, 『고고학자료집』 제6집, 과학백과사전출판사.

13) 과학원출판사, 1958, 「황해북도 사리원시 상매리 석상묘 조사보고」, 『고고학자료집』 제2집.

14) 라명관, 1988, 「약사동 고인돌발굴보고」, 『조선고고연구』 제2호, 사회과학출판사.

15) 沈奉謹, 2000, 「巨濟 鵝州洞支石墓 出土 靑銅鏃」, 『韓國 古代史와 考古學』, 鶴山金廷鶴博士 頌壽紀念論叢, 學硏文化社.

16) 安春培, 1984, 『昌原三東洞甕棺墓』, 釜山女子大學校博物館.

등지에서 출토되었다. 이들 중 강릉 포남동 주거지를 제외하면 모두 석관묘, 목곽묘, 지석묘, 토광묘 등의 분묘에서 출토된 특징을 보인다. 이러한 양익형은 비파형동검문화기에 주로 사용되는데, 중원문화의 영향을 받아 요서·요동지역을 거쳐 한반도에 들어온 것으로 보이며, 형식에 따라 중국 영향을 받은 것(AI식)과 공반된 석촉과 연관성이 있는 것(BIII식·CIII식), 기존 청동기를 재가공한 것(CI식)으로 구분할 수 있다.[17]

광주 신창동 출토의 鐵莖銅鏃은 삼릉형의 AI형식으로, 평양 정백동 등 서북한지역에서 출토된 동촉 가운데 가장 많은 양을 차지하며, 신창동 이외에 남한지역에서는 철원 와수리,[18] 시흥 오이도, 포천 금주리 3점,[19] 양평 양수리 상석정 2점,[20] 경주 구정동,[21] 사천 늑도 B지구[22]·C지구 6점,[23] 제주 삼양[24] 등에서 출토되었다. 유구별로는 분묘, 패총, 주거지, 저습지 등 다양한 유적에서 출토되는데, 한반도 남부지역에서는 주로 생활유적에서 발견되고 있다. 이러한 삼릉형의 경우는 細形銅劍文化~樂浪前期로 보며 철기의 확산과 연관하여 戰國時代 燕과 秦·漢의 영향으로 보는 견해,[25] 낙랑과의 교섭의 결과,[26] 세형동검문화에서는 낙랑계 한문화 영향으로 보는 견해[27] 등이

17) 韓修英, 2004, 앞의 논문.
18) 池賢柄 외, 2006,『鐵原 瓦水里 遺蹟』, 江原文化財硏究所.
19) 황보경·최민정, 2004,「포천 금주리유적 발굴조사 개보」,『2004년 서울경기고고 학회 춘계발표회』, 서울경기고고학회.
20) 성균관대학교박물관, 2006,『경기도 양평군 양수리 상석정마을 발굴조사 보고서』.
21) 崔鍾圭, 1995,『三韓考古學硏究』, 書景文化社, p. 137.
22) 李在賢, 2001,「勒島遺蹟 B地區 發掘調査 槪要」,『勒島遺蹟을 통해 본 韓·中·日 古代文化 交流』, 慶尙南道·慶尙大學校博物館, p. 58.
23) 李東注, 2004,「泗川 勒島遺蹟 C地區의 調査成果」,『영남고고학 20년 발자취』, 第13回 定期學術發表會, 嶺南考古學會.
24) 康昌和, 2003,「耽羅 以前의 社會와 耽羅國의 形成」,『강좌 한국고대사』제10권, 재단법인 가락국사적개발연구원.
25) 韓修英, 2004, 앞의 논문.
26) 金武重, 2004,「考古資料를 통해 본 百濟와 樂浪의 交涉」,『湖西考古學』第11輯, 湖西考古學會.

있다. 그런데 삼릉형동촉은 燕下都,[28] 요동반도의 연화보,[29] 위원 용연동[30]
에서 출토된 예로 보아 그 상한은 전국시대 말기까지 올라갈 수 있다는 견해
도 있어,[31] 낙랑군 설치 이전에 이미 한반도에 유입되었던 것으로 보인다.

### (3) 동경

銅鏡은 漢鏡과 倣製鏡으로 나눌 수 있는데, 한경은 중국의 漢代에 만들어
져서 중국이나 낙랑을 거쳐 한반도에 들어 온 동경으로 前漢鏡과 後漢鏡으
로 구분된다. 방제경은 이 두 漢鏡을 모방하여 재지에서 제작한 동경을 말한
다. 호남지방 출토품으로 모두 6면이 있는데, 전한경은 익산 평장리의 蟠螭
文鏡과 여수의 異體字銘帶鏡이 있고, 후한경은 익산 연동리의 盤龍鏡, 고흥
안동의 連弧文鏡이 있다. 방제경은 영광 수동의 連弧文系倣製鏡과 重圈文系
倣製鏡 2면이 있다. 한경에 대한 연구는 일본과 중국에서 일찍부터 이루어
졌는데, 연구의 전기를 이룬 것은 127면이 출토된 洛陽燒溝漢墓[32]와 157면
이 출토된 廣州漢墓[33]의 형식분류와 편년을 가장 보편적으로 참고하여 연구
가 진행되었다. 특히 岡村秀典은 한경의 단위문양, 銘文의 종류, 字體, 周緣
의 단면형태 등의 상호관계를 통해 前·後漢鏡을 6期로 구분한 편년을 제시
하였다.[34]

鄭仁盛, 2003,「弁韓·加耶의 對外交涉-樂浪郡과의 교섭관계를 중심으로-」,『가야 고
고학의 새로운 조명』, 부산대학교 한국민족문화연구소편, 혜안, pp. 568~569.

27) 趙鎭先, 2004,『細形銅劍文化의 展開過程 研究』, 全北大學校大學院 博士學位論文, p.
129.

28) 河北省文物硏究所, 1996,『燕下都』, 文物出版社.

29) 王增新, 1964,「遼寧撫順市蓮花堡遺址發掘簡報」,『考古』第6期.

30) 梅原末治·藤田亮策, 1947, 앞의 책.

31) 池賢柄 외, 2006, 앞의 책, p. 114.

32) 洛陽區考古發掘隊, 1959,「洛陽燒溝漢墓」,『中國田野考古報告集』, 科學出版社.

33) 中國科學院考古學硏究所 編, 1981,『廣州漢墓』, 科學出版社.

34) 岡村秀典, 1984,「前漢鏡の編年と樣式」,『史林』67-5, 史學研究會.
岡村秀典, 1993,「後漢鏡の編年」,『國立歷史民俗博物館研究報告』第55輯, 國立歷史民
俗博物館.

국내에서는 유적의 편년이나 낙랑과의 교역관계에 대한 연구에 한경이 이용되고 있으나 대부분이 일본과 중국의 연구성과에 적용하고 있는데, 이러한 원인은 출토 빈도에 있어서 비교가 안 될 만큼 소량이기 때문이다. 방제경은 영남지방이 출토 例가 많기 때문에 연구의 대부분이 편중되어 있다. 방제경에 대한 연구는 국내보다는 일본의 彌生時代 小形倣製鏡에서 비롯되었는데, 대부분이 형식분류와 편년, 제작지, 同范鏡 등에 관한 것[35]이고, 국내에서는 한경 또는 동경에 대해 연구하면서 방제경의 단편적인 언급과 형식분류, 교류나 교역에 초점을 둔 연구[36]가 이루어졌다. 이러한 연구 중에서도 高倉洋彰에 의한 형식분류가 국내와 일본에서 주로 채용되고 있다.

익산 평장리의 반리문경은 낙양소구한묘에서 출토된 전형적인 四葉四螭

---

35) 梅原末治, 1959, 「上古初期の倣製鏡」, 『國史論集』 1, 讀史會.
高倉洋彰, 1972, 「彌生時代 小型倣製鏡について」, 『考古學雜誌』 58-3.
高倉洋彰, 1985, 「彌生時代 小型倣製鏡について(前承)」, 『考古學雜誌』 70-3.
高倉洋彰, 1989, 「韓國原三國時代の銅鏡」, 『九州歷史資料館硏究論集』 14, 九州歷史資料館.
高倉洋彰, 2002, 「弁韓·辰韓の銅鏡」, 『韓半島考古學論叢』, すずさわ書店.
小田富士雄, 1981, 「日·韓地域出土の同范小銅鏡」, 『古文化談叢』 9, 九州古文化研究會.
田尻義了, 2003, 「彌生時代小形仿製鏡の製作地-初期小形仿製鏡の檢討」, 『青丘學術論文集』 22, 財團法人 韓國文化研究振興財團.
36) 沈奉謹, 1990, 「三韓·原三國時代의 銅鏡」, 『石堂論叢』 16, 東亞大學校 傳統文化研究院.
林孝澤, 2000, 「金海 良洞里 第427號 土壙木棺墓 考察」, 『金海良洞里古墳文化』, 東義大學校博物館.
安京淑, 1998, 『多鈕鏡에서 漢鏡으로 轉換에 대한 研究』, 漢陽大學校大學院 碩士學位論文.
李在賢, 2000, 「加耶地域出土 銅鏡과 交易體系」, 『韓國古代史論叢』 9, 財團法人 駕洛國史蹟開發研究院.
姜銀英, 2001, 『漢鏡의 제작과 辰·弁韓 유입과정』, 서울大學校大學院 碩士學位論文.
李在賢, 2004, 「영남지역 출토 삼한시기 倣製鏡의 文樣과 의미」, 『韓國考古學報』 53, 韓國考古學會.
金京七, 2005, 「靈光 水洞鏡으로 본 被葬者의 性格」, 『지방사와 지방문화』 제8권 2호, 역사문화학회편, 학연문화사.
金鉉珍, 2006, 『영남지역 출토 한식경의 제작과 교역』, 嶺南大學校大學院 碩士學位論文.

文鏡과는 다소 다른 雲文의 바탕에 매우 도안화된 蟠螭文을 배치하였는데, 이런 문양은 三葉三螭에 가깝다고 한다. 이 鏡은 한반도에서 출토된 가장 古式의 前漢鏡으로 戰國 末~前漢 초기로 비정하고 있지만, 제작시기와 무덤에 부장된 시기를 달리보고 있다. 즉, 동경의 연대를 낙랑군 설치 이전으로 올라가는 岡村秀典의 漢鏡 1기의 기원전 2세기 전반경,[37] 공반유물 중 동모로 보아 기원전 2세기 중엽경[38]과 낙랑군 설치에 따른 한대문물의 동방확산의 第一波로 보고 기원전 1세기 후반경,[39] 동경은 낙랑군 설치 이전에 제작된 것이지만 분묘에 부장된 시기는 기원전 1세기경[40] 등의 견해가 다양하다.

이체자명대경은 銘文이 主文樣을 이루는 것이 특징으로 內區의 문양과 명문내용, 字體 등에 따라 다양한 분류명칭이 사용되고 있다. 즉, 內區文樣은 連弧文과 圓圈, 명문내용은 日光, 昭明, 家相貴富 등으로, 銘文帶의 수에 따라 單銘帶, 雙銘帶로 구분되며, 남부지역 출토 한경의 대부분을 차지하고 있다. 여수 출토품은 "見日之光 天下大明"(일광이 나타나니 천하가 대명하다)의 명문이 있는 전형적인 日光鏡에 해당되는데, 이러한 명문이 있는 일광경은 대구 지산동 2면,[41] 영천 어은동 2면,[42] 경주 조양동 1면[43]이 출토되었다. 대구 지산동, 영천 어은동, 경주 조양동 출토품은 모두 周緣이 狹緣인데 반해, 여

---

37) 鄭仁盛, 2003, 앞의 논문, pp. 558~560.

38) 朴辰一, 2000, 『圓形粘土帶土器文化研究-湖西 및 湖南地方을 中心으로-』, 釜山大學校 大學院 碩士學位論文, pp. 87~89.

39) 高倉洋彰, 1989, 「韓國原三國時代の銅鏡」, 『九州歷史資料館研究論集』 14, 九州歷史資料館, pp. 67~68.

40) 沈奉謹, 1990, 「三韓・原三國時代의 銅鏡」, 『石堂論叢』 16, 東亞大學校 傳統文化研究院, p. 86.
廣瀬和雄, 1993, 「彌生時代首長のイデオロギ-形成」, 『彌生文化博物館研究報告』 第2輯, 大阪府立彌生文化博物館.
高久健二, 1995, 『樂浪古墳文化研究』, 學研文化社, pp. 176~178.

41) 國立慶州博物館, 1987, 『菊隱 李養璿 蒐集文化財』 도록.

42) 朝鮮總督府, 1925, 「南朝鮮に於ける漢代の遺跡」, 『大正十一年度古蹟調查報告』 第二冊, p. 133 및 圖版 第49圖.

43) 崔鍾圭, 1995, 「朝陽洞 4次調査 槪報」, 『三韓考古學研究』, 書景文化社, p. 199.

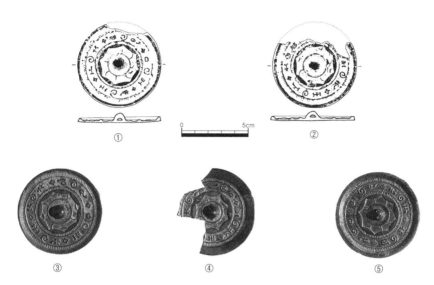

〈그림 3-2〉 일광경(① · ② 지산동, ③ · ④ 어은동, ⑤ 조양동)

〈표 3-1〉 남부지역 출토 "見日之光 天下大明" 銘 日光鏡

| 출 토 지 | 규모(cm) | 內區文樣 | 字間文樣 | 周緣 | 그 림 |
|---|---|---|---|---|---|
| 여 수 | 8.0 | 巴文＋連弧文 | 渦文과 菱形文 교대 | 平緣 | |
| 대구 지산동① | 6.3 | 巴文＋連弧文 | 渦文과 菱形文 교대 | 狹緣 | 3-2-① |
| 대구 지산동② | 6.2 | 巴文＋連弧文 | 渦文과 菱形文 교대 | 狹緣 | 3-2-② |
| 영천 어은동① | 6.2 | 巴文＋連弧文 | 渦文과 菱形文 교대 | 狹緣 | 3-2-③ |
| 영천 어은동② | 6.4 | 放射線＋連弧文 | 渦文과 菱形文 교대 | 平緣 | 3-2-④ |
| 경주 조양동 | 6.5 | 巴文＋連弧文 | 渦文과 菱形文 교대 | 狹緣 | 3-2-⑤ |

수 출토품은 平緣으로 영천 어은동 출토품과는 內區 문양이 다르고, 주연에 있어서 평연인 점은 같으나 영천 어은동 출토품이 약간 더 넓은 점이 다르다. 이체자명대경은 岡村秀典의 漢鏡 3 · 4기, 즉 전한 후기에 해당되는 대표적인 동경으로 대구 지산동, 영천 어은동, 경주 조양동 등이 해당되며, 그 연대가 기원후 1세기代로 편년[44]되고 있는 점으로 보아 여수 출토품도 기원후 1세기로 보고자 한다.

익산 연동리 반룡경은 岡村秀典의 後漢 전기에 해당하는 漢鏡 5기, IA式인데, 이 경의 제작연대는 "…胡羌除滅…"의 銘文으로 보아 羌族의 침입이 安帝 永初元年(107년)에 시작하여 12년 동안 계속되면서 洛陽까지도 위협받았던 4차 大羌亂을 전후 한 後漢 중기 무렵[45]에 外亂에 시달리던 중국인들의 안정을 갈망하는 마음을 반영한 것으로 보여지며, 西安일대에서 제작된 것으로 보고 있다.[46] 또한 日本 五島美術館 소장품의 반룡경[47]과 크기, 명문, 자체, 문양구성 등에 있어 똑같이 同范鏡으로 밝혀졌다.[48] 고흥 안동 출토 연호문경은 "長宣子孫" 명문이 鈕座와 호에 있는 것으로, 岡村秀典의 四葉座連弧文鏡 VA~VB式이나 蝙蝠座連弧文鏡 I~II式의 어느 하나 중에 속하는 형식으로 볼 수 있으나 속단할 수는 없다. 이러한 형식은 漢鏡 6기에 해당되는 것으로 후한 중기에 편년하고 있다. 한반도에는 낙랑고분에서 출토된 몇 점 외에는 남부지역에서 안동 출토품이 유일한 것으로 보인다.

　영광 수동 방제경 중 a鏡은 연호문계방제경, b鏡은 중권문계방제경으로 原鏡을 파악하기 곤란하며, 재지에서 제작된 것으로 볼 수 있다.[49]

## 2) 철기류

　鐵器類는 호남지방에서 모두 전북지역에서만 鐵斧, 鐵鎌, 鐵鉇, 鐵鑿이 출토되었다. 철부는 신동리 1점, 남양리 4점, 갈동 7점 등 총 12점이 출토되었는데 모두 鑄造品이다. 철부는 銎部형태에 따라 장방형, 육각형, 제형으로

---

44) 李在賢, 2000, 「加耶地域出土 銅鏡과 交易體系」, 『韓國古代史論叢』 9, 韓國古代史研究所編, 財團法人 駕洛國史蹟開發研究院, p. 62.

45) 후한대의 羌族의 침입은 建武 10년(34년)을 시발로 57년부터 170년 무렵까지 대략 6차례 정도로 구분될 수 있는데, 이 과정은 『後漢書』 西羌傳에 자세히 기술되어 있다.

46) 成正鏞・南宮丞, 2001, 「益山 蓮洞里 盤龍鏡과 馬韓의 對外交涉」, 『考古學誌』 第12輯, 韓國考古美術研究所, pp. 34~39.

47) 樋口隆康, 1979, 『古鏡』, 新潮社, 도판 143.

48) 成正鏞・南宮丞, 2001, 앞의 논문, pp. 12~13.

49) 金京七, 2005, 「靈光 水洞鏡으로 본 被葬者의 性格」, 『지방사와 지방문화』 제8권 2호, 역사문화학회편, 학연문화사.

구분하며, 장방형은 평면형태에 따라 세장방형(I형식)과 장방형(II · III형식)으로 나누고, 다시 절대의 유무에 따라 세분되는데, I→II→III순으로 변화한다.[50]

호남지방 출토품은 모두 장방형에 속하며, 신동리 출토품(II형식)을 제외하고는 장방형 중에서도 細長方形으로 금강유역권에서만 확인되는데, 비교적 이른 단계에 속한 것으로 볼 수 있다. 이는 한반도의 초기철기유적에서 확인되는 봉산 송산리,[51] 함흥 이화동,[52] 당진 소소리, 부여 합송리, 논산 원북리 다-1호 토광묘[53] 출토품과 유사한 것으로 볼 수 있다. 주조철부는 위연 용연동, 영변 세죽리 유적[54]과 같은 세죽리-연화보 유형 유적을 제외하고는 세형동검이 공반 출토되고 있으며 대부분 주조철착과 세트를 이루는 경우가 많으나 신동리에서는 鐵鏃가 출토된 점이 다르다. 한편, 논산 원북리 다-1호 토광묘의 경우 세형동검과 철부가 공반된 점은 앞서 유적과 동일하지만 철착이 아닌 銅鑿이 공반되고 있는 점에서 약간 차이를 보인다.

철겸은 갈동에서만 2점이 출토되었는데 鑄造品이다. 철겸은 直刃과 曲刃으로 구분되며, 곡물의 수확과 벌초, 나무의 가지치기, 무기, 의기 등으로 그 기능이 파악되고 있다. 이러한 철겸은 鍛造品으로 크기나 만입도, 기부형태와 각도 등의 세부 속성에 따라 변화하는 것으로 보고 있다.[55] 현재까지 한

---

50) 金度憲, 2002, 「三韓時代 鑄造鐵斧의 流通樣相에 대한 檢討」, 『嶺南考古學』 31, 嶺南考古學會.
51) 황기덕, 1959, 「1958년 춘하기 어지돈지구 관개공사구역 유적정리 간략보고(I)」, 『문화유산』 1.
52) 안영준, 1966, 「함경남도에서 새로 알려진 좁은놋단검 관계의 유적과 유물」, 『고고민속』 4.
   박진욱, 1974, 「함경남도 일대의 고대유적 조사보고」, 『고고학자료집』 4, 사회과학출판사.
53) 中央文化財研究院, 2001, 『論山 院北里遺蹟』.
54) 김정문, 1964, 「세죽리 유적 발굴 중간보고(1)」, 『고고민속』 2.
   김영우, 1964, 「세죽리 유적 발굴 중간보고(2)」, 『고고민속』 4.
55) 安在晧, 1997, 「鐵鎌의 變化와 劃期」, 『伽倻考古學論集』 2, 財團法人 駕洛國史蹟開發研究院.

반도 남부지역에서 출토된 철겸은 낙랑의 영향을 받아 출현한 것으로 알려져 있는데, 창원 다호리와 경주 조양동 5호묘를 시작으로 기원전 1세기 후반부터 나타나고 있다. 그 형태는 基部가 짧게 꺾이면서, 자루가 둔각으로 착장되고, 신부의 폭이 일정한 형태를 띠는 양상을 보이고 있다.[56]

그러나 갈동의 철겸은 기존에 한반도에서 출토된 철겸과는 다른 양상을 보이고 있다. 즉, 두 점의 전체적인 형태가 거의 동일하고 길이 24cm 이상의 대형으로 기부와 등 부분이 돌출되어 있고, 자루를 착장하는 부분이 약간 패여 있어 刃部와 구분되는 형태이다. 이러한 철겸은 戰國系 철기에서 나타나는 형식으로 한반도 내에서는 위원 용연동, 영변 세죽리 등에서 확인되며, 전국시대 유적인 연하도, 내몽고, 길림성 일대에서 보이고 있다. 전국시대 晚期경에 燕國의 철기들이 주조제품인 농공구를 중심으로 내몽고, 요령, 길림지역 등으로 전파되기 시작하지만, 확산범위가 넓어지는 것은 秦漢 교체기와 前漢 전기 경으로 보는 것[57]으로 보아 갈동 출토품도 이 시기에 유입된 것으로 볼 수 있다.

철사는 신동리 1점, 남양리 4점, 갈동 1점 등 모두 6점이 출토되었는데 鍛造品이다. 철사는 공구류의 일종으로 오늘날 조각도와 같은 것으로 알려져 있다. 철사는 선단부가 삼각형을 이루며, 동사와 달리 돌출된 능선이 없다. 위원 용연동에서 출토된 바 있다.

철착은 남양리에서 2점이 출토되었는데 주조품이다. 철착은 단면 梯形인 銎部를 가지면서 평면 장방형에 횡단면이 刃部로 갈수록 좁아지는 형태의 것과 방형 또는 장방형의 날 부분에 단면 원형 또는 방형의 자루가 붙은 것으로 구분되는데, 남양리 출토품은 前者에 해당된다. 이러한 형태의 것은 遼東半島의 연화보, 부여 합송리, 당진 소소리에서 청동기와 함께 출토되었다. 이들 유적에서 출토된 유물은 모두 주조품으로 이전 시기의 銅鑿이 철기화

---

56) 김길식, 2001, 「삼한지역 출토 낙랑계 문물」, 『낙랑』, 국립중앙박물관, p. 258.
57) 李南珪, 2002, 「韓半島 初期鐵器文化의 流入 樣相」, 『韓國上古史學報』 第36號, 韓國上古史學會, p. 35.

되는 과정을 보여주고 있다 하겠다. 이후 이러한 형태의 철착은 창원 다호리 유적 등 목관묘 유적에서 형태를 유지한 채 단조제품으로 생산된다. 木槨墓 단계에 들면서 철착은 이전의 것보다 세장한 형태로 변형이 일어나서 울산 하대, 부산 노포동, 김해 양동리 등에서 출토되었다. 한편 자루가 달린 철착의 형태는 대체로 삼국시대에 등장 한다.[58]

### 3) 화폐류

호남지방에서 발견된 중국 화폐류는 半兩錢, 五銖錢, 貨泉 등이 있는데, 모두 漢代에 주조된 화폐들이다. 출토유적은 분묘, 패총, 저습지, 난파선 등 다양한데, 출토된 지점들이 교류에 편리한 연안 및 해로상, 대하천변이다. 특히 남부지역에서는 제주도를 포함한 남해안의 해안가에 집중 분포하고 있다.

반량전은 남한지역에서 완주 상운리에서 1점과 사천 늑도에서 4점 등 모두 5점이 확인되었는데, 늑도 출토품은 사수반량전으로 보고 있다.[59]

오수전은 漢代 낙양소구한묘에서 출토된 오수전을 크기와 모양, 글자체를 기준으로 모두 5형식으로 분류하고, 각 형식은 다시 무늬의 성격에 따라 몇 가지로 구분하여 유적의 편년에 주로 이용되고 있다.[60] 오수전은 우리나라에서 출토된 한대화폐 가운데서 가장 빈도와 수량이 많은 것으로 II · III형이 주류를 이루고 있다. 호남지방 출토품 가운데 거문도 출토품은 드물게 I형도 있지만 역시 II · III형이 주류를 이룬다.

화천은 전면의 穿郭 유무와 그 형태, 후면의 천곽에 나타난 四角決文의 유무를 기준으로 형식분류가 이루어졌다.[61] 남한지역에서는 서남해안과 제주도를 포함한 남해안 지역에서 출토되고 있는데, 오수전 다음으로 그 빈도와

---

58) 國立文化財硏究所, 2001, 『韓國考古學事典』, p. 701.
59) 신용민, 2002, 「사천시 늑도유적 출토 반량 · 오수에 대하여」, 『동아시아문물연구소 학술발표회 자료』.
60) 洛陽區考古發掘隊, 1959, 앞의 책.
61) 戴志强 · 謝世平, 1984, 「"貨泉"初探-兼論莽錢制作特徵的演變」, 『中國錢幣』 1984-1.
　高倉洋彰, 1989, 「王莽錢の流入と流通」, 『九州歷史資料館硏究論集』 14, 九州歷史資料館.

수량이 많다. 화천분류에 의하면 Ⅱ·Ⅲ형만 확인되고 있다. 이 형식들은 新代 말기~後漢 建武 16년(40년)을 下限으로 한 후한 초기에 주조된 것으로 보고 있다.[62] 해남 군곡리 출토품은 Ⅱ형, 나주 랑동 출토품은 Ⅱ·Ⅲ형이다.

### 4) 옥류

옥류는 琉璃還玉, 金箔琉璃玉, 水晶製 多面玉, 琉璃製 管玉, 琉璃小玉 등이 있다. 완주 갈동 2호 토광묘에서 출토된 유리환옥은 우리나라에서 출토예가 없는 특이한 형태의 유물로 과학적 조성 분석결과 납바륨유리로 밝혀졌다.[63] 납바륨유리는 전국계로 부여 합송리 출토 유리제 관옥[64]과 유사한 것으로 확인되었다. 장수 남양리 2호에서 출토된 유리제 관옥도 당진 소소리나 부여 합송리에서 출토된 형식과 같은 계통으로 보고 있다.[65] 그러나 유물 형태상에서 합송리와는 차이를 보이며, 제주 삼양동에서 출토된 軟玉製의 단면 육각형의 玉環과 형태상 비슷하나 재질이 다르다. 제주 삼양동 출토품은 재질과 형태상에서 낙랑 출토품과 동일하다.[66] 따라서 갈동의 유리환옥은 한반도에서는 보이지 않고 燕下都에서 유사한 환형유리가 발견된 점으로 보아 燕國과의 관련성을 추정해 볼 수 있는 자료이다. 군곡리 출토의 유리관옥 1점(그림 2-5-㉔)도 납바륨유리로 밝혀졌다.[67] 그러나 다른 유리제 관옥 1점(그림 2-5-⑲)은 과학적 조성 분석결과 소다유리계로 밝혀져 중국 혹은 중국 외의 다른 지역, 즉 동남아 등지로부터의 수입품이 우리나라에 유입된 것으로 보는 견해도 있는데,[68] 이는 중국으로 들어오는 주요물품 가운데 옥

---

62) 高倉洋彰, 1989, 앞의 논문, p. 32.
63) 김규호 외, 2005, 「완주 갈동유적 출토 유리환의 고고화학적 고찰」, 『完州 葛洞遺蹟』, 湖南文化財硏究院.
64) 李健茂, 1990, 「扶餘 合松里遺蹟 出土 一括遺物」, 『考古學誌』 第2輯, 韓國考古美術硏究所.
65) 尹德香, 2000, 『南陽里 發掘調査報告書』, 全北大學校博物館, p. 30.
66) 康昌和, 2003, 앞의 논문, p. 32.
67) 李仁淑, 1993, 『한국의 古代유리』, 창문, p. 17.

이나 유리 등은 동남아로부터 들어와서 낙랑으로 유입되고,[69] 다시 이들은
낙랑과의 교류를 통해 남부지역에 유입된 것으로 볼 수 있으므로 중국 이외
의 다른 지역으로부터 우리나라에 유입된 것으로 보는 견해는 재고되어야
한다.

유리소옥은 군곡리에서 출토된 것을 분석한 결과, 기원후 2세기代에 속하
는 일본 彌生時代 九州 佐賀縣 후다쓰가야마(二塚山)유적[70] 출토의 알칼리석
회 유리소옥이나 스구(須玖)유적[71]의 소옥들과 관련이 있는 것으로 보았
다.[72]

金箔琉璃玉의 제작기법은 말아붙이기와 連珠形 상태로 만드는 기법이 있
는데, 이 중 연주형의 형태를 띠는 경우가 많다. 전자는 기원전 3세기경에 처
음 나타나며, 후자는 유리제품 제작에 대롱불기 기법이 도입된 기원전후에
발생한 것으로 알려져 있다.[73] 금박유리옥은 외부와 내부 유리 사이에 약
0.05mm 이하의 얇은 막으로 덮여 있으며, 주성분은 청당동 출토 금박성분
을 전자현미경에 부착된 에너지분산형 X-선 분석결과 金과 銀이 8 : 2의 비
율로 제작되었음이 밝혀졌다.[74]

금박유리옥은 낙랑토성,[75] 평양 정백동 37호·53호,[76] 연천 학곡리 적석
총,[77] 천안 청당동 2·5·14호묘, 천안 두정동 II지구 5호 토광묘,[78] 서산 해

68) 李仁淑, 1993, 앞의 책, p. 17.
69) 尹龍九, 1999, 「三韓의 朝貢貿易에 대한 一考察-漢代 樂浪郡의 교역형태와 관련하여-」,
　　『歷史學報』第162輯, 歷史學會, p. 13.
70) 佐賀縣教育委員會, 1979, 『二塚山』.
71) 島田貞彦, 1930, 「筑前須玖史前遺跡研究」, 『京大考報』 11.
72) 李仁淑, 1993, 앞의 책, p. 17.
73) 谷一尙, 1988, 「金層ガラス珠의 技法と傳播」, 『民族藝術』 4, p. 108.
74) 강형태 외, 1995, 「淸堂洞遺蹟 出土遺物의 分析」, 『淸堂洞』 II, 국립중앙박물관.
75) 국립중앙박물관, 2001, 『낙랑』, 특별전 도록.
76) 조선유적유물도감편찬위원회, 1989, 앞의 책.
77) 이미란, 2003, 「연천 학곡리 적석총 발굴조사 개보」, 『第46回 全國歷史學大會 考古學
　　部發表資料集』, 韓國考古學會.
78) 李南奭·徐程錫, 2000, 『斗井洞遺蹟』, 公州大學校博物館.

미 기지리,[79] 완주 상운리, 영암 신연리 9호분 5호 토광묘, 함평 신덕 1호분, 영광 대천 3호분, 동해 송정동 6호[80] 등지에서 출토되었는데 시기적으로 6세기代까지 내려가기도 한다. 이러한 금박유리옥은 거의 분묘 유적에서 출토되며, 임당, 양동리, 복천동 등을 제외하면은 대부분이 馬韓, 혹은 百濟지역에서 출토되는 특징이 있는데, 삼국시대가 되면 호남지방에 집중되고 있다.

고창 만동이나 해남 군곡리, 영광 수동에서 출토된 수정제 다면옥은 공주 공산성,[81] 경주 조양동, 대구 팔달동,[82] 경산 임당, 포항 옥성리,[83] 김해 양동리 등의 주로 영남지방 삼한시대 후기의 대형목곽묘에서 많이 출토되고 있는데, 석암리 219호를 비롯한 낙랑 목관묘에서 유래를 찾을 수 있는 자료이다.[84] 따라서 수정제 다면옥은 낙랑지역에서 출토된 것들과 유사성이 보이므로 낙랑계로 보인다.

## 5) 토기류

외래토기는 樂浪系土器, 中國土器, 倭系土器가 확인되었다. 낙랑계토기는 광주 신창동, 해남 군곡리, 순천 낙수리·대곡리, 진도 오산리에서, 晉代의 토기는 보성 금평에서 출토되었다. 이들은 패총, 주거지, 저습지 등의 생활유적에서 출토된 특징을 보이고 있다. 광주 신창동에서 출토된 낙랑계토기(그림 2-6-①)는 사천늑도 C지구와 평양 오야리 출토[85] 甕에서 볼 수 있는 구연단이 ㄱ자를 이루는 독특한 형태로 이들 토기는 대부분 낙랑지역인 평양부근에

79) 이남석·이현숙, 2006,「서산 해미 기지리 분구묘」,『墳丘墓·墳丘式 古墳의 新資料와 百濟』, 第49회 全國歷史學大會 考古學部 發表資料集, 韓國考古學會.
80) 지현병, 2002,「동해 송정동 철기시대 취락과 주거유적」,『강원고고학회 2002년 가을 학술대회자료』, 강원고고학회.
81) 安承周·李南奭, 1987,『公山城 百濟推定王宮址 發掘調查報告書』, 公州師範大學博物館.
82) 嶺南文化財研究院, 2000,『대구 팔달동유적』 I.
83) 嶺南埋藏文化財研究院, 1998,『浦項玉城里古墳群-나地區-』 I.
84) 김길식, 2001, 앞의 논문, p. 252.
85) 국립중앙박물관, 2001, 앞의 책, p. 216.

서 확인되고 있다. 이러한 형태의 토기는 高久健二의 분류에 의하면 甕B형에 해당되는데, 평양 정백리 127호[86]나 석암리 9호[87]에서 출토되고 있으므로 IV 기에서는 출토되지 않지만, III기에서 출현하여 V기의 대동강면 乙號[88] 단계 까지 존속하고 있음을 들어 기원후 1~3세기 전반代로 보고 있다.[89] 따라서 신창동 출토 낙랑계토기는 기원후 1세기代 이전으로 소급하기에는 무리가 있어 보이므로 鐵莖銅鏃과 함께 기원전후에서 기원후 1세기代로 추정된 다.[90]

순천 대곡리 · 낙수리에서는 단경호(그림 2-6-③), 발형토기편(그림 2-6-④), 도 롱 6호 주거지에서는 大鉢(그림 2-6-⑥)의 바닥으로 보이는 낙랑계토기[91]가 출 토되었다. 대곡리 40호 주거지 출토의 軟質蓋(그림 2-6-⑤)도 이 지역에서 보 이지 않는 독특한 토기로 낙랑계토기로 보인다. 또한 해남 군곡리 패총 II기 층에서 繩文圓底壺 1점(그림 2-6-②)이 출토되었는데, 이 층은 순수한 경질무 문토기 층으로 승문원저호는 외부에서 유입된 것으로 보았다.[92] 그런데 II기 층에서는 승문원저호 외에 화천이 출토되어 이 층(11층)의 下限을 말해주는 유물로 여겨 편년을 기원전 2세기 말 내지 1세기 초반에서 기원후 1세기 중 엽으로 보았다.[93] 그러나 II기층의 하한인 11층에서 출토된 화천의 주조연대 (기원후 14~40년)가 II기층의 상한을 말해준다고 할 수 있으므로,[94] II기층의 상

86) 小場恒吉 · 榧本龜次郎, 1935, 『樂浪王光墓』, 古蹟調査報告第二, 朝鮮古蹟研究會.

87) 關野貞 外, 1927, 『樂浪郡時代의 遺跡』, 古墳調査特別報告第四册.

88) 今西龍, 1910, 「朝鮮平壤郡大同江面南의 古墳」, 『東京人類學會雜誌』 25-293.

89) 高久健二, 1995, 『樂浪古墳文化硏究』, 學硏文化社, p. 57.

90) 趙現鐘 外, 2003, 『光州 新昌洞 低濕地 遺蹟-土器를 중심으로-』 V, 國立光州博物 館, pp. 378~379.

91) 武末純一, 1995, 「고고학으로 본 영산강유역과 일본 큐슈지역」, 『영산강유역 고대문화 권의 역사적 성격』, 광주전남발전연구원 영산강연구센터 · 호남고고학회, p. 87.

92) 崔盛洛, 1993, 『韓國 原三國文化의 硏究』, 學硏文化社, p. 170, 주25).

93) 崔盛洛, 1993, 앞의 책, p. 232.

94) 林永珍, 1992, 「〈原三國時代 貝塚文化〉에 대한 檢討」, 『第16回 韓國考古學全國大會 發 表要旨』, 韓國考古學會.

한은 기원전으로 올라 갈 수 없으며, 그 연대는 기원후 1세기 중엽 이후로 내려 보았다.[95] 또한 박순발도 영남지방 타날문단경호의 등장시기와 미사리 고려대 88-1호 주거지 승문타날 단경호[96]로 보아 기원후 1세기 전반 경에 등장한 것으로 보고 호남지방의 원삼국시대 Ⅲ기를 기원후 50년경부터 기원후 200년경으로 보았다.[97]

그런데 전남지방의 타날문단경호의 출현을 기원후 2세기 후반으로 보는 견해도 있다.[98] 그렇다면 군곡리 출토 승문원저호는 기원후 1세기 중엽에서 2세기 후반에 유입된 것으로 볼 수 있겠으나, 동일 층에서 출토된 貨泉의 주조 연대를 감안한다면 이 토기는 빠르면 기원후 1세기 중엽경에 화천과 함께 낙랑에서 유입된 것으로 볼 수 있다.

진도 오산리에서 출토된 승석문이 시문된 圓底短頸壺(그림 2-6-⑲)와 有孔壺形土器는 외부에서 유입되었거나 재지에서 제작되었든지 외래유물로 추정된다. 승석문이 시문된 단경호는 현재까지 영산강유역에서는 보이지 않는 외래 기종으로 진도 오산리 유적에서 처음 확인된 이후 여수 고락산성 3호 주거지,[99] 해남 신금 55(그림 2-6-㉑)·60호 주거지,[100] 장흥 지천리 가지구 14호 주거지,[101] 장흥 상방촌 B 7-2호 토광묘,[102] 해남 분토리 가지구 토광묘[103]에서 확인되었다. 이러한 토기들은 4세기 전반대로 편년되는 阿羅加耶系 토기로 보고 있는데,[104] 이 토기의 양식이 횡치 소성하는 것과 胴體 상반부의

95) 서현주, 2000, 「호남지역 원삼국시대 패총의 현황과 형성 배경」, 『호남지역의 철기문화』, 第8回 湖南考古學會 學術大會 發表要旨, 湖南考古學會, p. 91
96) 尹世英·李弘鍾, 1994, 『渼沙里』 第5卷, 渼沙里先史遺蹟發掘調査團.
97) 박순발, 2004, 「湖南地方 原三國時代 編年에 대하여」, 『밖에서 본 호남고고학의 성과와 쟁점』, 湖南考古學會, p. 91.
98) 李盛周, 2000, 「打捺文短頸壺의 研究」, 『文化財』 第33號, 國立文化財研究所, p. 30.
99) 崔仁善 외, 2004, 『麗水 鼓樂山城』Ⅱ, 順天大學校博物館.
100) 李暎澈 외, 2005, 『海南 新今遺蹟』, 湖南文化財研究院.
101) 최성락 외, 2000, 『장흥 지천리유적』, 목포대학교박물관.
102) 湖南文化財研究院, 2006, 『長興 上芳村B遺蹟』.
103) 崔盛洛·金珍英,·白明鮮, 2008, 『海南 黃山里 分吐遺蹟』Ⅰ, 全南文化財研究院.

타날을 물손질로 지우는 것이 특징이다. 그러나 오산리 출토품은 기형이나 문양 시문방법 등에서 이러한 양식의 토기들과는 달라 낙랑토기의 영향을 받아 재지에서 제작된 낙랑계토기로 보인다. 따라서 이 토기들 모두를 아라가야계 토기로 보는 것에 대해서는 자료의 증가와 함께 다른 토기, 예를 들면 낙랑토기와의 면밀한 대비·검토를 거친 것이 아니어서 조금은 신중할 필요가 있다고 생각하며, 이는 영산강유역에서 출토된 호형토기류와 탐진강유역인 상방촌 출토 호형토기에서 공통적으로 동체 상반부의 문양을 지우는 양상이 확인됨에 따라 馬韓圈의 공통된 정면수법으로 이해해도 좋을 듯싶다.[105]

또한 낙랑계토기로 보고 있는 창원 다호리 48·66호분 출토 繩文短頸壺[106]에서도 동체 상반부의 일정부분에 타날문을 지우거나 환저상의 평저에 겹치게 승석타날을 시문하고, 구연부가 내만하면서 벌어지는 등의 토기형식이 보이므로 낙랑토기의 영향도 생각해 볼 만하다. 아무튼 이 토기들은 자체생산품으로 보기에는 아직 생산기술력이 갖춰지지 않은 단계로 어려우며, 교류에 의해 유입되거나 재지에서 제작된 것으로 볼 수 있다.

한편, 有孔壺形土器는 원저단경호로 마치 주머니호(그림 2-6-⑳)를 연상하게 하는 것도 있는데 동체 중앙에 타원형의 구멍이 뚫려 있는 것이 특징이다. 이러한 토기는 전남에서 경남지방에 이르는 해안가 및 내륙지역의 생활유적에서 출토된 2~4세기代의 특징적인 토기로 燒成 前에 동체부에 5.0cm 이상 되는 타원형의 구멍을 뚫은 토기를 지칭한다. 일본에서는 圓窓付土器

104) 朴天秀, 2006,「加耶 土器의 樣式과 編年」,『제11회 호남문화재연구원 초청강연회 자료집』, 湖南文化財研究院, p. 21.
    이동희, 2007,「남해안 일대의 가야와 백제문화-전남동부지역을 중심으로-」,『교류와 갈등-호남지역의 백제, 가야, 그리고 왜-』, 제15회 호남고고학회 정기 학술대회, 湖南考古學會, pp. 82~83.
105) 湖南文化財研究院, 2006, 앞의 책, p. 262.
106) 李健茂 외, 1995,「昌原 茶戸里遺蹟 發掘 進展報告(IV)」,『考古學誌』第7輯, 韓國考古美術研究所.

(まるまどつきどき), 圓窓付壺形土器라 하여 愛知縣 서부의 尾張地域에 집중 분포하며, 彌生時代 후기에 집중되고 있다. 그러나 한반도 출토품과 일본 출토품과의 관계에 있어서 燒成 前에 穿孔한 것과 일부지역의 한정된 공간에서만 출토되고 있다는 점에서 공통점은 보이나 기형이나 형태에 있어서 유사점을 찾아 볼 수가 없어 일단은 일본의 圓窓付土器와는 관계가 없이 재지에서 발생한 것으로 보인다.[107] 그런데 오산리 출토품은 전남지방에서 지금까지 볼 수 없었던 형식으로, 이는 타 지역의 토기제작 기법이 반영된 것으로 추정되는데 낙랑토기의 영향을 받아 재지에서 제작된 낙랑계토기로 보이는데 이에 대한 구체적인 검토가 필요하다.

금평 패총에서 출토된 타날문토기(그림 2-6-⑦) 중 短斜線을 교차한 문양은 중국 河南地域의 印文灰陶에서 보이는 문양으로 고성 동외동 패총에서도 출토(그림 2-6-⑧)되었는데,[108] 이는 중국 河南지역과의 바다를 통한 교류로 유입된 것으로 보인다.[109]

왜계토기는 彌生系土器, 土師器系土器로 나누어 볼 수 있다. 彌生系土器는 광주 신창동과 남원 세전리 유적에서 출토되었다. 신창동에서는 모두 6점이 출토되었는데, 이 중에서 1495(그림 2-6-⑨), 1496(그림 2-6-⑩), 1499(그림 2-6-⑪)번 토기는 외부에서 유입된 토기로, 1497(그림 2-6-⑫), 1498(그림 2-6-⑬), 1500번(그림 2-6-⑭) 토기는 彌生土器의 영향을 받아 재지에서 제작된 彌生系土器로 구분된다. 彌生系土器는 모두 작은 파편으로 출토되어 전체적인 형태는 알 수 없지만, 구연부가 逆L자를 이루고 상단이 편평하며, 구연단 아래에 있는 돌대로 미루어 보아 須玖式土器로 보인다. 須玖式土器는 北部九州 지역의 彌生중기를 대표하고, 단면 逆L자의 편평한 구연을 가진 호, 옹, 고배가 특징이며, 그 분포권은 福岡縣을 중심으로 佐賀縣, 大分縣, 壹岐, 對馬뿐만 아니라 한반도까지이다. 北部九州의 彌生중기의 토기편년은 城ノ越式을

---

107) 金京七, 2006, 「有孔壺形土器一考」, 『百濟文化』第35輯, 公州大學校 百濟文化硏究所.
108) 東亞大學校博物館, 1984, 「固城東外洞貝塚」, 『上老大島』.
109) 서현주, 2000, 앞의 논문, p. 91.

중기 초로 하고 나머지 중기 토기를 須玖式으로 불러 I식과 II식으로 구분하는 것이 일반적이며 城ノ越式(중기 초)→須玖I式(중기 전반)→須玖II式(중기 후반)으로 발전한다.[110] 신창동에서 출토된 토기는 須玖I式에 해당된다. 남원 세전리에서 출토된 細頸壺는 북부九州의 2세기代 彌生後期 후반의 下大隈 式에 해당되는 형식이다.[111]

土師器系土器는 함평 소명의 土師器系甕 구연부편, 고창 장두리의 直口壺, 군산 여방리 패총 출토품 등이 있다. 이 중에서 고창 장두리에서 출토된 직구호는 전체적인 형태와 외면 마연기법으로 보아 大阪 久宝寺南遺蹟 B트렌치 K3号墓에서 출토(그림 2-6-⑰)된 고분시대 전기 중반(4세기 전반)의 토기[112]와 유사하다.[113] 한편 함평 소명 출토품은 구연부로 보아 고창 장두리 출토품과 비슷하다.

## 6) 복골

卜骨은 동물의 뼈나 뿔을 이용하여 占을 치는 것으로 한반도에서는 중국의 영향을 받아 일찍부터 점을 쳤던 물적 증거, 즉 복골의 출토 例가 여러 유적에서 확인되고 있다. 복골은 文字의 有無에 따라 有字卜骨과 無字卜骨로 나눌 수 있으며, 유자복골은 중국 黃河流域에서, 무자복골은 중국의 동북지역과 한반도, 日本에서 확인된다. 한반도에서는 복골이 청동기시대에서 통일신라시대까지의 유적에서 출토되는데, 무산 호곡동 주거지를 제외하고는 주로 남부지역 해안의 패총 유적에 집중 분포하며 내륙의 저습지 유적에서 일부 확인되고 있다. 복골의 재료는 肩甲骨이 많이 이용되었는데, 이는 편평

---

110) 武末純一, 1987,「須玖式土器」,『彌生文化の研究』4, 雄山閣.
111) 井上主稅, 2006,『嶺南地方 출토 倭系遺物로 본 한일교섭』, 慶北大學校大學院 博士學位論文, p. 19.
112) 杉本厚典, 2003,「河內布留式土器の細分各地との並行關係」,『古墳出現期の土師器と實年代シンポジウム資料集』, 大阪府文化財センタ-, p. 49, 圖4-9.
113) 서현주, 2007,「湖南地方의 倭系文化」,『교류와 갈등-호남지역의 백제, 가야, 그리고 왜-』, 제15회 호남고고학회 정기학술대회, 湖南考古學會.

하고 얇아 특별히 가공하지 않아도 되고 점을 치기에 편하기 때문이다. 또한 동물 뼈의 숫자로 볼 때 견갑골의 희귀성과 뼈 중에서도 신성시하는 면도 고려되었기 때문이다.[114]

복골의 형식분류는 일본에서 출토된 경우는 神澤湧一에 의해 다듬기(整治)와 지지기(燒灼)의 방법에 따라 5형식으로 분류하였으며,[115] 한반도에서 출토된 경우는 은화수에 의해 구멍파기(鑽)와 구멍새기기(鑿)의 방법에 따라 4형식으로 분류하였는데, I→II·III→IV형식으로 시간적인 변화의 흐름을 알 수 있다.[116] 본고에서는 은화수의 형식분류에 따른다.

호남지방 출토의 복골은 I·II형식이 출토되는데 지진형식은 이른 시기에는 I형식인 구멍을 파지 않고 지진 것이 주를 이루고, 늦은 시기에는 II형식인 구멍을 파고 지진 것이 주를 이루고 있다. 유적별로는 내륙지역인 저습지에서 출토된 광주 신창동을 제외하고는 남부지역에서처럼 해안가에 위치한 패총에서 대부분이 출토되고 있다. 이는 유적의 성격상 패각층 내에서는 동물 유체의 보존상태가 양호하기 때문이며, 저습지도 마찬가지 현상이다. 보통 한반도에서 출토된 복골은 사슴이나 멧돼지의 견갑골을 이용하였는데, 호남지방을 비롯한 남부지역에서 출토된 복골도 마찬가지이다. 그러나 부산 낙민동 패총이나 통영 연대도 패총 출토품[117]은 소나 노루의 견갑골을 이용한 경우도 있다. 또한 부산 조도패총, 김해 부원동 패총 출토품은 鹿角을, 경산 임당과 경기 이성산성 출토품[118]은 군산 남전 例처럼 肋骨을 사용한 경우도 있으나 가끔 군산 남전처럼 사슴의 寬骨을 이용한 경우도 있다(〈표 3-3〉).

이러한 복골은 무산 호곡동에서 출토된 것으로 보아 占卜文化는 중국의 청동기문화와 함께 한반도에 유입된 것으로 볼 수 있으나 한반도에서 출토

---

114) 殷和秀, 1999, 『韓國 出土 卜骨에 對한 硏究』, 全北大學校大學院 碩士學位論文, p. 4.

115) 神澤湧一, 1987, 「日本の卜骨」, 『考古學ジャ-ナル』 9.

116) 殷和秀, 1999, 앞의 논문.

117) 金子浩昌·徐姈男, 1993, 「煙臺島貝塚 가地區 出土의 脊椎動物遺體」, 『煙臺島』 I, 國立晋州博物館.

118) 金秉模·沈光注, 1991, 『二聖山城 3次發掘調査報告書』, 漢陽大學校博物館.

〈표 3-2〉 복골의 형식분류 비교표

| 분류자 | 형식 | 특　징 | 비　고 |
|---|---|---|---|
| 神澤湧一 | I | 自然骨面의 얇은 부분을 특히 선정하여 楕圓形으로 지진 것(無鑽燒灼) | 일본 출토품 |
| | II | 표면을 약간 마연하고 일부 깎아 지진 것(無鑽燒灼) | |
| | III | 不整圓形의 거친 구멍을 파고 鑽의 내측을 거칠게 두고 지진 것(有鑽燒灼) | |
| | IV | 정교하게 파고 반원형으로 지진 것(有鑽燒灼) | |
| | V | 長方形의 구멍을 파고 구멍새기기를 한 다음 십자형으로 지진 것(有鑽鑿灼) | |
| 殷和秀 | I | 구멍파기를 하지 않고 지진 것(無鑽燒灼) | 한반도 출토품 |
| | II | 구멍파기를 하고 지진 것(有鑽燒灼) | |
| | III | 구멍파기를 하고 지지기는 하지 않은 것(有鑽無灼) | |
| | IV | 구멍파기와 구멍새기기를 하고 지진 것(有鑽鑿灼) | |

〈표 3-3〉 호남지방 출토 복골 현황

| 유 적 명 | 유적성격 | 수량 | 형식 | 사 용 수 골 |
|---|---|---|---|---|
| 광주 신창동 | 저습지 | 20여 점 | I | 肩甲骨(사슴, 멧돼지) |
| 해남 군곡리 | 패총 | 23점 | I · II | 肩甲骨(사슴 14, 멧돼지 7, 미상 2) |
| 보성 금평 | 패총 | 4점 | II | 肩甲骨 |
| 군산 남전 | 패총 | 37점 | II | 肩甲骨(멧돼지 5, 미상 3), 肋骨(21), 寬骨(사슴 1), 미상(7) |

된 복골유적의 대부분이 기원전 2세기에서 기원후 4세기 전반에 해당되므로 복골을 이용한 점복 풍습이 본격적으로 사용되는 시기는 철기문화의 확산과 함께 중국에서 그 技法이 유입된 것으로 볼 수 있다.[119]

---

119) 崔盛洛, 1993, 앞의 책, pp. 220~221.
　　　殷和秀, 1999, 앞의 논문, p. 57.

〈표 3-4〉 호남지방 출토 대외교류 관련 유물 현황

| 구분 | 유적명 | 유적성격 | 출토유물 | 유물연대 | 유구연대 | 참고문헌 |
|---|---|---|---|---|---|---|
| 청 동 기 류 | 완주 상림리 | 매 납 | 중국식동검 26점 | BC 3세기~2세기 | | 전영래 1976 |
| | 익산 신용리 | | 중국식동검 1점 | 〃 | | 김정배 1993 |
| | 함평 초포리 | 적석목관묘 | 중국식동검 1점 | | BC 2세기 초~AD2세기 전반 | 이건무 · 서성훈 1988 |
| | 완주 갈동 | 토광목곽묘 | 동촉 3점 | | BC 2세기 후엽~1세기 말 | 김건수 외 2005 |
| | 광주 신창동 | 저습지 | 철경동촉 1점 | AD 1세기 | BC 2세기~AD 1세기 | 신상효 외 2001 |
| | 익산 평장리 | 토광묘(?) | 반리문경 1면 | 전국 말~전한 초기 | | 전영래 1987 |
| | 익산 연동리 | | 반룡경 1면 | AD 2세기 전반 | | 성정용 · 남궁승 2001 |
| | 영광 수동 | 토광묘 | 방제경 2면 | | AD 1세기 후반~2세기 초 | 이기길 외 2003 |
| | 고흥 안동 | 수혈식석곽분 | 연호문경 1면 | AD 2세기 중엽 | 5세기 후반 | 임영진 · 오동선 2006 |
| | 여수 | | 이체자명대경 1면 | AD 1세기 | | 국립광주박물관소장 |
| 철 기 류 | 익산 신동리 | 토광묘 | 철부, 철사 | | BC 2세기 전반~2세기 중엽 | 최완규외 2005 |
| | 완주 갈동 | 토광목관묘 토광목곽묘 | 철겸 2점, 철부 7점, 철사 1점 | | BC 2세기 초반~1세기 말 | 김건수 외 2005 호남문화재연구원 2009 |
| | 장수 남양리 | 토광목곽묘 | 철부 4점, 철사 4점, 철착 2점 | | BC 2세기 말~1세기 전반 | 지건길 1990, 윤덕향 2000 |
| 화 폐 류 | 완주 상운리 | 토광묘 | 반량전 1점 | | 4세기 중후반 | 김승옥 · 이택구 2004 |
| | 해남 군곡리 | 패 총 | 화천 1점 | AD 1세기 | AD 1세기 중반 | 최성락 1987 |
| | 나주 랑동 | 저습지 | 화천 2점 | AD 1세기 | 4~5세기 | 김경칠 외 2004 |
| | 여수 거문도 | 난파선 | 오수전 980점 | AD 1~2세기 | | 지건길 1990 |
| 옥 류 | 장수 남양리 | 토광목관묘 | 유리관옥 4점 | | BC 2세기 말~1세기 전반 | 윤덕향 2000 |
| | 완주 상운리 | 토광묘 | 금박유리옥 1점 | | 4세기 중후반 | 김승옥 · 이택구 2004 |
| | 완주 갈동 | 토광목곽묘 | 환형유리 2점 | | BC 2세기 후엽~1세기 말 | 김건수 외 2005 |
| | 고창 만동 | 토광묘 | 수정제 다면옥 | | 3세기 중반~4세기 중반 | 김건수 · 이영덕 2004 |
| | 해남 군곡리 | 패 총 | 청색유리관옥, 초록색 유리관옥, 수정제 다면옥, 유리소옥 | | AD 1세기 중엽~후반 | 최성락 1987, 1988 |
| | 영광 수동 | 토광묘 | 수정제 다면옥 2점 | | AD 1세기 후반~2세기 초 | 이기길 외 2003 |
| | 영암 신연리 | 토광묘 | 금박유리옥 1점 | | 4세기 전반 | 국립광주박물관 1993 |
| 토 기 류 | 남원 세전리 | 주거지 | 彌生系土器 1점 | | AD 2세기 | 전북대학교박물관 1989 |
| | 군산 남전 | 패 총 | 土師器 | | 3세기 후반~4세기 | 홍보식 2006 |
| | 고창 장두리 | | 土師器直口壺 1점 | | 4세기 전반 | 서현주 2007 |

| 구분 | 유적명 | 유적성격 | 출토유물 | 유물연대 | 유 구 연 대 | 참 고 문 헌 |
|---|---|---|---|---|---|---|
| 토기류 | 해남 군곡리 | 패 총 | 타날문원저호 1점 | BC 1~AD 1세기 전반 | AD 1세기 전반 | 최성락 1988 |
| | 함평 소명 | 주거지 | 土師器옹 1점 | | 3세기 후반~4세기 | 임영진외 2003 |
| | 진도 오산리 | 수 혈 | 단경호 1점 유공호형토기 | | 3세기 후반~4세기 전반 | 김경칠 외 2004 |
| | 광주 신창동 | 저습지 | 彌生土器 6점, 낙랑토기 1점 | 須玖式土器 AD 1세기 | BC 2세기 후반~AD 1세기 | 조현종 외 2003 |
| | 보성 금평 | 패 총 | 타날문토기 1점 | 印文陶 | 3세기 후반 | 임영진 외 1998 |
| | 순천 낙수리 | 주거지 | 회색연질도기 2점 | | 3세기 전반~4세기 전반 | 최몽룡 외 1989 |
| | 순천 대곡리 | 주거지 | 회백색연질개 1점 | | 2세기 중엽~3세기 전후 | 최몽룡 외 1989 |
| | 순천 대곡리 도롱 | 주거지대 | 발 1점 | | 2세기~3세기 후반 | 서성훈 외 1989 |
| 복골 | 광주 신창동 | 저습지 | 20여 점 | | BC 2세기~AD 1세기 | 은화수 1999 |
| | 해남 군곡리 | 패 총 | 23점 | | BC 2세기 말~AD 3세기 후반 | 최성락 1987~1989 |
| | 보성 금평 | 패 총 | 4점 | | 3세기 | 임영진 외 1998 |
| | 군산 남전 | 패 총 | 37점 | | 3~4세기 | 은화수 1999 |

## 2. 유물의 성격

호남지방 출토의 중국식동검은 제작기술의 정보가 서해를 통해 유입되어 만든 倣製品이다. 완주 상림리나 함평 초포리의 有節柄式은 대체로 한반도에서는 戰國時代 후기에 유입되어 곧 이어서 방제품으로 제작된 것으로 보고 있다.[120] 그러나 한반도에서 자체적으로 제작되기는 했지만 크게 유행하지 않고 소멸된 것으로 보이는데, 이는 청동기시대 유적에서 중국식동검이 한국청동기와 공반되는 例가 극히 적고, 분포도 서해안에 가까운 지역에 한정된 점으로 알 수 있다. 이러한 유입의 교류주체는 당시 사회의 지배세력에 의해 주도되었다고 할 수 있다. 상림리의 중국식동검의 경우는 의도적인 정연성이 확인되고 공반유물도 확인되지 않는 것으로 보아 매납행위를 위한 제작품[121]으로 볼 수 있는데, 이런 매납행위는 집단의 가장 중요한 儀禮의 하나로 집단을 대표하는 首長에 의해 주도되었다고 한다.[122] 또한 초포리 출

---

120) 李健茂·徐聲勳, 1988, 앞의 책.
121) 鄭相石, 2001, 「錦江流域 細形銅劍文化의 발전과 桃氏劍」, 『韓國古代史硏究』 22, 한국고대사연구회편, 서경문화사, pp. 76~77.

토품은 被葬者는 祭政을 함께 관장하는 지배계층의 신분임을 알 수 있는데, 이는 당시 사회 내에서 우월성을 상징하는 위세품의 물품으로 중국식동검을 채택했을 것으로 추정된다.

銅鏃은 대부분 양익형이나 삼릉형으로 莖部는 철제로 이루어져 있다. 이러한 鐵莖銅鏃은 이후 철촉이 보편화되기 전까지 秦과 漢에서도 큰 형식 변화 없이 일반적으로 나타나고 있는데,[123] 낙랑지역에서도 마찬가지로 다량 출토되는데 삼릉형이 많다. 갈동 출토 예처럼 莖部가 있는 兩翼形銅鏃은 낙랑군 설치 이후에 동촉 출토량이 증가한 서북한 지역에서도 이질적인 형태로 서북한 지역에서 중국의 영향을 받아 자체 제작했을 가능성이 크다 할 수 있다.[124] 갈동의 동촉 3점은 날개, 길이, 등날 등 세부적인 형태는 각각 다르기 때문에 각기 다른 거푸집에서 주조된 것으로 볼 수 있다. 그러나 용도에 대해서는 실용품보다는 한 점이 주조한 후 발생한 청동액이 그대로 있는 점을 들어 부장용으로 제작되었을 가능성을 제기하였지만,[125] 다른 한 점 중에 莖部 일부 수리한 흔적이 있고 莖部 內에 화살대가 박혀 있는 것으로 보아 실용품일 가능성도 있다.

신창동의 철경동촉은 삼릉형으로 낙랑을 통해서 기원전후에서 기원후 1세기경에 유입된 것으로 볼 수 있다. 그 이유는 신창동에서 1점이지만 낙랑계토기가 출토되었고, 인근 나주의 영산강변의 랑동 유적에서 화천이 출토되었기 때문이다. 또한 낙랑토성이나 낙랑 목관묘에서 출토되는 청동촉의 대부분이 삼릉형인 것으로 보아 남부지역에서 출토되는 삼릉형은 낙랑군 설치 이후에 유입된 것이며, 그 시기는 낙랑군에 전실묘(기원후 2세기대)가 축조되기 이전으로 보는 견해가 있어 이를 뒷받침하고 있다.[126] 신창동의 동촉과

---

122) 李相吉, 2000, 『靑銅器時代 儀禮에 관한 考古學的 硏究』, 大邱曉星카톨릭大學校大學院 博士學位論文, p. 194.

123) 成東・鍾少異, 1990, 『中國古代兵器圖集』.

124) 鄭仁盛, 2002, 「樂浪土城と靑銅鏃」, 『東京大學 考古學硏究室硏究紀要』 第17號.

125) 韓修英, 2004, 앞의 논문, p. 68.

126) 鄭仁盛, 2003, 앞의 논문, p. 569.

같은 경우에서 보듯이 남한지역에서 출토된 동촉들이 낱개로 발견되고 있는 것으로 보아 기념물적(상징적)인 성격으로 보는 경우도 있지만,[127] 동촉이 무덤에 부장되기보다는 주로 성곽이나 생활유적에서 출토된 점이나, 낙랑군에서도 동촉이 자체적으로 생산되었을 가능성에서 보면 또 다른 의미부여도 가능한데,[128] 즉 실용품으로 사용된 것으로 볼 수 있다.

銅鏡 중 익산 평장리 蟠螭文鏡은 낙랑지역에 본격적으로 한경이 수입되기 이전 시기에 해당되는 것으로, 유입지역은 중국 본토와 古朝鮮을 통한 가능성이 제기되었다. 중국 본토에서 유입된 경우는 서해안에서 출토되는 중국 식동검, 銅鉇, 반리문경 등이 중국의 楚나라와 관계가 있는 유물로 서해안을 따라 중국 남부지역에서 유입된 것으로 보고 있으며,[129] 고조선을 통해 유입된 경우는 이 반리문경을 제외하고는 금강유역뿐만 아니라 당시 한반도 어느 지역에서도 한경같이 상징성이 강한 중국 유물은 보이지 않고, 평장리에서도 한경이 당시 재지유물과 공반하여 출토되었기 때문이다.[130] 여수의 異體字銘帶鏡인 日光鏡은 전한 후기 또는 후한 초기, 익산 연동리 반룡경과 고흥 안동의 연호문경은 후한 중기에 제작된 것이다. 이들 동경은 낙랑을 통해 호남지방에 유입된 것으로 볼 수 있는데, 기원후 1세기대 이후에 유력 정치체들이 서서히 형성되면서 군현의 교섭상대로 인정받는 모습을 반영한 것으로 보고 있다.[131]

그런데 고흥 안동에서 출토된 연호문경은 鏡의 제작연대와 고분의 축조연대를 비교해 볼 때 일본 고분시대 유적에서 한경이 다수 출토된 것처럼 鏡의

127) 李健茂, 2001,「勒島遺蹟을 통해 본 古代 國際交流」,『勒島遺蹟을 통해 본 韓‧中‧日 古代文化 交流』, 慶尙南道‧慶尙大學校博物館, p. 7.
이재현, 2005,「남한출토 낙랑관련 유물의 현황과 성격」,『낙랑의 고고학』, 제33회 한국상고사학회 학술발표대회, 한국상고사학회, p. 25.
128) 이재현, 2005, 앞의 논문, p. 25.
129) 李在賢, 2000, 앞의 논문, p. 64.
130) 朴辰一, 2000, 앞의 논문, p. 87.
131) 成正鏞‧南宮丞, 2001, 앞의 논문, p. 46.

연대와 유입시기가 일치하지 않는 점에서 傳世鏡이거나 갑주 등을 왜계유물로 보는 견해[132]와 피장자를 왜인으로 보는 견해[133] 등으로 보아 일본에서 유입되어 부장된 것이 아닐까 하는 추정도 가능하게 한다. 하지만 안동고분의 유물과 성격에 대한 좀 더 구체적인 논의는 보고서 간행 이후로 미루는 것이 좋을 듯하다.

영광 수동 倣製鏡은 기원후 1세기 후반경에서 2세기 초반경에 재지에서 제작한 것으로 토광묘의 피장자는 어떻게든 漢文化를 인지하고 있었으므로 漢鏡의 제작기술과 정보를 통한 낙랑과의 대외교류의 산물로 볼 수 있다(제 IV장. 방제경과 대외교류 참조).

철기는 익산 신동리, 장수 남양리, 완주 갈동유적 등에서 보이는 바와 같이 청동기와 함께 철기류가 출토된 점으로 보아 기원전 2세기경에 처음으로 외부에서 유입된 철기유물이 나타나고 있음을 알 수 있다. 이들 철기들은 철부, 철겸, 철사, 철착 등의 농구류가 주류를 이루고 있는데, 중국의 전국계 철기가 북부지역을 통해서 남부지역까지 파급되었음을 알 수 있다.[134] 이는 갈동유적에서 출토된 鐵鎌이 위원 용연동이나 영변 세죽리에서 출토된 바 있는 전국계로 한반도 남부에서 처음으로 확인된 점으로 알 수 있다. 이제까지 戰國時代 철기의 분포권 가운데 용연동이나 세죽리 유적을 燕國 계통 철기의 분포권 내에서 동남방의 경계로 보았으나,[135] 갈동 유적에서 철겸이 출토

132) 朴天秀, 2006,「任那四縣과 己汶, 帶沙를 둘러싼 百濟와 大伽耶」,『加耶, 洛東江에서 榮山江으로』, 第12回 加耶史國際學術會議, 金海市, p. 202, 주3).

133) 朴天秀, 2006, 앞의 논문.
柳澤一男, 2006,「5~6世紀의 韓半島 西南部와 九州」,『加耶, 洛東江에서 榮山江으로』, 第12回 加耶史國際學術會議, 金海市.
홍보식, 2006,「한반도 남부지역의 왜계 요소-기원후 3~6세기대를 중심으로-」,『韓國古代史硏究』44, 한국고대사학회.
이동희, 2007, 앞의 논문, pp. 98~99.

134) 최성락, 2000,「호남지역의 철기시대-연구현황과 과제-」,『호남지역의 철기문화』, 第8回 湖南考古學會 學術大會 發表要旨, 湖南考古學會, p. 46.

135) 李南珪, 2002, 앞의 논문, p. 35.

되어 戰國 철기의 분포권이 한반도 남부까지 확대되고 있음을 알 수 있으며, 이는 서북한 지역을 이용한 루트 이외에 중국 동북지역에서 해로를 이용한 다각도의 교류망이 있었음을 입증한다고 볼 수 있다.[136] 따라서 낙랑군이 설치되기 이전에 중국 혹은 고조선과의 교류를 나타내는 자료라 할 수 있다. 그리고 이들 철기의 제작이 현지에서 이루어진 것[137]인지 아니면 외부로부터 유입된 것인지에 대해서는 과학적으로 밝혀지지는 않았으나 서북한 지역에서는 鑄型이 확인되어 자체생산이 가능했던 것으로 보여 지는데 비해, 남양리, 신동리, 갈동 유적에서 출토된 철기들을 보면 북부지역의 철기와 같은 형태이나 철기의 종류가 철부, 철착, 철사 등으로 한정되어 있고, 그 수가 적으며 발달된 청동기들과 함께 출토되었기 때문에 북부지역에서 완제품이 유입된 것으로 볼 수 있다.[138]

또한 철기 중에서 長方形鐵斧는 상위계층의 분묘에 1점씩만 부장되고, 梯形鐵斧에 비해 장방형철부는 변화상이 시간상으로 빠른 장방형철부 I형식은 평면형태가 세장방형인데 이보다 늦은 장방형철부 II형식은 장방형으로 변화된 점, 鋌部형태에서도 재지에서 제작된 제형철부와 차이가 많다는 점에서 장방형철부는 외부 유입품으로 보고 있다.[139]

호남지방을 포함한 남한지역에서 출토된 대부분의 漢代화폐들은 해로를 통해 유입되었을 가능성을 강하게 시사해 주고 있다. 완주 상운리 반량전은

---

136) 金建洙 외, 2005, 『完州 葛洞遺蹟』, 湖南文化財研究院, p. 86.
137) 이남규는 자체 생산 가능성의 근거로 이미 청동기시대에 금속기 주조기술이 발달한 점, 주조철부에서 많이 확인되는 탄소량 4.3% 전후의 주철들은 비교적 낮은 온도에서 생산될 수 있는 점, 서북한 지역에서는 발견되지 않은 주조품의 철착이 금강유역 유적에서 주조철부와 공반된 점, 서부지역 청동기시대 유물 가운데 銅鑿이 단독으로 혹은 銅斧와 공반되어 출토된 유적이 상당수 인 점 등을 제시하였다(李南珪, 2002, 앞의 논문, pp. 43~44).
138) 최성락, 2000, 앞의 논문, p. 19.
   鄭永和·金順玉, 2000, 「慶州地域 鐵器生産의 變遷」, 『古文化』第56輯, 韓國大學博物館協會, p. 81.
139) 金度憲, 2002, 앞의 논문, pp. 14~15.

함께 출토된 금박유리옥으로 보아 낙랑에서 유입되어 전세된 후 무덤에 부장된 것으로 볼 수 있으며, 나주 랑동 화천도 영산강의 내륙수로를 통해 유입된 후 전세되었다가 후대의 저습지에 폐기된 것이다. 그러나 해남 군곡리의 화천은 전세되어 후대에 폐기된 것[140)이 아니라 공반된 유물로 보아 당시 유물들과 함께 매장되었거나 매몰된 것[141)으로 보는 것이 설득력이 있다. 오수전이 980점이나 출토된 여수 거문도 유적은 退藏유적으로 보는 경우도 있지만,[142) 여러 가지 정황으로 보아 낙랑↔삼한↔왜를 왕래하던 무역선의 난파로 보이며,[143) 오수전은 청동기의 원료로 교역되었을 가능성이 있다.[144)

이러한 맥락에서 보면 호남지방에서 발견된 漢代 금속화폐들이 일반적으로 상품거래 수단으로 통용되기에는 단일 유적당 출토량이 여수 거문도 오수전을 제외하고는 대부분이 소량으로 출토비율이 적고 그 출토지가 패총, 저습지, 분묘유적보다는 성지나 주거지 등과 같은 생활유적에서 출토 例나 수량이 높아야 할 것인데, 아직까지는 그렇지 못한 실정이다.[145) 따라서 호남지방뿐만 아니라 남한지역에서 출토된 한대화폐들은 상품거래의 상시적인 재화교환 수단으로 사용되었다고 보기는 어렵고, 제한적으로 정치적 상징성이 강한 威勢品의 수단으로 유입하여 각각의 용도로 전용 또는 사용되었다가 후대에 폐기된 것으로 보인다(제Ⅴ장. 금속화폐로 본 대외교류 참조).

---

140) 崔鍾圭, 1995, 앞의 책, pp. 74~75.
　　　宋桂鉉, 1995, 「洛東江下流域의 古代 鐵生産」, 『加耶諸國의 鐵』, 신서원, p. 135.
141) 崔盛洛, 1996, 「韓國 南部地域의 鐵器文化」, 『東아시아의 鐵器文化-도입기의 제양상-』 문화재연구소 국제학술대회 발표논문 제5집, 國立文化財研究所, p. 86.
　　　李健茂, 2001, 앞의 논문, p. 7.
142) 국립중앙박물관, 1998, 『한국고대국가의 형성』, 특별전 도록, p. 119.
143) 鄭仁盛, 2003, 앞의 논문, p. 570.
　　　이영훈・이양수, 2007, 「한반도 남부 출토 오수전에 대하여」, 『永川 龍田里遺蹟』, 國立慶州博物館.
144) 鄭仁盛, 2003, 앞의 논문, pp. 570~571.
145) 李釩起, 2006, 「考古學資料를 통해 본 古代 南海岸地方 對外交流-貨幣와 卜骨을 中心으로-」, 『지방사와 지방문화』 제9권 2호, 역사문화학회편, 학연문화사.

琉璃還玉은 아직까지 한반도에서 출토된 적이 없는 특이한 형태의 유물로 성분분석 결과 납바륨유리로 밝혀져 戰國과의 관련성을 추정해 볼 수 있어 낙랑군 설치 이전 시기[146]에 중국 혹은 고조선과의 교류[147]를 통해 유입된 것이 무덤에 부장된 것으로 볼 수 있다. 또한 남양리 출토의 유리관옥은 부여 합송리나 당진 소소리에서 同一의 것이 납바륨유리로 밝혀진 점으로 보아 낙랑군 설치 이전에 유입된 것으로 볼 수 있다. 한편 해남 군곡리에서 출토된 유리관옥 1점(그림 2-5-㉓)도 중국계인 납바륨유리로 밝혀져 낙랑군 설치 이후에 호남지방에 유입된 것으로 보인다. 이러한 납바륨유리의 제작은 1,200°C 정도의 용융온도를 낼 수 있어야 하고, 바륨의 함량을 적절히 조절해야 성공적으로 제작할 수 있으므로 이와 비슷한 고온 열처리 능력을 갖춘 주조철기 생산 匠人들이 유리 생산에도 관여했을 것으로 보았다. 또한 납바륨유리는 고도의 생산기술과 대규모 생산조직을 필요로 했기 때문에 한반도에서는 독립적인 유리생산 장인이 따로 존재하지 않고 중국에서 遠距離 교역을 통해 위세품의 성격으로 유입된 것이다.[148] 다른 유리제 관옥 1점(그림 2-5-⑲)은 소다유리계로 밝혀져 중국외의 지역에서 유입된 것으로 볼 수 있으나 이는 중국으로 들어오는 주요물품 가운데 옥이나 유리 등은 동남아로부터 들어와서 다른 물품 등과 함께 낙랑으로 유입되었고, 이들은 다시 낙랑과의 교류를 통해 호남지방에 유입된 것으로 볼 수 있다.

金箔琉璃玉은 우리나라에서는 원삼국시대에 유행하다 단절된 후 삼국시대에 재등장하는데 한반도와 일본에서 주로 5~6세기대 분묘에서 집중적으로 출토되고 있다. 이 玉은 제작방법과 색상의 조절 등에서 고난도의 기술이

---

146) 완주 갈동 유적의 편년은 보고자는 기원전 2세기~1세기로 보고 있으나 이재현은 갈동에서 출토된 鐵鎌과 鐵斧도 전형적인 전국-전한 초기의 철기에 해당하는 것으로 보고 낙랑 설치 이전시기까지 연대를 올려 보아야 한다고 하였다(이재현, 2005, 앞의 논문, p. 20, 주5) 참조).
147) 이재현, 2005, 앞의 논문, p. 20.
148) 조대연, 2007, 「초기철시시대 납-바륨 유리에 관한 고찰-실험고고학적 연구를 중심으로-」, 『한국고고학보』 63, 한국고고학회, pp. 51~58.

필요하다는 점에서 외부에서 유입된 가능성이 높은 것으로 판단된다. 그 중에서도 중국 郡縣에서 유입된 것으로 보고 있다. 漢代에는 刀劍裝具, 碧玉, 印章, 容器, 耳璫, 葬玉 등 다양한 제품의 옥들과 소형의 유리옥들이 유행하였는데, 이들이 낙랑지역으로 전해졌다. 그래서 낙랑무덤에서 이러한 여러 가지 옥이 많이 출토되고 있으며, 금박유리옥도 우리나라에서 출토된 동일한 형식들이 낙랑지역에서도 출토되고 있는 것으로 보아 낙랑을 통해 유입된 것으로 보인다. 유입의 방법으로는 『三國志』「魏書」烏丸鮮卑東夷傳[149]에 보이는 중국 군현이 주변 세력에게 내려 준 印綬衣幘 수여 형식과 관련된 위세품으로 보고 있다.[150] 또한 삼국시대에는 중앙에서 지방세력과 유대를 강화하기 위해서 위세품인 금박유리옥을 賜與한 것으로 추정하고 있다.[151]

水晶製 多面玉은 낙랑지역과의 교류를 통해 유입된 것으로 볼 수 있는데, 이는 우리나라에서 2~3세기경이 되면 남부지역 분묘 부장품으로 유행하고 있다. 이들 수정제 장신구들은 중원지역의 漢墓와 낙랑지역 분묘에서 자주 출토되고 있으며, 그 형태가 낙랑의 것은 주판알 모양이면서 6면인 것이 많은 점에 비해 남부지역 출토품들은 12면 등 면수가 많고 길쭉한 것이 특징이어서 약간 차이를 보이는데,[152] 이들은 낙랑계로 보인다. 이들 수정제 다면옥과 유리제 장식구들은 경제적 富를 과시하는 사치품으로 중국이나 낙랑상인을 통해 유입된 交易品으로 본 것보다는,[153] 조공무역에 따른 賞賜品으로

---

149) 『三國志』卷30,「魏書」烏丸鮮卑東夷傳, 韓條. "景初中(237~239년) 明帝密遣帶方 太守劉昕樂浪太守鮮于嗣越海定二郡 諸韓國臣智加賜邑君印綬 其次與邑長. 其俗好衣幘 下戶詣郡朝謁皆假衣幘 自服印綬衣幘 千有餘人".

150) 함순섭, 1998,「天安 淸堂洞遺蹟을 통해 본 馬韓의 對外交涉」,『馬韓史硏究』, 忠南大學校 出版部, p. 72.
權五榮, 2004,「物資・技術・思想의 흐름을 통해 본 百濟와 樂浪의 交涉」,『漢城期 百濟의 물류시스템과 對外交流』, 한신대학교학술원, 학연문화사, p. 229.

151) 金周弘, 2007,『古代 琉璃玉 製作技術 硏究』, 木浦大學校大學院 碩士學位論文, p. 57.

152) 김길식, 2001, 앞의 논문, p. 252.

153) 李賢惠, 1998,「三韓의 對外交易체계」,『韓國 古代의 생산과 교역』, 一潮閣, pp. 276~277.

받아 유입된 것으로 보인다.[154)]

한편 해남 군곡리에서 출토된 유리소옥(그림 2-5-⑯·⑰)으로 보아 일본 北部九州와의 교류도 생각해 볼 수 있다. 이는 군곡리에서 출토된 토제곡옥 한 점 중에 頭部에 刻線한 것(그림 2-5-⑮)이 있는데,[155)] 이와 같은 형태의 것이 日本의 佐賀縣 二塚山遺蹟의 토광묘[156)](그림 2-5-㉕)에서 출토된 점으로도 알 수 있다.

토기류는 낙랑계토기, 중국토기, 왜계토기가 확인되었는데 이들 토기들은 완제품으로 유입된 토기와 이를 모방하여 현지에서 제작된 토기로 구분할 수 있는데, 이를 엄밀하게 구별하기는 매우 어렵다. 낙랑토기는 기원전 1세기 전반때까지는 화분형토기와 고조선 전통의 토기들만 출토되지만, 기원 전후하여 漢代 제도기술의 영향으로 승문타날기법이 채용되는 회백색 연질 단경호, 백색 옹형토기 등의 토기가 출현하게 된다. 그 이후 2세기 중·후반에 漢式 낙랑토기의 영향이 강하게 나타난다. 지금까지 남한지역에서 알려진 낙랑(계)토기는 한반도 중부지역의 각 지역에서 출토되고 있으며, 남부지역에서는 전남지방의 일부와 경남의 창원 다호리, 사천 늑도에서 출토되었다. 이들 토기에는 전국계의 고조선 전통의 토기와 한식토기 그 자체 또는 그 영향을 받아 제작된 것들이 포함되어 있지만 모두 낙랑군 설치 이후에 중·남부지역으로 파급된 것으로 보고 있다. 그러나 모든 토기들이 낙랑토기와의 치밀한 대비와 검토를 거친 것이 아니어서 모두를 낙랑토기라고 단정하기는 어려운 점이 있다. 그리고 낙랑토기는 다른 청동기, 철기 등과 같은 교역의 대상물로 파급된 것은 아닌 것으로 추정하고 있다.[157)]

호남지방 출토 낙랑계토기 중에서 신창동 출토품과 같은 형식은 사천 늑도 C지구에서도 출토되었는데 이 형식의 토기는 대부분이 낙랑지역인 평양

---

154) 尹龍九, 1999, 앞의 논문.

155) 崔盛洛, 1987, 『海南郡谷里貝塚』I, 木浦大學校博物館, p. 127, 그림 45-④.

156) 佐賀縣敎育委員會, 1979, 앞의 책, pp. 178~179.

157) 국립중앙박물관, 2001, 앞의 책, p. 216

부근에서 확인되고 있는 것으로 보아, 평양지역에서 제작된 완제품이 유입된 것으로 볼 수 있다. 신창동에서 낙랑계토기가 1점에 불과해 당시 신창동과 낙랑과의 관계가 어떠했는지에 대해서는 알 수 없지만, 철경동촉으로 보아 낙랑의 철기문화가 호남지방으로 파급되었음을 알려주는 것이다. 군곡리 출토의 繩文圓底壺는 낙랑계토기로 같은 층에서 출토된 貨泉과 함께 기원후 1세기 중엽경에 낙랑과의 교류에 의해 유입된 것으로 보인다. 근래에 들어 중부지방의 2~3세기代의 유적에서 낙랑(계)토기들이 다수 발견되고 있는데,[158] 호남지방에서는 순천 낙수리·대곡리에서 출토되었다.

낙수리·대곡리에서 출토된 대발, 단경호, 개 등의 토기는 이들 유적에서 출토된 다른 토기류 등에서 제작기법이나 기형상에서 전혀 볼 수 없는 외부 유입품으로 밖에 볼 수 없다. 또한 대곡리 유적에서는 繩文打捺壺나 擬似繩蓆文의 단경호도 출토되었는데 이들은 중서부 지역의 단경호처럼 외부에서 취락내로 유입되었을 외래유물일 가능성도 있으며, 특히, 擬似繩文 또는 擬似繩蓆文은 낙랑의 발명품일 가능성이 높다고 한다.[159] 따라서 낙수리·대곡리에서 출토된 토기들은 낙랑계토기로 볼 수 있으며, 이들은 섬진강 수계를 따라 보성강 유역으로 유입된 것으로 추정된다. 또한 진도 오산리에서 출토된 승석문이 시문된 원저단경호나 유공호형토기 등도 낙랑토기의 영향을 받아 재지에서 제작된 낙랑계토기로 보인다.

보성 금평 패총에서 출토된 중국 河南지역 印文灰陶에서 보이는 타날문토기는 3세기 후반경에 이 지역과 중국 西晉(265~316년)과의 교류를 보여주는 문물자료이다. 西晉代의 유물로는 고성 동외동의 印文陶 외에 서울 몽촌토

---

158) 金武重, 2004, 「考古資料를 통해 본 百濟와 樂浪의 交涉」, 『湖西考古學』 第11輯, 湖西考古學會.

　　金武重, 2004, 「京畿地域 靑銅器~原三國時代의 周邊地域과 交流 樣相」, 『고대문물교류와 경기도』, 제32회 한국상고사학회 학술발표대회, 한국상고사학회.

　　金武重, 2004, 「華城 旗安里製鐵遺蹟 出土 樂浪系土器에 대하여」, 『百濟研究』 第40輯, 忠南大學校 百濟研究所.

159) 李盛周, 2000, 앞의 논문, pp. 26~31.

성,160) 풍납토성,161) 홍성 신금성162) 등에서 출토된 錢文陶器와, 풍납토성에서 출토된 施釉陶器163) 등이 있다. 이러한 몽촌토성, 신금성, 풍납토성에서 출토된 유물들로 보아 『晉書』의 咸寧 3년(277년)부터 太熙 元年(290년)에 걸쳐 거의 매년 馬韓이 遣使한 내용의 주체를 마한소국의 맹주국으로 보는 한강유역의 백제로 보고 있다.164) 그러나 금평 패총에서 출토된 중국 하남지역 印文灰陶에서 보이는 타날문토기는 한강유역의 백제보다는 금강 이남에 위치했던 지역 정치체의 세력과의 교섭내용으로 보이며, 그 중에서도 太康 3년 (282년) 『晉書』 張華傳165)에 보이는 영산강유역의 새로운 세력으로 부상한 新彌國 중심의 마한의 한 세력으로 보인다.166)

왜계토기는 彌生系土器와 土師器系土器가 확인되었다. 신창동에서 출토된 彌生系土器는 기성품과 彌生土器의 영향을 받아 在地에서 제작된 彌生系土器로 분류할 수 있으며, 세전리 출토품도 彌生系로 보인다.

지금까지 한반도에서 彌生系土器가 출토된 지역은 부산 및 김해지역을 중심으로 한 동남해안 지역에 집중 분포되고 있으나 동해안 및 서남부 지역에

160) 夢村土城發掘調査團, 1985, 『夢村土城發掘調査報告』.
161) 국립문화재연구소, 2001, 『風納土城』 I.
162) 忠南大學校博物館, 1994, 『神衿城』.
163) 한신大學校博物館, 2003, 『風納土城』 III・IV.
164) 李基東, 1987, 「馬韓領域에서의 百濟의 成長」, 『馬韓・百濟文化』 第十輯, 圓光大學校大學校 馬韓・百濟文化硏究所.
    權五榮, 1988, 「考古資料를 중심으로 본 百濟와 中國의 文物交流-江南地方과의 관계를 중심으로-」, 『震檀學報』 第66號, 震檀學會, p. 183.
    김수태, 1998, 「3세기 중・후반 백제의 발전과 馬韓」, 『馬韓史硏究』, 忠南大學校 出版部, pp. 204~205.
    李賢惠, 1998, 앞의 책, p. 287.
    林起煥, 2004, 「漢城期 百濟의 對外交涉-3~5세기를 중심으로-」, 『漢城期 百濟의 물류시스템과 對外交涉』, 한신대학교학술원, 학연문화사, p. 97.
165) 『晉書』 卷36, 張華傳. "東夷馬韓新彌諸國等 依山帶海 去州四千餘里 歷世未附者二十餘國 並遣使朝獻"
166) 兪元載, 1994, 「《晋書》의 馬韓과 百濟」, 『韓國上古史學報』 第17號, 韓國上古史學會.
    李賢惠, 1998, 앞의 책.

서도 일부 확인되고 있다. 그 시기는 기원전 2세기~기원후 3세기 전반(彌生中期~終末期)에 걸치는 토기들이며 상한은 김해 회현리패총[167]에서 출토된 기원전 3세기 말~기원전 2세기 전엽(彌生 前期末~中期初)에 해당되는 옹관들이고 하한은 3세기 전반(彌生 終末期)의 고성 동외동패총[168] 출토품을 들 수 있다. 시기별로는 먼저 중기 전반에 해당되는 城ノ越式~須玖I式 토기가 가장 많고 분포 범위도 다른 시기보다 넓다. 중기 후반 이후로는 출토 유적수가 감소되고, 후기가 되면 감소하는 경향이 더욱 현저하다. 그런데 중기 전반의 토기들이 확인되는 유적들은 대부분 중기 후반까지 이어지는 지속적인 유적이 아니라 늑도 유적을 제외하고는 단기간에 걸친 유적들이다. 또한 기원후 1세기 전반부터 3세기 전반(彌生 後期~終末期)에 해당되는 토기는 늑도 유적에서 일부 확인되는 이외에 남원이나 고성 지역 등 그전까지 彌生 중기의 토기가 알려져 있지 않는 곳에서 출토되어 주목된다. 계보에 대해서는 北部九州, 특히 遠賀川 以西地域의 彌生土器가 압도적 다수를 차지하며, 다만 늑도 유적에서는 遠賀川 以東地域의 토기나 北部九州 이외의 凹線文土器 등이 일부 확인되는 특징을 보인다.[169]

이처럼 彌生中期(기원전 2세기~기원후 1세기 초)에 해당되는 시기에 지속적으로 彌生系土器가 보이는 유적이 거의 없고 산발적, 비연속적인 현상은 청동기와 그 원료를 입수하러 한반도로 건너온 倭人들의 흔적으로 보는 견해가 지배적이다.[170] 그런데 일본열도로 청동기가 전래되는 기원전 3세기 말~2세

167) 梶本社人, 1935,「金海貝塚·其の新發見」,『考古學』6-2.
　　釜山大學校 人文大學 考古學科, 2002,『金海 會峴里貝塚』.
168) 東亞大學校博物館, 1984,「固城東外洞貝塚」,『上老大島』.
　　沈奉謹, 1998,「固城 東外洞貝塚出土 彌生系遺物」,『石堂論叢』27, 東亞大學校 傳統文化研究院.
169) 井上主税, 2006, 앞의 논문, pp. 40~44.
170) 柳田康雄, 1989,「朝鮮半島における日本系遺物」,『九州における古墳文化と朝鮮半島』, 學生社.
　　片岡宏二, 1993,「韓國出土の彌生土器」,『二十一世紀への考古學』, 雄山閣.
　　白井克也, 2001,「勒島貿易と原の辻遺蹟-粘土帶土器·三韓土器·樂浪土器からみた

기(彌生 前期末~中期前半)는 한반도 청동기문화 보급의 중심지가 서남부지역에 해당되므로, 일본열도의 청동기의 본격적인 유입은 北部九州와 한반도 서남부지역과 교류의 결과로 추정할 수 있다.[171] 그러나 토기로 볼 때 동남부지역에 집중 분포하고 서남부지역에서는 광주 신창동 유적에서 須玖I式이 확인되었을 뿐, 다른 지역에서는 확인되지 않아 北部九州와의 직접적인 관련성을 상정하기는 어려운 상황이다.

그런데 기원전후를 경계로 한반도에서는 彌生系土器가 급감한다. 彌生系土器는 기원후 1세기 전반부터 3세기 전반(彌生 후기~종말기)에는 사천 늑도 유적에서 後期 初(高三瀦式 古段階)의 토기가, 남원 세전리 유적과 고성 동외동 패총에서 후기 후반~종말기(下大隈~西新式)에 해당되는 토기가 소량 보일 뿐인데, 이들 유적들은 彌生 중기의 토기가 원래 알려져 있지 않는 지역이라 주목된다. 이러한 彌生系土器가 급감한 것은 한·일간의 교섭이 일시 중단되거나 그 빈도가 매우 격감했던 결과일 가능성이 높다는 견해[172]가 있지만, 이러한 형태는 교섭형태의 변화를 시사한다. 즉, 彌生系土器가 급감하는데 반해 왜계 청동기가 출현하고, 한사군 설치 이후에 중국산 사치품이 등장하고 진·변한의 철이 유통되면서 한반도 각지의 정치집단 간에 가장 활발한 교역이 전개되었으며,[173] 왜와의 교류도 역시 鐵 소재를 통한 것으로 추정된다. 이는 앞선 시기까지의 토기만으로 구성되는 왜계유물과는 크게 달라진 모습이며 교류의 성격은 물론 규모도 확대되었음을 알 수 있다. 즉 일본에서

　　彌生時代の交易-」,『彌生時代の交易-モノの動きとその擔い手-』, 第49回 埋藏文化財研究集會.
　　平美典, 2001,「韓半島出土彌生系土器から見た日韓交渉」,『彌生時代における九州·韓半島交流史の研究』, 九州大學大學院 比較社會文化研究院 基層構造講座.
171) 李淸圭, 1997,「嶺南지방 靑銅器文化의 전개」,『嶺南考古學』 21, 嶺南考古學會.
　　井上主稅, 2006, 앞의 논문.
172) 安在晧·洪潽植, 1998,「三韓時代 嶺南地方과 北九州地方의 交涉史 研究」,『韓國民族文化』 12, 부산대학교 한국민족문화연구소.
173) 福永伸哉, 2001,『邪馬臺國から大和政權へ』, 大阪大學出版會.

의 교역의 주체는 國의 수장이며 교류의 성격도 조공이라는 政治的 교류로 변화되었고, 한반도 남부에서는 진 · 변한이 교류의 주체로 낙랑군과의 교류를 통제, 주도하였기 때문이다.

기원후 1세기 후반부터는 왜계 청동기가 김해지방에 많이 유입되며, 김해지방이 관문지역으로 급부상하면서 낙랑군 및 왜와의 교류를 주도하게 된다. 이 시기에 일본열도에서는 '奴國'을 맹주로 하는 北部九州의 지역적 首長聯合이 낙랑군이나 한반도와의 대외교섭권을 독점하여 최성기에 있었는데,[174] 이러한 관계는 3세기까지 이어진다. 그런데 여기서 주목되는 것은 彌生時代 중기에는 교통수단의 단순한 제공자에 지나지 않았던 對馬가 기원후 1세기 전반부터 교역의 적극적인 중개자로 부상된다는 점이다.[175] 그러한 점이 이 시기부터 한반도 남부지역에서 彌生系土器가 거의 확인되지 않는 이유와 연관될 수도 있다. 산발적인 교섭이 집중화하는 현상으로 보인다는 것이다.[176] 따라서 서남부지역까지 왜인들이 직접 왔다고 보기보다는 전 시기부터 교류관계가 있던 남해안 및 동남해안 지역을 방문하여 중개자를 통한 간접적으로 서남부지역으로부터 청동기나 그 원료를 입수하였을 가능성[177]과 영남지역 변 · 진한 人들이 낙랑과의 교역을 위해 서 · 남해안을 거쳐야만 했기 때문에 그 과정에서 왜계유물도 일부 유입된 것으로도 볼 수 있다.[178] 하지만 韓 · 濊가 성장하면서 호남지방의 지역 정치체들도 함께 성장하면서 왜가 중국 군현을 거치지 않고 발달한 호남지방의 문화와 접촉하는 과정에서 유입되었을 가능성도 있다.

土師器系土器들은 금강 하류나 서해안일대 생활유적에서 출토되었는데, 이 토기들이 낙동강 하류유역을 통해 유입된 것으로 보는 경우도 있지만,[179]

---

174) 山尾幸久, 1989, 『古代の日朝關係』, 塙書房.
175) 後藤直, 1979, 「朝鮮系無文土器」, 『三上次南先生頌壽記念東洋史 · 考古學論集』.
176) 井上主稅, 2006, 앞의 논문, p. 54.
177) 井上主稅, 2006, 앞의 논문.
178) 이창희, 2005, 『三韓時代 南海岸의 日常土器 硏究』, 釜山大學校大學院 碩士學位論文, pp. 91~92.

두 지역 간의 교류, 특히 北部九州 지역과의 교류가 있었다고 볼 수 있다. 그 근거로는 호형분주토기에 반영된 埴輪 수립전통이 반영되어 있고, 일본열도 의 馬韓系 자료를 보면 彌生時代 후기~古墳時代 전기까지는 이중구연토기 나 양이부호가 주로 北部九州 지역에서 출토되지만 고분시대 중기에는 大阪 府 陶邑窯址群이 있는 畿內지역에서 양이부호 등이 출토되어 시기적인 차이 가 있는 점[180]에서 3~4세기代 호남지역의 왜계 요소들은 주로 北部九州 지 역과의 교류에 의한 것으로 볼 수 있다.[181] 그러나 빈약한 출토량에서 알 수 있듯이 활발하거나 대규모적인 교류는 아니었을 것으로 여겨진다.

卜骨은 점을 치는 행위와 행사는 고대 사회집단의 統治者나 지배세력에 의하여 행해지고 있기 때문에 지배세력의 통치행위가 神의 뜻에 따른 것임 을 부각시킴으로써 사회 구성원들의 반발을 막고 지배력을 공고히 하려는 의도 아래 수행되는 특수한 의식으로서 절대 권력이 확립되는 고대국가 성 립과 매우 밀접한 관계가 있다. 그러므로 복골이 출토된 지역은 이미 상당한 수준의 사회조직을 갖추고 있었을 것으로 보아야 할 것이다. 복골이 출토된 지점이 주로 고대 해로와 밀접한 관련이 있기 때문에 이를 사용한 집단들은 아마도 항해의 안전을 점치고 무사기원의 의식과 관련이 있을 것으로 보인 다.[182] 그리고 복골이 대부분 해안에 위치한 유적에서 출토됨으로써 미니어 처 토기와 함께 海神 祭祀와 연결하여 연구된 例[183]가 있으나 복골이 패총 유적뿐만 아니라 내륙의 저습지에서도 출토된 것으로 보아 해신 제사에 국

---

179) 홍보식, 2007, 「신라・가야권역 내의 마한・백제계 문물」, 『4~6세기 가야・신라 고분 출토의 외래계 문물』, 第16回 嶺南考古學會 學術發表會, 嶺南考古學, p. 31.
180) 白井克也, 2001, 「百濟土器・馬韓土器と倭」, 『檢證古代の河內と百濟』, 枚方歷史フォーラム實行委員會.
   吉井秀夫, 2003, 「土器資料를 통해서 본 3~5세기의 百濟와 倭의 交涉關係」, 『漢城期 百濟의 물류시스템과 對外交涉』, 한신대학교학술원, 학연문화사.
181) 서현주, 2007, 앞의 논문, p. 62.
182) 李釳起, 2006, 앞의 논문, p. 130.
183) 兪炳夏, 1997, 『扶安 竹幕里 遺蹟의 海神과 祭祀-제사양상의 비교 검토를 중심으로-』, 서울大學校大學院 碩士學位論文.

한되지 않고 당시 사회의 다양한 占卜에 이용되었음을 알 수 있다.[184]

---

184) 殷和秀, 1999, 앞의 논문, p. 31.

# 제IV장
## 방제경과 대외교류

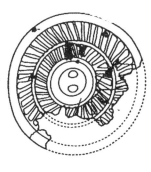

호남지방에서 倣製鏡은 영광 수동, 광주 쌍암동, 해남 조산, 담양 제월리 등지에서 출토되었는데, 원삼국시대 영광 수동 출토품을 제외하고는 모두 삼국시대 고분에서 출토되었다. 영광 수동유적에서 출토된 2면은 漢鏡을 본떠 만든 방제경으로 고고학적으로 원삼국시대, 역사적으로는 三韓에 해당되는 시기의 유물로는 처음으로 발견된 것으로 그 의미가 매우 크다. 따라서 방제경이 국내에서 생산되거나 외지에서 유입되는 등 시대와 지역에 따라 그 양상을 약간씩 달리하고 있는데, 영광 수동유적에서 출토된 방제경을 중심으로 그 특징을 검토하고 타 지역 출토품과 비교하여 제작지와 제작배경, 유구의 편년과 피장자의 성격, 대외교류에 대해서 살펴보고자 한다.

# 1. 유구와 출토유물

## 1) 유 구(그림 4-1)

방제경이 출토된 수동유적은 1999년 조선대학교박물관에 의해 조사된 서해안고속도로 건설공사 구간인 全南 靈光郡 大馬面 禾坪里 水洞마을 뒷편의 서쪽으로 길게 뻗은 야트막한 언덕 기슭에 위치하고 있다. 서쪽으로는 묘량천이 흐르고 그 사이에는 충적대지여서 사방이 탁 트인 곳이다. 주변으로는 군동, 마전, 원당, 하화유적이 분포하고 있다. 수동유적에서는 원삼국시대 방형주거지 1기, 토광묘 1기, 시대불명의 지상건물지 12기가 조사되었다. 방

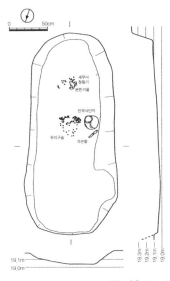

〈그림 4-1〉 수동 토광묘 실측도

제경이 출토된 토광묘는 주거지에서 북동쪽으로 약 7m 정도 떨어진 비탈면에 위치하는데 모서리에 각이 없는 세장한 장방형으로 최대 길이 243cm, 너비 75cm, 깊이 4~35cm이다. 바닥은 위쪽인 남쪽이 높고 아래쪽인 북쪽은 갈수록 낮아지는데 약 15cm의 차이가 난다. 장축은 남동-북서방향으로 등고선과 직교하며, 단면은 바닥과 벽면이 만나는 모서리가 완만하게 굽은 넓은 U자형이다(그림 4-1). 바닥과 벽면에 별다른 시설이 없고 주구도 확인되지 않았다. 頭向은 南枕으로 보이며, 출토유물은 鳥文靑銅器 1점, 硬質無文土器 1점, 鐵刀子 1점, 倣製鏡 2면, 管玉·小玉·多面玉 등 옥류 357점 등이다. 유구와 출토유물의 상황으로 보아 피장자는 목걸이와 팔찌를 하였고, 목 왼쪽에 조문청동기와 방제경이 든 바구니가 놓여 있었으며, 왼쪽 허리 옆에 경질무문토기와 철도자를 부장했던 것으로 추정된다.[1]

## 2) 출토유물

### (1) 방제경

① 倣製鏡a(그림 4-2-①)

직경 8.5cm로 큰 것이다. 鏡面은 평평하며, 背面은 鈕座-鋸齒文+連弧文-櫛齒文-周緣으로 구성되어 있다. 鈕는 半球形으로 높이는 0.7cm이다. 원형

---

1) 이기길, 2001, 「새로 밝혀진 영광군의 선사와 고대문화-서해안 고속도로 건설구간의 발굴자료를 중심으로-」, 『先史와 古代』 16, 韓國古代學會.
  이기길 외, 2003, 『영광 마전·군동·원당·수동유적』, 조선대학교박물관.

의 뉴좌 둘레에 가는 띠를 돌렸는데 이 띠와 連弧文[2] 사이에 3중의 細長한 鋸齒文 10개를 배치하였고, 그 외측에 반원형의 10엽의 연호문을 돌아가면서 시문하였다. 연호문 외측으로는 시계방향으로 斜行櫛齒文을 배치하였다. 폭이 넓은 주연은 素文으

〈그림 4-2〉 수동 토광묘 출토 방제경(① 방제경a, ② 방제경b)

로 폭 1.2cm, 두께 0.4cm의 平椽이다. 이 동경은 連弧文系倣製鏡이다.

② 倣製鏡b(그림 4-2-②)

직경 5.7cm로 소형이다. 鏡面부분이 위쪽을 향한 채 출토되었는데 바닥에는 거울집으로 추정되는 목질 흔적이 남아 있었다. 主文部와 周緣部 1/3 정도가 결손 되었다. 경면은 약간 볼록하며, 背面은 鈕座-重圈櫛齒文-周緣으로 구성되어 있다. 鈕座는 원형이며, 鈕는 반구형으로 높이는 0.5cm이다. 뉴좌를 중심으로 2중의 圓圈을 가지며 圓圈內에는 斜行櫛齒文이 시계방향·시계반대방향으로 돌아가면서 施文하였다. 周緣은 폭 0.4cm, 두께 0.3cm의 內頃化된 반원형이다. 이 동경은 重圈文系倣製鏡으로 銘文帶가 사라진 퇴화형이다. 2점에 대한 산지추정 결과 중국 남부산의 방연광에 속하는 것으로 보이나 한국 남부산의 방연광의 일부와도 인접해 있어 명확히 판단하기에는 어려움이 있는 것으로 나타났다.[3]

---

2) 連弧文은 일본에서는 內行花文이라 하는 경우가 많은데, 이 문양은 빛을 나타내지 꽃의 모양이 아니므로 內行花文이란 용어가 적합하지 못하다고 한다(林巳奈夫, 1989,「中國古代における蓮花の象徵」,『漢代の神神』, 臨川書店, p. 235). 따라서 본고에서는 連弧文으로 사용한다.

3) 강형태 외, 2002,「납동위원소비법에 의한 영광 수동유적 청동기의 산지추정」,『湖南考古學報』15, 湖南考古學會, p. 13.

(2) 조문청동기(그림 4-3)

용범에 부어 만든 것으로 아랫부분이 유실되고 없어 전체 크기를 알 수 없다. 중앙에 4개의 구멍이 뚫려있는데, 위쪽 2개의 구멍에 가는 실이 붙어 있어 실을 끼워 사용한 것으로 보인다. 전면에는 정교하고 섬세한 무늬가 도안되어 있는데, 하늘을 나는 새와 서 있는 두 마리의 벼슬 달린 새를 중심으로 乙자, 點列文, 鋸齒文, 조문청동기 蕨手文, 渦文, 태양문, 삼각형, 겹친반원 등이 대칭을 이루고 있다. 後面은 매끈하다. 현 길이 5.5cm, 너비 5.9cm, 두

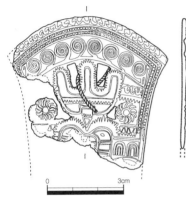

〈그림 4-3〉 수동 토광묘 출토 조문청동기

께 0.1~0.2cm이다. 조문청동기는 2점의 방제경 사이에 포개져서 출토되었는데, 그 아래에 바구니 자국과 직물과 실 흔적이 확인되었다. 이것은 방제경과 조문청동기를 포개어 바구니에 넣고 그 바구니를 천으로 감쌌던 것으로 보인다. 고성 동외동 출토품보다는 세련되고 정교한 느낌을 준다. 산지 추정한 결과 중국 북부산 方鉛鑛을 사용한 것으로 밝혀졌다.[4]

(3) 경질무문토기(그림 4-4-①)

壺形으로 구연부는 외반되어 있으며, 底部는 축약된 굽을 하고 있다. 적갈색연질의 경질무문토기로 기벽이 비교적 일정하다. 소성도는 높은 편이며, 胴최대경은 중하위부에 있다. 높이 16.2cm, 구연 지름 10.8cm, 동최대경 지름 17.2cm, 두께 0.6cm이다.

(4) 철도자 및 옥류(그림 4-4-② · ③)

철도자 1점과 管玉 · 小玉 · 多面玉 등 옥류 357점이 출토되었는데, 옥의

---

4) 강형태 외, 2002, 앞의 논문, p. 13.

성분을 분석한 결과 감색, 감청색 계통
은 포타슘계 유리로, 투명유리는 실리
카 함량이 높아 용융온도가 높은 것으
로 밝혀졌다.[5]

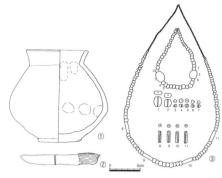

〈그림 4-4〉 수동 토광묘 출토유물(① 경질무문토
기, ② 철도자, ③ 옥류)

## 2. 방제경의 검토

### 1) 방제경의 연구현황

원삼국시대 호남지방에서 처음으로 발견된 수동 출토 방제경을 검토하기
위해서는 방제경에 대한 기존의 연구현황을 살펴볼 필요가 있다. 방제경의
기본적인 형태는 중국의 漢鏡을 모델로 해서 자체 제작한 동경으로 우리나
라의 경우 거의 모든 시기에 걸쳐 만들어지고 있는데,[6] 원삼국시대와 삼국
시대에 영남지방에서 많이 발견되고 있다. 그런데 방제경의 도안이나 문양
은 한경과는 매우 다른 독창적인 것으로 방제경을 다른 명칭으로 부르자는
주장도 있다. 즉, 임효택은 김해 양동리 제427호 鏡과 같은 내행화문(연호문)
계방제경은 그 원류나 계보, 제작지나 출토현상 등을 고려해 볼 때 倣製鏡,
韓鏡, 倭鏡이라 부르는 것보다 弁韓·加耶式 또는 金海·良洞里式 銅鏡이라
고 부르는 것이 거울의 원류나 출토상황에 부합되는 명칭[7]이며, 이재현은
방제경보다는 韓鏡이나 三韓鏡이라 부르는 것이 적절하다는 견해를 제시하

---

5) 강형태 외, 2003, 「수동유적 움무덤 유리구슬의 성분분석」, 『영광 마전·군동·원당·
수동유적』, 조선대학교박물관, pp. 365~369.

6) 李蘭暎, 1992, 『韓國古代金屬工藝研究』, 一志社, p. 150.

7) 林孝澤, 1997, 「洛東江流域 良洞里 第427號 加耶古墳 考察」, 『加耶文化』第10號, 財團法
人 伽倻文化研究院.
林孝澤, 2000, 「金海 良洞里 第427號 土壙木棺墓 考察」, 『金海良洞里古墳文化』, 東義大
學校 博物館, p. 213.

였다.[8]

고고학적으로 원삼국시대, 역사적으로는 三韓의 방제경에 대한 연구는 국내보다는 일본의 彌生時代 小形倣製鏡의 연구에서 비롯되었는데, 기존 연구의 대부분이 형식분류와 편년, 제작지, 同范鏡 등에 대한 것[9]이고, 국내에서는 그리 많지 않고 한경 또는 동경에 대해 연구하면서 방제경에 대한 단편적인 언급과 형식분류, 교류나 교역에 초점을 둔 연구가 이루어졌으며,[10] 방제경의 문양이 태양숭배의 보편적인 사상과 관념 속에서 辟邪와 祈福의 목적성을 추구하기 위해 도문이 채용되었다는 연구도 있다.[11] 그런데 국내 연구의 대부분이 호남지방의 영광 수동경을 논한 연구[12]를 제외하면은 영남지방

8) 李在賢, 2004, 「영남지역 출토 삼한시기 倣製鏡의 文樣과 의미」, 『韓國考古學報』 53, 韓國考古學會, p. 34.
9) 梅原末治, 1959, 「上古初期の仿製鏡」, 『國史論集』 1, 讀史會.
   樋口隆康, 1979, 『古鏡』, 新潮社.
   高倉洋彰, 1972, 「彌生時代 小型倣製鏡について」, 『考古學雜誌』 58-3.
   高倉洋彰, 1985, 「彌生時代 小型倣製鏡について(前承)」, 『考古學雜誌』 70-3.
   高倉洋彰, 1989, 「韓國原三國時代の銅鏡」, 『九州歷史資料館研究論集』 14, 九州歷史資料館.
   高倉洋彰, 2002, 「弁韓・辰韓の銅鏡」, 『韓半島考古學論叢』, すずさわ書店.
   小田富士雄, 1981, 「日・韓地域出土の同范小銅鏡」, 『古文化談叢』 9, 九州古文化研究會.
   田尻義了, 2003, 「彌生時代小形仿仿製鏡の製作地-初期小形仿製鏡の檢討」, 『靑丘學術論文集』 22, 財團法人 韓國文化研究振興財團.
10) 沈奉謹, 1990, 「三韓・原三國時代의 銅鏡」, 『石堂論叢』 16, 東亞大學校 傳統文化研究院.
    林孝澤, 1997, 앞의 논문
    林孝澤, 2000, 앞의 논문.
    安京淑, 1998, 『多鈕鏡에서 漢鏡으로 轉換에 대한 研究』, 漢陽大學校大學院 碩士學位論文.
    李在賢, 2000, 「加耶地域出土 銅鏡과 交易體系」, 『韓國古代史論叢』 9, 韓國古代社會研究所編, 財團法人 駕洛國史蹟開發研究院.
    姜銀英, 2001, 『漢鏡의 제작과 辰・弁韓 지역 유입과정』, 서울大學校大學院 碩士學位論文.
    金鉉珍, 2006, 『영남지역 출토 한식경의 제작과 교역』, 嶺南大學校大學院 碩士學位論文.
11) 李在賢, 2004, 앞의 논문.
12) 金京七, 2005, 「靈光 水洞鏡으로 본 被葬者의 性格」, 『지방사와 지방문화』 제8권 2호,

에 편중되어 있는데, 다른 지역에 비해 한경 및 방제경의 출토 예가 월등하게 많기 때문이다. 연구의 가장 큰 문제점은 용범의 출토 예가 없어 원산지에 대한 명확한 해답을 도출해 낼 수가 없다는 점이다. 이러한 연구 중에서 高倉洋彰에 의해 內行花文(연호문)系倣製鏡은 3型 6類, 重圈文系倣製鏡은 3型 5類로 분류한 것을 국내와 일본에서 주로 채용하고 있는데, 제 I 형 중 I a류는 한반도의 경북지방에서 제작된 韓鏡, 제 I b류·제 II 형은 北九州지방, III 형은 瀨戶內~近畿지방에서 제작된 倭鏡으로 보았다.[13] 그런데 제 I a류 중에 제작지가 한반도가 아니라 일본에서 제작되었다고 하는 견해가 제시되기도 하였다.[14]

한반도에서 방제경이 제작된 시기에 대해서 심봉근은 한국식동검 제 IV (기원전 1세기 말엽~기원후 1세기代)에 전한경을 모방한 방제경이, 한국식동검 제 V 기(기원후 2세기代)에 후한경을 모방한 방제경이 나타난다고 보았고,[15] 이재현은 영남지방 출토 동경의 시기를 3시기로 구분하면서 I B기(기원후 1세기)에 경북지방을 중심으로 전한경의 방제경이, II A기(1세기 말~2세기 전엽)에는 소형방제경에 변화가 생기고, II B기(2세기 중엽~313년)에 김해를 중심으로 연호문계 방제경, I B기의 異體字銘帶鏡과 소형방제경, II 기의 후한경을 복합적으로 모방하여 제작된 것으로 보았고, III 기(313년~가야 멸망)에는 중국경의 수입과 방제경의 제작이 중단되고 일본에서 방제경이 수입되는 시기로 보았다.[16]

---

역사문화학회편, 학연문화사.

13) 高倉洋彰, 1972, 앞의 논문.
  高倉洋彰, 1985, 앞의 논문.
  高倉洋彰, 1990,「彌生時代の小形倣製鏡」,『日本金屬器出現期の考古學』, 學生社.
  高倉洋彰, 1993,「彌生時代小形仿製鏡の製作地」,『季刊考古學』43, 雄山閣.
14) 高倉洋彰, 2002, 앞의 논문.
  田尻義了, 2003, 앞의 논문.
15) 沈奉謹, 1998,「東亞大學校 博物館所藏 三角緣系 古代銅鏡」,『東北아시아의 古代 銅鏡』, 東亞大學校博物館, p. 14.
  沈奉謹, 1999,『韓國에서 본 日本彌生文化의 展開』, 學硏文化社, pp. 252~253.
16) 李在賢, 2000, 앞의 논문, pp. 60~64.

강은영은 진·변한 출토 방제경은 지역적인 특징이 있는데, 진한지역에서는 전한경과 함께, 변한지역에서는 후한경과 함께 각각 방제경이 출현하는데 진한지역은 기원후 1세기, 변한지역은 기원후 2세기 초에 제작된 것으로 보았다.[17] 또한 高倉洋彰은 기원전후로 보았다.[18] 따라서 방제경이 제작된 시기는 기원전후로 보는 것이 지배적이다.

한경을 모방해서 방제경을 제작하게 된 계기에 대해서는 日本에서는 彌生時代 후반에 한경의 유입이 정체되면서 부족분을 해결하기 위해 北部九州에서 방제경이 제작되었다고 보는 것이 일반적이다.[19] 韓半島에서는 한경 수입의 정체에 대한 대책으로 경상북도 지방에서 먼저 독자적으로 제작되기 시작되었다고 보았고,[20] 심봉근은 한경의 공급이 수요에 못 미치거나 공급의 중단 등을 언급하고 있지만 그 이유에 대해서는 구체적인 설명이 없다.[21] 임효택은 진한지역에는 重圈文系日光鏡이, 변한지역에서는 內行花文系倣製鏡이 집중되는데, 변·진한 양 지역간의 방제경 종류가 다른 이유는 入手한경의 수량이나 내용보다는 지역에 따라 방제경을 제작한 시점이나 選好양상 등에 따른 결과일 가능성을 제시하고 있다.[22] 안경숙은 한경이 더 이상 최고 신분 상징품으로서의 희소가치가 없어지고 낙랑과 한사군의 세력악화로 교역루트의 새로운 개발 등과 연계되어 가는 사회적 상황이 반영되어 희소성의 원칙에 따라 鏡이 방제경으로 제작되었다고 보았다.[23] 그리고 강은

---

17) 姜銀英, 2001, 앞의 논문.
18) 高倉洋彰, 1989, 앞의 논문, pp. 66~68.
  高倉洋彰, 1994, 「後漢·原三國·彌生時代의 銅鏡」, 『古代東亞細亞의 再發見』, 호암미술관, p. 124.
19) 森貞次郎, 1966, 「彌生文化の發展と地域性-九州-」, 『日本の考古學』Ⅲ.
  小田富士雄, 1967, 「發生期古墳の地域相-北九州について-」, 『歷史敎育』15-4.
  高倉洋彰, 1985, 앞의 논문.
  高倉洋彰, 1989, 앞의 논문.
20) 高倉洋彰, 1989, 앞의 논문, p. 68.
21) 沈奉謹, 1990, 앞의 논문, p. 88.
22) 林孝澤, 2000, 앞의 논문, p. 211.

영은 기원후 1세기경에 진한지역에서 전한경의 유입이 단절되자 그 대안으로 전한경의 방제품이 제작되었고, 변한지역의 후한경의 방제품들은 후한경의 단절보다는 후한경의 유입과 동시에 제작되었을 가능성을 제시하고 있다.[24] 그런데 일본에서는 한반도 남부의 소형방제경은 한경의 부족에서 제작된 것이 아니라, 鏡의 크기나 수량이 적은 것으로 보아 日本보다는 鏡을 대량으로 필요로 한 사회가 아니고, 鏡으로 사회적 신분을 표시할 만한 사회가 아니었기 때문에 복식의 일부를 구성한 장식적인 의미로 제작된 것으로 보는 견해도 있다.[25]

## 2) 방제경의 검토

앞에서 살펴 본 것처럼 수동 출토 방제경중 a鏡은 연호문계방제경, b鏡은 중권문계방제경으로 확인되었다. a鏡에 시문된 연호문은 전한경의 이체자명대경과 후한경의 연호문경에서 보편적으로 보이는 것으로, 漢鏡이 8엽인데 반해 방제경은 5~11엽으로 葉數가 다양하다. 周緣의 平緣도 전한경과 후한경에 모두 보이는 요소이다. a鏡은 10엽의 연호문과 평연으로 되어 있어 일반적인 방제경에서 보이는 요소인데 반해, 內區에 시문된 3중의 細長한 鋸齒文은 한경과 한반도 및 일본에서도 보이지 않는 문양이다. 다만, 일본 岡山縣 樋內鏡에서 뉴를 중심으로 세장한 거치문이 보이기는 하지만,[26] 수동 방제경과는 문양 구성에 있어서 근본적으로 다르다.

따라서 a鏡은 여러 동경의 요소가 복합되어 있어 原境을 파악하기 곤란하며, 특히 세장한 多重의 거치문은 부여 구봉리,[27] 장수 남양리,[28] 화순 대곡

<hr>

23) 安京淑, 1998, 앞의 논문.
24) 姜銀英, 2001, 앞의 논문.
25) 高倉洋彰, 2002, 앞의 논문.
　　田尻義了, 2003, 앞의 논문.
26) 樋口隆康, 1979, 앞의 책.
　　高倉洋彰은 이 鏡을 位至三公鏡系倣製鏡으로 보고 있다(高倉洋彰, 1985, 앞의 논문, p. 103).

리,[29] 함평 초포리[30] 등 충청·호남지방의 세형동검문화기에 출토되는 多鈕鏡의 문양에서 보이고 있어 그 전통이 수동 방제경에 반영된 것으로 볼 수 있겠다. 지금까지 원삼국시대 및 삼한에 해당되는 연호문계방제경은 김해 양동리유적,[31] 함안 사내리 출토품,[32] 제주도 산지항 출토품[33]이 있고, 일본에서는 九州지역에서 출토 예가 많아 한반도 출토품과 함께 모두 倭鏡으로 보고 있다. 하지만 a鏡에서 보듯이 시문된 문양이 한반도와 일본에서도 보이지 않으며, 납동위원소비법에 의한 산지 추정 결과, 중국 남부산과 한국 남부산 방연광 일부와도 인접해 있는 것으로도 보아 원료를 중국에서 구입했든지 아니면 현지에서 조달했든지 제작은 在地에서 했을 가능성이 매우 높으므로 모두가 왜경이라는 說은 재고될 필요는 분명하게 있다. 또한 김해 양동리에서 출토된 방제경 중에서도 일본에서 보이지 않는 독특한 형태도 있어 이를 뒷받침해 주는 例라 하겠다. 설사 수동 방제경을 만든 원료가 중국산일지라도 시문된 문양으로 보아서 단순하게 漢鏡을 모방하거나 변형시킨 것이 아니라 다뉴경의 전통문양을 시문하여 재지에서 얼마든지 제작할 수 있다고 볼 수 있고, 또한 시간적인 차이는 있겠지만 섬세하고 세밀한 다뉴경을 만들었던 특수한 제작기술의 경험이 있었기 때문에 재지에서 얼마든지 만들 수 있었을 것이다.[34] 굳이 a鏡과 국내 출토품과 비교하자면 김해 양

---

27) 李康承, 1987, 「夫餘 九鳳里出土 靑銅器 一括遺物」, 『三佛金元龍敎授停年退任紀念論叢』 I, 一志社.

28) 尹德香, 2000, 『南陽里 發掘調査報告書』, 全北大學校博物館.

29) 趙由典, 1984, 「全南 和順 靑銅器遺物一括 出土遺蹟」, 『尹武炳博士回甲紀念論叢』.

30) 李健茂·徐聲勳, 1988, 『咸平草浦里遺蹟』, 國立光州博物館.

31) 林孝澤·郭東哲, 2000, 『金海良洞里古墳文化』, 東義大學校博物館.

32) 부산대학교박물관, 1996, 『선사와 고대의 문화』, 특별전 도록.

33) 梅原末治·藤田亮策, 1947, 「濟州道山地港出土の一括遺物」, 『朝鮮古文化綜鑑』 第 I 卷, 養德社.

34) 井上主稅도 소형방제경 중에서 특히, 연호문계방제경은 모두 일본에서 제작된 것이 왜경이 아니라 김해지역에서도 제작된 것으로 보고 있다(井上主稅, 2006, 『嶺南 地方 출토 倭係遺物로 본 한일교섭』, 慶北大學校大學院 博士學位論文, p. 60).

〈그림 4-5〉 김해 양동리 162호 출토 방제경

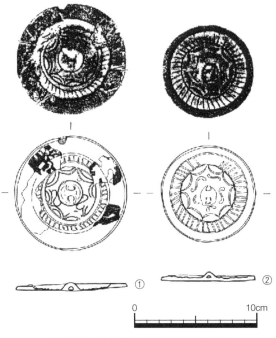

〈그림 4-6〉 김해 양동리 162호 출토 방제경

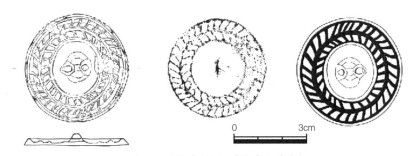

〈그림 4-7〉 경주 사라리 130호묘 출토 방제경

동리 162호 출토품과 비슷하다(그림 4-5 · 6).

수동 출토 b鏡은 重圈文日光鏡系倣製鏡이라 불리는 것으로 銘文帶 부분이 없는 퇴화된 鏡으로 경주 사라리 130호묘에서 출토된 것(그림 4-7)과 비슷하다.[35] 다만 그 크기에 있어서 사라리 출토 鏡에 반해 수동 출토 鏡이 1.1cm 정도가 더 크고, 원권 내의 斜行櫛齒文의 시문방향도 사라리 출토 鏡은 시계반대방향·시계방향인데 반해 수동 출토 鏡은 시계방향·시계반대방향으로 시문된 점이 각각 다르다. 따라서 b鏡도 동일 경이 없는 것으로 보아서 在地에서 제작된 것으로 볼 수 있겠다. 이러한 형식의 방제경은 高倉洋彰의 중권문계방제경 3형 5류 중 Ib式으로 I식 중 가장 늦은 형식으로 보고 있다.

지금까지의 연구 결과로 보면 영남지방의 경우 原鏡을 모방해서 만든 방제경은 크게 重圈文系와 連弧文系로 나눌 수 있는데 이 중 중권문계는 역사적으로 진한지역에 해당되는 경북지방을 중심으로, 연호문계는 변한지역에 해당되는 경남지방을 중심으로 분포하고 있는 것으로 알려져 있다. 한경도 진한지역에서는 전한경이, 변한지역에서는 후한경만 출토되는 양상과 궤를 같이 하는 지역적인 특징을 가지고 있다. 이러한 결과로 보아 수동 출토의 a鏡은 변한지역에 해당되는 경남지방의 방제경의 특징을, b鏡은 진한지역에 해당되는 경북지방의 방제경의 특징을 가지고 있어 수동 출토의 방제경들은 이들 지역의 특징을 함께 공유하고 있다. 또한 鏡의 副葬狀에서도 낙동강 하류 지역과 낙랑고분에서는 1墓 1銅鏡이 대부분이고, 경북지방은 복수부장이 대부분으로 차이가 보인다. 이러한 차이에 대해서는 마한의 청동기문화의 유입과 관련된 것으로 경북지방의 복수 한경의 부장은 마한지역의 다뉴경을 복수로 부장하는 전통을 이어 받았다고 보는 견해[36]와 원래 동경이 가지고 있는 의미가 어느 정도 변용된 것으로 보는 견해[37]가 있다.

따라서 영광 수동 토광묘에 부장된 2면의 방제경은 前 시기의 다뉴경 부장 풍습의 전통이 그대로 반영된 것으로 보인다. 즉, 기존의 다뉴경 부장풍습이 한경(방제경)으로 대체되었다고 생각된다. 물론 호남지방에서 이 시대에 해당되는 동경이 복수로 부장된 경우는 아직까지 수동 토광묘밖에 없어 자료

---

35) 嶺南文化財研究院, 2001,『慶州 舍羅里遺蹟』II, p. 80.

36) 李在賢, 2000, 앞의 논문, pp. 77~78.

37) 高久健二, 1997,「樂浪郡과 三韓과의 交涉形態에 대하여-三韓地域 出土의 漢式 遺物과 非漢式 遺物의 檢討를 중심으로-」,『文物研究』창간호, 재단법인동아시아문물연구학술재단, p. 84.

의 한계가 있지만 추후 자료의 증가를 기대해 본다. 한편, 마한지역에 해당되는 곳에서 출토된 한경과 방제경은 그 수가 몇 점에 불과하지만 진·변한지역의 거의 모든 鏡이 분묘에서 출토된 것에 비해, 前者의 경우는 분묘, 주거지, 건물지 등에서 출토되고 있다는 점에서는 지역적인 차이는 보이지만 墳墓에서 출토된 수가 우위를 점하고 있는 것은 사실이다.

### 3) 연대문제

방제경이 출토된 영광 수동 토광묘의 연대에 대해서는 여러 가지 설이 제기되었다. 먼저 발굴자는 방제경의 형식으로 보아 기원후 2세기로 보았으나,[38] 발굴 보고서에서는 기원전후로 편년하고 있다.[39] 또한 해남 군곡리 패총에서 출토된 경질무문토기 소형장경호가 수동 토광묘에서도 보이고, 같은 同形의 방제경이 김해 양동리 162호에서도 보이므로 이들은 시기적으로 병행한 것으로 보고, 양동리 162호의 연대를 참고하여 기원후 2세기경으로 비정하기도 하였다.[40]

그러면 기존에 제시된 연대와 유구, 공반유물, 타 지역 출토품과 비교 검토하여 수동 토광묘의 연대를 비정해 보고자 한다. 먼저 토광묘와 토기를 살펴보고자 한다. 수동 토광묘는 전남지방 토광묘 시기 구분상으로 Ⅱ기에 해당된 유적이다. Ⅱ기에는 청동기류, 토기류, 철기류, 옥류가 함께 공반되고, 유적이 주로 서해안을 따라 분포하고 있는데, 수동 토광묘의 연대는 Ⅱ기 중에서 기원전후에서 기원후 1세기代로 보고 있다.[41] 또한 수동 토광묘에서 출토된 壺形의 경질무문토기는 인근의 영광 군동 라 B-3호 토광묘[42] 출토품

---

38) 이기길, 2001, 앞의 논문, p. 91.
39) 이기길 외, 2003, 앞의 책, p. 298.
40) 박순발, 2004, 「湖南地方 原三國時代 編年에 대하여」, 『밖에서 본 호남고고학의 성과와 쟁점』, 湖南考古學會, pp. 90~91.
41) 韓玉珉, 2000, 『全南地方 土壙墓 研究』, 全北大學校大學院 碩士學位論文, pp. 37.
42) 최성락 외, 2001, 『영광 군동유적-라지구 주거지·분묘-』, 목포대학교박물관, pp. 249~250.

과 유사한 형태를 가지는 것으로 보아 두 유적이 비슷한 시기에 조성된 것으로 보고 있다. 그런데 한옥민은 2001년에 발표한 글을 통해 수동 토광묘와 군동 라 토광묘를 I기로 보고 그 연대를 청동기와 철기가 공반되고, 삼각형점토대토기가 부장된 것으로 보아 I기의 下限인 기원전후한 시기로 편년하고 있다.[43] 이런 근거로 수동 토광묘 발굴자는 기원전후로 연대를 설정하였다. 따라서 토광묘와 토기를 종합하여 보면 수동 토광묘의 연대는 기원전후에서 기원후 1세기까지로 편년되고 있다.

그런데 수동 토광묘에서는 삼각형점토대토기는 보이지 않고 호형의 경질무문토기만 출토되었기 때문에 삼각형점토대토기를 표지로 하는 편년에 기준을 제시하다보니까 연대를 올려보는 것 같다. 전남지방에서 경질무문토기가 사용된 시기가 기원전 2세기 후반부터 기원후 2세기까지 볼 수 있으므로,[44] 이러한 수동 토광묘의 연대 설정은 변화의 폭을 제시해 주고 있다. 또한 영산강유역의 원삼국시대 토기를 분석하여 수동 토광묘를 II기로 설정하고 그 연대를 기원후 2세기로 편년한 글도 있어 주목된다.[45] 그러므로 유구와 토기로 보면 수동 토광묘의 연대는 상한이 기원전후, 하한이 기원후 2세기代에 해당된다.

鳥文靑銅器는 4세기로 추정되는 고성 동외동 유적에서 출토되었으나 수동유적과 비교하기에 곤란하다. 그 다음 방제경을 들 수 있겠는데, 호남지방에서 원삼국시대 방제경이 출토된 경우가 없기 때문에 다른 지역 출토품과 비교해 볼 수밖에 없다. 수동 출토 a鏡은 연호문계방제경으로 김해 양동리 162호 출토품과 비교할 수 있다. 양동리 162호에서는 高倉洋彰의 분류 방제경 IIa · IIb鏡 2종류가 출토되었지만, 유구의 연대는 IIb鏡 단계로 보고 기원

---

43) 한옥민, 2001, 「전남지방 토광묘 성격에 대한 고찰」, 『湖南考古學報』 13, 湖南考古學會, pp. 74~76.
44) 최성락, 2002, 「철기시대 토기의 실체와 연구방향」, 『지방사와 지방문화』 제5권 2호, 역사문화학회편, 학연문화사, p. 48.
45) 李暎澈, 2005, 「榮山江流域의 原三國時代 土器相」, 『원산국시대 문화의 지역성과 변동』, 제29회 한국고고학전국대회, 韓國考古學會.

후 2세기 후반대로 비정하고 있다.[46] 수동 출토 b鏡은 중권문계방제경으로 경주 사라리 130호묘 출토품과 비교할 수 있다. 사라리 130호묘에서 출토된 방제경은 I식경 중 늦은 형식의 Ib鏡이며, 사라리 130호묘는 木棺墓로부터 木槨墓로의 과도기적 양상에 해당됨을 근거로 하여 그 연대를 기원후 2세기 초엽으로 설정하였다.[47] 이 두 유적의 연대를 참고하면 수동 토광묘의 연대는 기원후 2세기 초에서 2세기 후반경으로의 비정이 가능하다.

그런데 이러한 연대는 영남지방에서 출토된 방제경을 바탕으로 이루어진 것이므로 마한지역에 해당되는 한반도 중서부나 서남부 지역에서 출토된 한경과 방제경에 대해서도 살펴봄으로써 편년에 참고하고자 한다. 먼저 익산 평장리 출토 반리문경(그림 4-8)은 한반도에서 출토된 가장 古式의 전한경으로 보고자는 戰國 末~前漢 초기로 비정하고 있지만,[48] 공반유물로 보아 동경이 제작된 시기와 부장된 시기를 달리보고 있다. 즉, 부장된 공반유물로 보아 유적의 연대 및 동경의 연대를 낙랑군 설치 이전으로 올라가는 기원전 2세기 전반경,[49] 기원전 2세기 중엽경[50]과 낙랑군 설치 이전으로 올라가지 않는 기원전 1세기경,[51] 기원전 1세기 후반경[52]으로 보는 등 견해가 다양하

---

46) 林孝澤, 1993, 「洛東江 下流域 加耶墓制의 系統」, 『先史와 古代』 4, 韓國古代學會.
　　林孝澤, 2000, 앞의 논문.
47) 嶺南文化財研究院, 2001, 앞의 책, p. 186.
48) 全榮來, 1987, 「錦江流域 青銅器文化圈 新資料」, 『馬韓·百濟文化』 第十輯, 圓光大學校 馬韓·百濟文化研究所, pp. 95~96.
49) 鄭仁盛, 2003, 「弁韓·加耶의 對外交涉-樂浪郡과의 교섭관계를 중심으로-」, 『가야 고고학의 새로운 조명』, 부산대학교 한국민족문화연구소편, 혜안, pp. 558~560.
50) 朴辰一, 2000, 『圓形粘土帶土器文化研究-湖西 및 湖南地方을 中心으로-』, 釜山大學校 大學院 碩士學位論文, pp. 87~89.
51) 沈奉謹, 1990, 앞의 논문, p. 86.
　　沈奉謹, 1999, 앞의 논문, p. 252.
　　廣瀬和雄, 1993, 「彌生時代首長のイデオロギ-形成」, 『彌生文化博物館研究報告』 第2輯, 大阪府立彌生文化博物館.
　　高久健二, 1995, 『樂浪古墳文化研究』, 學研文化社, pp. 176~178.
52) 高倉洋彰, 1989, 앞의 논문, pp. 67~68.

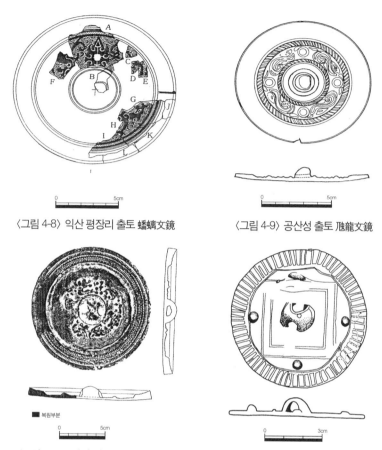

〈그림 4-8〉 익산 평장리 출토 蟠螭文鏡　　　〈그림 4-9〉 공산성 출토 虺龍文鏡

■ 복원부분

〈그림 4-10〉 익산 연동리 출토 盤龍鏡　　〈그림 4-11〉 하남 미사리 A-1호 주거지 출토 방제경

다. 다음으로 백제시대 동경으로 보고된 공주 공산성 출토 虺龍文鏡[53](그림 4-9)을 기원전 1세기 말의 전한경으로 비정하는 견해가 제기되기도 하였으나,[54] 그 이후에 新代~後漢 初 무렵의 기원후 1세기 전반경으로 보는 견해가 제기되었다.[55] 또 다른 동경으로 부여 하황리에서 출토된 方格規矩鏡系의

53) 安承周・李南奭, 1987, 『公山城 百濟推定王宮址 發掘調査報告書』, 公州師範大學博物館.
54) 박순발, 2001, 「馬韓 對外交涉의 變遷과 百濟의 登場」, 『百濟研究』 第33輯, 忠南大學校 百濟研究所, pp. 10~11.
55) 成正鏞・南宮丞, 2001, 「益山 蓮洞里 盤龍鏡과 馬韓의 對外交涉」, 『考古學誌』 第12輯,

圓圈規矩渦文鏡으로 후한 중기경으로 비정하고 있다.[56] 또한 다른 동경은 익산 연동리에서 출토된 盤龍鏡(그림 4-10)이 있는데, 이는 六朝의 神獸鏡으로 소개[57]된 이래, 西晉鏡,[58] 後漢鏡,[59] 魏鏡說[60] 등 다양한 견해가 제기되었으나, 성정용에 의해 재검토가 이루어져 후한 중기 무렵에 제작된 후한경으로 보았다.[61] 방제경으로는 하남 미사리 A지구 1호 주거지에서 후한 晚期경으로 비정되는 四格四乳鏡의 周緣을 제외한 內區만을 방제한 四乳方格規矩鏡(그림 4-11)이 출토되었는데,[62] 이 동경이 출토된 주거지의 연대를 보고자는 기원후 1~2세기경으로 설정하고 있으며,[63] 신희권은 기원후 2세기 초엽~말엽까지 비정하고 있고, 박순발은 200년경을 전후한 시점으로 보고 있다.[64] 또한 서산 해미 기지리 21호 분구묘에서 전한경인 四乳虺龍文鏡을 모방한 방제경이 출토되었다.[65]

이상에서 살펴본 마한지역에 해당된 한반도 중서부·서남부 지역에서 출

韓國考古美術研究所, p. 39.

56) 成正鏞·南宮丞, 2001, 앞의 논문, pp. 39~42.

57) 洪思俊, 1960, 「全北 益山出土 六朝鏡」, 『考古美術』 第1卷 第1號, 考古美術동인회.

58) 柳佑相, 1966, 「胎峰寺出土 晋鏡에 대한 考察-百濟의 國際關係를 中心으로-」, 『湖南文化研究』 4, 湖南文化研究所.
權五榮, 1988, 「考古資料를 中心으로 본 百濟와 中國의 文物交流-江南地方과의 관계를 中心으로-」, 『震檀學報』 第66號, 震檀學會, p. 183.

59) 金貞培, 1979, 「三韓社會의 "國"의 解釋問題」, 『韓國史研究』 26, 韓國史研究會.

60) 박순발, 2001, 앞의 논문, p. 13.
권오영, 2001, 「백제국(伯濟國)에서 백제(百濟)로의 전환」, 『역사와 현실』 제40호, 한국역사연구회, p. 44.

61) 成正鏞·南宮丞, 2001, 앞의 논문.

62) 裵基同·金娥官, 1994, 「漢陽大學校發掘調査團 調査報告(1991년도)」, 『渼沙里』 第2卷, 渼沙里先史遺蹟發掘調査團, p. 252.

63) 신희권, 2001, 「1~3세기 한강유역 주거와 백제의 형성」, 『동아시아 1~3세기 주거와 분묘』, 문화재연구소 국제학술대회 발표논문 제10집, 國立文化財研究所, p. 105.

64) 朴淳發, 2004, 「百濟土器 形成期에 보이는 樂浪土器의 影響-深鉢形土器 및 長卵形土器 形成過程을 中心으로-」, 『百濟研究』 第40輯, 忠南大學校 百濟研究所, p. 64.

65) 이남석·이현숙, 2006, 「서산 해미 기지리 분구묘」, 『墳丘墓·墳丘式 古墳의 新資料와 百濟』, 第49回 全國歷史學大會 考古學部 發表資料集, 韓國考古學會, p. 46.

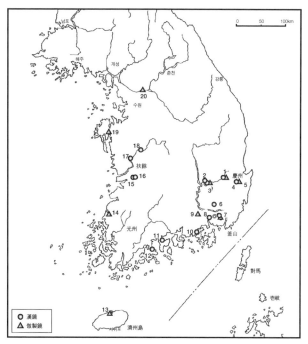

〈그림 4-12〉 원삼국시대 한반도 중·남부지역 출토 동경 분포도

1. 영천 어은동 2. 대구 평리동 3. 대구 지산동 4. 경주 조양동 5. 경주 사라리 6. 밀양 교동 7. 김해 양동리 8. 창원 다호리 9. 함안 사내리 10. 고성 동외동 11. 여수 12. 고흥 안동 13. 제주 산지항 14. 영광 수동 15. 익산 평장리 16. 익산 연동리 17. 부여 화황리 18. 공주 공산성 19. 서산 기지리 20. 하남 미사리

토된 한경이나 방제경으로 보면 익산 평장리鏡과 서산 해미 기지리를 제외하고는 후한경이거나 후한경을 방제한 것으로 확인되었다. 그러므로 동경으로 보면 수동 토광묘의 연대도 이러한 사정을 감안한다면 기원후 1세기경 이후로 내려잡아야 할 것으로 보인다. 따라서 토광묘와 토기, 경주 사라리 130호묘, 김해 양동리 162호의 연대와 한반도 중서부·서남부 지역의 동경 연대를 참고하면은 수동 토광묘의 연대를 기원전후에서 2세기 후반경으로 비정할 수 있겠으나, 수동 토광묘에서는 영광 군동라 B-3호처럼 삼각형점토대토기가 공반되지 않고 호형의 경질무문토기와 동경이 공반된 점을 고려하여 상한은 기원전후보다는 조금 내려 잡고 하한은 2세기 후반경보다는 올려 잡

아 기원후 1세기 후반~2세기 초반경으로 비정하고자 한다.


## 3. 피장자의 성격과 대외교류

영광 수동 토광묘 피장자의 성격과 대외교류 관계는 부장된 유물을 통해서 추정해 볼 수 있는데 부장품 가운데서도 비교적 성격을 잘 파악할 수 있는 조문청동기와 방제경을 중심으로 살펴보고자 한다. 조문청동기는 고성 동외동 유적의 儀禮와 관련된 수혈유구[66]에서 1점과 영광 수동 유적에서 1점이 출토된 것 외에는 중국이나 일본에서도 전혀 발견되지 않고 있다. 이 두 점은 형태와 문양이 유사하며 모두 윗변이 부채처럼 弧線을 이루고 있다. 동외동 것은 길이 8.9cm로 일부 결실되었으나 형태가 양호하다. 중앙의 對向하는 큰새 두 마리를 중심으로 주위에 蕨手文 · 小形鳥文 · 鋸齒文 · 點列文 등이 좁은 공간에 빽빽이 새겨져 있는데 문양의 중심은 궐수문과 점열문이다. 위쪽에 7개의 구멍이 있으며 양측에 6개씩 궐수문이 있었던 것으로 추정된다. 수동 것은 길이 5.5cm로 절반 정도가 결실되었다. 山자 형태의 기하무늬 복합체와 날아가는 새를 표현한 문양 사이로 4개의 구멍이 있으며 그 사이에 실이 남아 있다. 문양은 乙字 · 點列文 · 蕨手文 · 鋸齒文 · 渦文 또는 태양문 · 삼각형 · 겹친반원 등이 대칭을 이루고 있다. 문양의 중심은 山자 형태의 날아가는 새 좌우에 태양과 같은 문양이 있어 동외동 것과는 차이를 보이고 있다. 이러한 조문청동기의 중심적인 圖案으로 사용되고 있는 새는 고대인들은 穀靈, 祖靈, 靈魂운반자 등으로 다양하게 인식하였기 때문에 당연히 농경의례, 조상숭배, 장송의례와 밀접하게 연관될 수밖에 없다고 한다.[67]

---

66) 김두철, 2000,「祭祀考古學의 硏究成果와 課題-竪穴式儀禮遺構를 중심으로」,『고고학의 새로운 지향』, 부산복천박물관.

67) 권오영, 1999,「한국 고대의 새〔鳥〕관념과 제의(祭儀)」,『역사와 현실』제32호, 한국역사연구회.

그러므로 조문청동기는 당시에 祭儀와 관련된 신분을 가진 자의 소지품으로 볼 수밖에 없으므로, 영광 수동 토광묘의 피장자는 제의와 관련된 신분의 사림일 가능성이 매우 높은 것으로 판단된다.[68] 따라서 조문청동기는 威勢品으로 당시 상당한 신분을 가진 자만이 소유할 수 있기 때문에 조심스럽고, 소중하고, 귀하게 간직할 수밖에 없는데, 이는 부장된 상태를 보아서도 알 수 있다. 즉, 두 개의 동경(방제경) 사이에 조문청동기를 포개어 바구니에 넣고 그 바구니를 천으로 감쌌던 흔적으로 보아 동경보다는 조문청동기를 더 소중하게 다루었음을 추정할 수 있다.

동경은 주로 분묘, 성지, 사원지 등에서 출토되는 경우가 많고, 주거지, 패총, 기타 유적에서 가끔 출토되는 경우도 있어 그 의미는 여러 가지로 유추할 수 있다. 또한 그 용도는 화장용, 신앙용, 장식용, 분묘부장용, 위세품 또는 위신재용(신분상징용), 의례용, 完整用, 吉祥用, 傳世用, 선물용(禮品, 황제의 貢品), 상품가치용, 진단구용, 鎭魂用 등 여러 가지로 사용되고 있다.[69]

이러한 동경의 용도로 볼 때, 수동 토광묘에서 출토된 동경은 부장용, 의례, 위세품 등으로 추정해 볼 수 있다. 먼저 부장용으로 특별히 제작해서 埋納했을 경우를 추정해 볼 수 있는데, 이 경우는 피장자가 생전에 사용한 것을 주검과 함께 부장한 것으로 보인다. 그 이유는 조문청동기의 제작 원료의 産地가 중국 북부산 방연광으로 밝혀져 원료 구입과 제작 등에 시간이 필요로 하고, 토광묘의 규모나 주검으로 보아 세골장보다는 주검을 바로 안치하는 伸展葬을 했을 가능성이 있기 때문이다.

두 번째로 儀禮用으로 사용되었을 가능성을 보면, 함께 부장된 조문청동기로 보아 피장자가 제의와 관련된 신분이라면 동경도 제의를 지낼 때 조문청동기와 함께 의례용구로 사용되었을 것으로 추정해 볼 수 있다. 이는 동경

---

68) 영광 수동 토광묘의 피장자를 제의와 관련된 신분으로 추정한 것은 김해박물관 특별기획전 도록에서도 찾아 볼 수 있다(국립김해박물관, 2004, 『영혼의 전달자-새·풍요·숭배-』, p. 47).

69) 李蘭暎, 2003, 『高麗鏡 硏究』, 신유, pp. 358~379.

이 출토된 토광묘의 연대보다 떨어진 삼국시대 부안 죽막동 제사유적[70]과 고려초기의 진도 용장산성 內 제사 관련 건물지[71]에서 방제경이 출토된 점으로도 알 수 있듯이 제의를 지낼 때 의례용구로 사용했음을 알 수 있다.

세 번째로 威勢品으로서의 용도이다. 방제경은 앞에서 살펴본 것처럼 수동 출토품은 원경을 알 수 없으나, 영남지방의 동경 연구 성과로 본다면 a鏡은 후한경을, b鏡은 전한경을 모방해서 제작했을 것으로 추정해 볼 수 있다. 그러면 수동 토광묘의 피장자는 방제경을 어떻게 소유하게 되었을까? 이는 다시 말하면 수동 토광묘의 피장자는 이미 동경, 즉 한경이 권위를 상징하는 위세품이라는 것을 알고 있었다[72]는 점이다. 한경은 외래품으로서 이 물품을 專有한 엘리트들은 이를 매개로 그의 지배를 合法化 시키기도 하고,[73] 또한 상위계층의 계층적 위치 또는 지배의 정당성을 유지하기 위해서 외래품(한식유물)을 위세품으로 이용하였을 가능성이 높다고 한다.[74] 한 집단이 타 집단을 통제하기 위해서는 자신을 사회적·이념적으로 타 집단과 분리시킬 수 있어야 하는데, 이러한 분리의 중요한 요소의 하나가 외래적인 物質文化이다. 야심적인 개인이나 집단은 의례행위의 주재, 외래기원의 위세품의 통제와 분배, 경제적 富의 재분배 등의 전략적 행위를 통해 엘리트이념을 전파하고 사회적으로 합법화하려는 시도를 한다. 또한 엘리트들은 구성원의 전

---

70) 國立全州博物館, 1994, 『扶安 竹幕洞 祭祀遺蹟』.
71) 최성락 외, 2006, 『진도 용장산성』, 목포대학교박물관, p. 82.
72) 거울이 권위를 상징하는 위세품의 하나였음은 다음 기록을 통해 알 수 있다.
   『三國志』 卷30, 「魏書」烏丸鮮卑東夷傳, 倭人條. "景初二年六月, 倭女王遣大夫難升米 等詣郡 … 其年十二月, 詔書報倭女王曰, … 今以汝爲親魏倭王, 假金印紫綬, … 今以絳 地交龍錦五匹, … 答汝所獻貢直. 又特賜汝紺地句文錦三匹, … 金八兩, 五尺刀二口, **銅 鏡百枚**, …階裝封付難升米, 牛利還致錄爱. 悉可以示汝中國人, 使知國家哀汝, 故鄭重賜 汝好物也." 이 기사는 238년, 즉 3세기代의 왜의 상황을 나타낸 것이지만 魏에서 하사 한 물품 중에 거울이 중국의 위세를 나타내고 있으며, 중국물산에 대한 선호도를 엿볼 수 있다.
73) 姜銀英, 2001, 앞의 논문, p. 40.
74) 高久健二, 1997, 앞의 논문, p. 92.

통적 가치를 전환하기 위해 조상숭배, 마을축제, 심지어는 마을의 조직이나 배치에서도 역사적 연속성과 정체성을 유지해야 한다. 이는 평등관계에 익숙해 있던 사람에게 불평등 체계의 급격한 도입은 가치체계의 혼란과 사회적 무질서를 초래할 수 있기 때문이다.[75] 그러므로 威信財 또는 위세품을 채택할 때는 전혀 낯선 물건이 아닌 전통적 가치체계를 여전히 포함하고 있는 물건을 채택한다. 예를 들어 다뉴경이 가지고 있는 전통적인 權威의 상징과 스타일은 새로이 유입된 한경이라는 위세품에 반영됨으로써 집단 구성원의 전통적 가치체계에 상충되지 않으면서 동시에 엘리트의 정치적 야심을 충족시킬 수 있는 것이다.[76] 또한 인간은 모방해서 만들어 소유하고자 하는 요구가 항상 분출되고 있다고 하는데, 모방이 신분을 상징하는 위세품의 경우라면 사회적 허용이 뒷받침 되지 않고서는 특히 불가능한 것이다.[77] 따라서 거울의 일차적인 기능은 화장도구라고 생각할 수 있지만 한경, 방제경이라고 하더라도 지역과 시기, 또는 공반유물 등에 따라 다른 의미를 지닐 수 있으므로 꼭 유물의 기능을 한 가지에만 국한 시킬 수는 없는 것이다. 그래서 한경을 포함한 중국물산에 대한 선호도는 지배 엘리트들로 하여금 생산되지 않는 물품을 수입해 오기 위해 자체적으로 개발할 수 있는 자원을 이용하여 물품을 생산, 조절하면서 교역을 통제케 하였을 것이고 급기야는 모방품을 제작해서 소유하기도 하였을 것이다. 이러한 생산물에 대한 지배는 권력을 더욱 실제적이고 지속적인 형태로 강화시켜 나갔을 것이다.[78]

따라서 영광 수동 토광묘의 피장자는 여러 요인[79]으로 위세품의 하나인

---

75) 金承玉, 1997, 「鋸齒文 :정치적 권위의 象徵的 表象」, 『韓國考古學報』 36, 韓國考古學會, p. 107.
76) 姜銀英, 2001, 앞의 논문, p. 40.
77) 安京淑, 1998, 앞의 논문, pp. 39~40.
78) 姜銀英, 2001, 앞의 논문, p. 44.
79) 여기에서 여러 요인이란 정치적, 사회적 환경 등이 있겠으나 지금까지 방제경이 제작되게 된 계기에 대해서는 여러 가지 설(방제경의 연구현황 참조)이 있기 때문에 구체적으로 설명할 수는 없는 실정이다.

漢鏡을 직접 입수하지 못하고 대외교류를 통해서 얻은 제작기술과 정보를 통해 한경을 모방해서 재지에서 자체 제작해서 소유했을 가능성이 가장 높다고 하겠다. 그리하여 수동 출토 방제경은 피장자가 생전에 조문청동기와 함께 제의를 지낼 때 의례용으로 사용한 것을 주검과 같이 무덤에 부장한 것으로 추정해 볼 수 있다. 또한 조문청동기와 같이 위세품으로도 이용되어 인근의 군동유적과 함께 이 지역집단의 중요 지역으로서의 위치를 점하고 있었을 가능성도 엿볼 수 있다.

그렇다면 영광 수동 토광묘의 피장자는 漢과 실질적으로 교류를 하였는가 하는 문제가 있다. 교류의 증거로 조문청동기, 옥, 방제경으로 알아볼 수 있다. 조문청동기는 산지를 추정한 결과 원료가 중국 북부산으로 밝혀져 중국과의 직접교류가 이루어졌음을 알 수 있다. 이는 같은 토광묘에서 출토된 청동기이지만 원료는 서로 다른 지역의 것을 사용해서 제작한 것으로 다양한 지역과의 교류가 이루진 것으로 볼 수 있다. 玉에 대한 과학적 성분분석 결과, 감청색 계통은 포타슘계 유리로, 투명유리는 실리카 함량이 높아 용융온도가 높은 것으로 밝혀졌다. 유리의 경우는 일부 특이형식과 유리種을 제외하면 산지추정이 어렵고, 기존의 연구 성과에 의하면 모두 원거리교역의 부산물로 판단하고 있다.[80] 수동 출토 유리 중에서 특히, 투명유리의 성분분석 결과 용융온도가 높은 것으로 보아 이는 한반도에서 제작한 경우가 아닌 외지산의 경우로 보이는데, 아마도 낙랑에서 유입된 것으로 추정해 볼 수 있다. 또한 남부지역에서 출토된 수정제 다면옥은 모두 낙랑지역에서 유입된 것이거나 낙랑계인 것으로 보아[81] 수동 토광묘에서 출토된 수정제 다면옥도 낙랑에서 유입된 낙랑계로 볼 수 있다.

방제경의 경우는 a鏡은 후한경, b鏡은 전한경을 모방해서 만들었기 때문

---

80) 함순섭, 1998, 「天安 淸堂洞遺蹟을 통해 본 馬韓의 對外交涉」, 『馬韓史硏究』, 忠南大學校 出版部.

81) 김길식, 2001, 「삼한지역 출토 낙랑계 문물」, 『낙랑』 특별전 도록, 국립중앙박물관, p. 252.

에 토광묘의 피장자는 어떻게든 한문화를 인지하고 있었으므로 그 교류의 형태가 교섭, 무역, 조공이든 간에 직·간접으로 漢과의 교류가 이루어졌을 가능성을 추정해 볼 수 있다. 다만 a鏡은 연호문계방제경으로 일본에서는 모두 倭鏡으로 보고 있으므로 일본에서 제작된 것이 유입될 수 있을 가능성을 제기할 수 있겠으나, 이는 남부지역과 九州地域에서 유사한 형태가 발견된 것은 당시의 활발한 교류로 인해 여러 곳에서 유사품이 제작되었기 때문일 것으로 판단되며, 한반도에서도 제작되었을 것이다.[82] 따라서 a鏡은 앞에서 검토한 결과 在地에서 제작된 韓鏡으로 밝혀진 이상 일본과의 교류는 상정될 수 없겠다. 또한 조문청동기와 방제경의 산지추정 결과 각각 중국 북부산과 중국 남부산 방연광의 범위에 포함된다는 결과도 있어, 방제경과 조문청동기는 원료를 중국에서 수입하고 漢(낙랑)의 기술을 도입해서 재지에서 제작된 것으로 볼 수 있겠다. 그리고 설령 漢과의 교류가 이루어졌다고 하더라도 그 당시 이 지역의 재지세력들의 정치체가 불분명하고 그다지 큰 세력으로 형성하지 못하였기 때문에 직접적으로 漢제국보다는 漢郡縣, 그 중에서도 樂浪郡과의 교류가 서해안을 통해서 이루어졌을 가능성이 매우 높다 하겠다.

따라서 중국과의 대외교류는 조문청동기로 보아 직접적으로 교류한 것으로 볼 수 있지만, 방제경으로는 직접적인 교류의 증거는 찾을 수가 없지만 옥으로 보아 낙랑군과의 교류의 흔적을 찾을 수 있는데, 그 형태로는 조공무역과 함께 기술과 정보를 통한 대외교류가 이루어졌을 것으로 보인다.

그렇지만 이 시기의 한반도 남부지역에서 출토된 漢鏡의 대부분이 영남지방에 집중되어 있고, 호남지방에서는 불과 몇 점에 지나지 않는데다가 그 중에서도 방제경은 호남지방에서는 수동 출토품이 처음이면서 한 유구에서 출토된 점으로 인해 자료의 한계가 인정되어, 이 지역의 당시의 사정을 유추하

---

82) 李在賢, 2003,『弁·辰韓社會의 考古學的 硏究』, 釜山大學校大學院 博士學位論文, pp. 135~136.

기에는 너무나 어려움이 많아 논지가 다소 비약적으로 전개된 점이 있었을 것으로 판단된다. 또한 재지에서 제작되었다는 것을 증명하기 위해서는 방제경을 만든 용범이 발견되어야 하는데, 아직까지는 한반도에서는 발견된 경우가 없으므로 이는 앞으로 새롭게 발견될 가능성을 기대해 보면서 자료의 증가를 기대하고자 한다.

이상에서 살펴본 것처럼 수동 출토 방제경의 특징은 a鏡은 연호문계방제경, b鏡은 중권문계방제경으로 원경을 파악하기 곤란하며, 특히 a鏡의 내구에 시문된 3중의 세장한 鋸齒文은 타 지역에서도 보이지 않는 문양으로, 이는 세형동검문화기에 충청·호남지역에서 출토되고 있는 다뉴경의 문양에서 보이고 있어 그 전통이 수동 출토 방제경에 반영되어 재지에서 제작된 것으로 볼 수 있다. 또한 a鏡은 변한지역에 해당되는 경남지방의 방제경의 특징을, b鏡은 진한지역에 해당되는 경북지방의 방제경의 특징을 가지고 있어 수동 출토품은 이들 지역의 특징을 함께 공유하고 있으며, 그리고 한 토광묘에서 2면이 복수부장된 양상은 前 시기의 다뉴경 부장풍습의 전통이 그대로 반영된 것으로 볼 수 있다.

유적의 연대는 유구와 토기, 방제경의 타 지역 출토품과의 비교검토, 마한지역에 해당된 한반도 중서부·서남부 지역에서 출토된 한경과 방제경의 자료를 검토한 결과 기원후 1세기 후반경에서 2세기 초반경으로 비정하였다.

토광묘 피장자의 성격은 조문청동기와 방제경을 통해 알 수 있었는데, 조문청동기는 祭儀와 관련된 신분을 가진 자의 소지품으로 볼 수밖에 없으므로, 수동 토광묘의 피장자는 제의와 관련된 신분의 사람일 가능성이 매우 높은 것으로 판단된다. 수동 출토 방제경은 피장자가 생전에 조문청동기와 함께 제의를 지낼 때 의례용으로 사용한 것을 주검과 같이 무덤에 부장한 것으로 추정해 보았다. 또한 한경이 권위를 상징하는 위세품이라는 것을 알고 있었으나 여러 사정으로 한경을 직접 입수하지 못하고 대외교류를 통해서 얻은 기술정보를 통해 한경을 모방한 방제경을 자체 제작해서 소유하게 되었고, 이를 바탕으로 실질적으로 지배의 정당성을 유지한 것으로 보인다.

그리고 조문청동기로 보아 직접적으로는 중국과 교류하였지만, 방제경만으로는 직접적으로 교류한 증거는 없지만 이미 방제경을 통해 漢문화를 인지하고 있었으므로 어떠한 형태로든 간에 직·간접적으로는 한군현, 그 중에서도 낙랑군과의 대외교류가 이루어졌는데 이는 玉으로도 알 수 있다. 교류의 형태는 조공무역과 함께 제작기술과 정보를 통한 대외교류가 이루어졌음을 알 수 있다.

# 제Ⅴ장

## 금속화폐로 본 대외교류

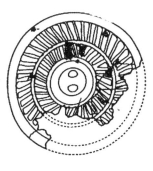

화폐는 거래를 원활히 하는 데 쓰이는 매개물의 일종으로 가치척도, 지급수단, 가치저장, 교환기능 등을 가지고 있다. 또한 활발한 경제활동과 교역을 반영함과 동시에 한 국가의 文明度를 측정하는 하나의 척도가 되기도 한다. 물물교환 시대에는 패각, 곡물, 베 등이 물품화폐로 사용되다가 금·은·동 등이 화폐로 주조되어 사용되었고, 오늘날에는 강제통용력이 인정되는 지폐나 주화가 화폐로 사용되고 있다.

이러한 화폐 중에서 금속화폐는 고대유적에서 발견되는 예가 많은데 발행시기가 한정되어 있어 유구와 공반유물의 절대연대를 결정하고, 당시 사회경제의 실태를 알려주는 중요한 고고학적 자료가 되기도 한다. 그러나 금속화폐는 절대연대를 알 수 있는 좋은 자료이기는 하지만 원래의 용도와는 달리 전세되거나 민간에서 私鑄하는 경우도 많아 연대를 파악하는 데 신중할필요가 있다.[1]

원삼국시대 한반도에서 출토된 금속화폐로는 半兩錢, 五銖錢, 王莽錢의일종인 貨泉·貨布·大泉五十·小泉直一 등이 있는데 모두 漢代에 주조된것들이다. 이들 한대화폐는 철기문화의 유입이나 낙랑문화의 생성과 그 궤를 같이 한다고 할 수 있는데, 그 출토 지역도 대부분 중국문화의 직접적인영향을 받았던 것으로 생각되는 북부지역에 집중되어 있다.[2] 그러나 이 지

---

1) 이재현, 2005, 「남한출토 낙랑관련 유물의 현황과 성격」, 『낙랑의 고고학』, 제33회 한국
　　상고사학회 학술발표대회, p. 25.
2) 池健吉, 1990, 「南海岸地方 漢代貨幣」, 『昌山金正基博士華甲記念論叢』, 昌山金正基博

역과는 그 출토 빈도나 수량에 있어서 비교할 수 없을 만큼 적지만, 북부지역과는 거리가 먼 남해안지역의 도서 및 해안지역뿐만 아니라 근래 고고학적 발굴이 증가하면서 호남 및 영남 내륙지역과 한강유역, 동해안지역의 강원도에서도 漢代 금속화폐의 출토 예가 증가하고 있다. 이들 지역에서는 반량전, 오수전, 왕망전 등이 출토되었다. 따라서 본 장에서는 호남지방을 중심으로 하되, 논리의 전개상 타 지역에서 확인된 한대 금속화폐를 포함하여 화폐가 출토된 유적을 살펴보고, 이를 바탕으로 화폐의 분석을 실시해서 여기에서 나타난 특징을 통해 화폐의 유입시기, 용도 및 성격, 교류형태를 살펴봄으로써 원삼국시대 한대 금속화폐를 통한 대외교류의 일면을 고찰해 보고자 한다.

# 1. 출토 유적

지금까지 원삼국시대에 호남지방을 포함하여 남한지역에서 漢代 금속화폐가 출토된 유적은 모두 17개소에 이르고 있는데 편의상 호남지방, 영남지방, 중부지방, 제주도지방 등 4개 지역으로 나누어서 검토하고자 한다.[3] 특히 오수전은 洛陽燒溝漢墓에서 출토된 형식분류를 기준하여 분류와 편년[4]을, 화천은 戴志强·謝世平에 의한 분류와 편년[5]을 참고하여 이루어진 것임을 밝혀두고자 한다.

---

士華甲記念論叢刊行委員會.

3) 공주 무령왕릉에서 출토된 90여 점의 철제 오수전은 梁武帝 때 만들어진 것(문화재관리국, 1973, 『무령왕릉』)이며, 분황사 모전탑에서 출토된 오수전은 常平五銖로서 북조시기의 것이므로 여기에서는 생략한다.

4) 洛陽區考古發掘隊, 1959, 「洛陽燒溝漢墓」, 『中國田野考古報告集』, 科學出版社.

5) 戴志强·謝世平, 1984, 「"貨泉"初探-兼論莽錢制作特徵的演變」, 『中國錢幣』 1984-1.

## 1) 호남지방

### (1) 완주 상운리

전북 완주군 상운리 가지구 1호 분구 2호 토광에서 半兩錢 1점이 출토되었다. 1호 분구묘에서는 8기의 토광묘와 5기의 옹관이 조사되었는데, 2호 토광은 1호 토광을 시설한 후 얼마간의 시간이 지난 후 1호 분구의 동북 편에 덧대어 시설하였고, 매장주체부를 감싸는 주구가 있다. 출토유물은 반량전을 비롯하여 연질호 2점, 금박유리옥 1점, 옥 593점 등이다. 유구의 연대는 4세기 중후반경으로 추정하고 있다.[6]

### (2) 해남 군곡리(그림 2-5-②)

전남 해남군 군곡리 패총 유적에서 貨泉 1점이 출토되었다. 지름 2.5cm, 두께 0.2cm, 무게 2.77g으로 전면은 무문으로 중앙에 지름 0.75cm 크기의 방형 구멍이 뚫려 있으며 우측에 貨자, 좌측에 泉자 찍혀 있다. 方形穿은 單帶의 郭이 뚜렷하며 周緣部도 곽의 형태가 비교적 뚜렷하며 폭이 일정하다. 후면도 무문으로 단대의 방형천곽이 전면보다 더 뚜렷하고 주연부도 폭은 일정하지 않으나 뚜렷하게 원주하고 있다. 화천이 출토된 11층의 연대는 기원후 1세기 중반 경으로 추정하고 있다.[7] 화천분류의 제Ⅱ류에 해당된다.

### (3) 나주 랑동

전남 나주시 랑동 유적의 추정 저습지 유구에서 貨泉 2점이 출토되었다. 화천은 Ⅳ층의 蓋, 玉, 高杯 등과 함께 2점이 포개져서 출토되었다. 화천①(그림 2-5-④)은 방형의 穿郭 일부가 유실되었으나 형태는 잘 남아 있다. 지름 2.3cm, 두께 0.15cm, 무게 1.44g으로 전면은 무문으로 중앙에 지름 0.7cm의

---

6) 金承玉·李澤求, 2004, 「完州 上雲里遺蹟 發掘調査 槪報」, 『통일신라시대고고학』, 제28회 한국고고학전국대회, 韓國考古學會.

7) 崔盛洛, 1987, 『海南 郡谷里 貝塚』Ⅰ, 木浦大學校博物館.

방형 구멍이 뚫려 있으며, 泉자 일부가 훼손되었다. 方形穿은 곽이 없는 형태이며 周緣部는 곽의 형태가 비교적 뚜렷하며 폭이 일정하다. 후면은 무문으로 方形穿郭의 형태가 전면에는 없는 것에 비하여 단대의 郭이 뚜렷하며, 주연곽은 폭이 일정하게 圓周하고 있다. 화천분류의 제Ⅲ류에 해당된다. 화천②(그림 2-5-③)는 두 조각으로 분리되어 있는데 방형穿郭과 주연부 일부가 남아 있고 나머지는 모두 유실되었으나 형태는 알 수 있다. 지름 2.2cm, 두께 0.99cm로 전면은 무문으로 중앙에 지름 0.65cm의 방형 구멍이 뚫려 있으며, 貨자와 泉자 일부가 훼손되었다. 방형천곽은 단대로 비교적 뚜렷하다. 주연곽은 곽의 형태가 비교적 뚜렷하며 폭이 일정하다. 후면은 무문으로 방형周郭이 단대로 전면보다 더 뚜렷하다. 주연곽은 폭이 0.13cm로 일정하게 원주하고 있다.[8] 화천분류의 제Ⅱ류에 해당된다.

### (4) 여수 거문도(그림 2-5-⑥)

전남 여수시 삼산면 서도리에서 1977년에 주민이 가옥을 신축하기 위해 바닷가에서 모래를 채취하던 중에 五銖錢 980점이 수습되었다. 주변에서 오래된 목선의 部材로 추정되는 나뭇조각들과 함께 수습된 점으로 보아 난파선으로 추정된다. 현재는 336점만이 알려지고 있는데 크기와 두께, 글자 형태 등에서 약간의 변화가 보이지만 대체적으로 비슷한 것들이다. 그 특징을 통해서 3종으로 구분하였다. 1) 穿上橫文錢 74점, 지름 2.48~2.66cm, 두께 0.13~0.22cm, 무게 2.48~4.36g 2) 穿上半星文錢 52점, 지름 2.69~1.96cm, 두께 0.13~0.23cm, 무게 2.89~4.28g 3) 無特徵錢 106점, 지름 2.52~2.71cm, 두께 0.11~0.19cm, 무게 2.18~3.34g 등이며 그 외 104점은 부식이 심하여 그 특징을 알 수가 없다. 글자에 나타난 특징을 요약하면 다음과 같다. ① 글자 획의 굵기는 일정하지 않으나 타 지역 출토품과 비교할 때 전체적으로 굵은

---

8) 金京七 외, 2004, 『羅州 郎洞遺蹟 試掘調査報告』, 全南文化財研究院.
　崔盛洛 외, 2006, 『羅州 郎洞遺蹟』, 全南文化財研究院.

편에 속한 것이 많다. ② 五자 위아래 양획은 구멍의 귀퉁이에서 시작하여 周郭까지 미치며, 대부분 구멍의 위아래 변과 일직선을 이루지만 일부는 위획이 약간 아래쪽으로 치우친 것도 있다. ③ 가운데 양획은 대부분 휘어진 상태로 교차하며 일부는 휜 정도가 매우 완만하거나 거의 직선에 가까운 것도 있다. ④ 너비는 각기 차이는 보이지만 일반적으로 가운데 양획의 휜 정도가 큰 것이 작은 것에 비해서 넓다. ⑤ 銖자의 金 부분 머리 부분은 거의 정삼각형에 가깝고, 밑변의 너비는 글자체의 너비와 거의 같다. ⑥ 가운데 4개의 점은 정도의 차이는 있지만 대부분 위아래로 같다. 朱 부분의 머리 부분은 각이 지게 꺾였고 아래는 꺾인 것도 있고 둥글게 휜 것도 있다. 이러한 특징을 통해서 낙양소구한묘의 출토형식으로 보아 일부 제Ⅲ형도 보이지만 대부분 제Ⅱ형이 주류를 이루고 있으며, 五자의 특징으로 보아서는 제Ⅰ형에 속한 것도 있다.[9]

이 밖에도 전남 강진에서 출토된 것으로 전하는 명도전 7점[10](그림 2-5-⑤)과 신안 해저침몰선에서 화천 1점(그림 2-5-①)과 오수전 2점(그림 2-5-⑦·⑧)이 출토되었다.[11]

## 2) 영남지방

### (1) 김해 회현리

경남 김해시 봉황동에 소재한 회현리 패총(김해패총)에서 貨泉 1점이 출토되었다. 화천은 1920년 濱田耕作과 梅原末治에 의해 발굴조사된 패각층의 6층(a)의 현 지표 아래 45cm에서 출토되었다. 지름 2.25cm, 두께 0.12cm로

---

9) 池健吉, 1990, 앞의 논문.
10) 朝鮮總督府, 1925, 「南朝に於ける鮮漢代の遺跡」, 『大正十一年度古蹟調査報告』第2冊, p. 133 및 圖版 第49圖.
11) 文化財管理局, 1988, 『新安海底遺物』(綜合編).

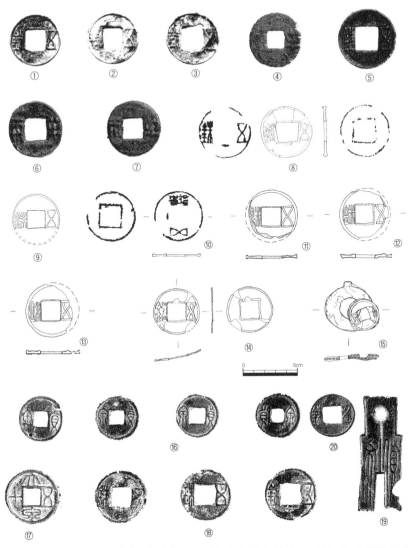

〈그림 5-1〉 남한지역 출토 한대 금속화폐(①~③ 다호리, ④~⑦ 늑도, ⑧~⑩ 임당, ⑪~⑬ 용전리, ⑭ 풍납토성, ⑮ 초당동, ⑯~⑲ 산지항, ⑳ 성산) / 축척부동(①~⑦, ⑯~⑳)

큰 편에 속하는데 발견 당시 윗편 왼쪽 귀퉁이가 깨져 나갔다. 모양도 뒤틀려 있고 글자도 희미하며 貨자만 확인 가능하다.[12] 전·후면의 방형천곽이 單帶인 것으로 보아 화천분류의 제Ⅱ류에 해당된다.

## (2) 창원 다호리

경남 창원시 동읍 다호리 유적 1호 목관묘에서 五銖錢 3점(그림 5-1-①~③)
이 출토되었다. 오수전은 목관 아래의 토광 바닥면 중앙에 파여진 부장갱에
들어 있는 대나무 상자 속에서 銅劍, 鐵劍, 銅鉾, 鐵鉾, 鐵斧, 星雲鏡, 靑銅帶
鉤, 銅鐸, 칠기붓 등과 함께 3점이 중첩되어 있는 상태로 출토되었다. 오수전
은 穿上橫文錢과 四角決文錢이 각 1점씩이며 나머지 1점은 無特徵錢이다.
유구의 연대는 기원전 1세기 후반으로 추정되었다.

穿上橫文錢은 지름 2.5cm, 구멍 너비 0.96cm, 무게 2.9g으로 가장 양호한
것이다. 전면의 글자체는 비교적 굵고 뚜렷하지만 배면은 주곽과 천곽이 갈
려서 없어졌다. 五자의 중간 부분의 양획은 약간 彎曲하고 상하의 획은 周郭
까지 미치고 있다. 銖자의 金자 머리 부분이 삼각형을 이루며 가운데의 4점은
작은 方點으로 처리하였다. 朱자 머리 부분은 각이 지게 꺾이고 아랫부분은
약간 둥글게 휘었다. 낙양소구한묘의 출토형식으로 보아 제Ⅱ형에 속한다.

四角決文錢은 지름 2.55cm, 구멍너비 1.3cm, 무게 3.25g로 구멍의 위쪽에
주조 당시에 생긴 것으로 보이는 흠이 있고 글자체도 선명하지 않다. 사각결
문은 구멍의 아래쪽 두 모서리에서만 보인다. 글자체는 앞의 穿上橫文錢보
다 커서 五자의 높이가 구멍의 높이와 거의 같다. 銖자는 金 부분의 삼각형
꼭지가 약간 크게 나타날 뿐 나머지는 주조가 부실하여 분명하지 않다.

無特徵錢은 지름 2.5cm, 구멍 너비 0.93cm, 무게 3.8g으로 3점 가운데 가
장 무겁고 주곽의 너비도 제일 넓다. 완전한 모습은 갖추었지만 주조상태가
좋지 않아 전체적으로 글자체는 선명하지 않으나 대체적으로 穿上橫文錢과
거의 비슷하다.[13]

---

12) 濱田耕作·梅原末治, 1923,「金海貝塚發掘調査報告」,『大正九年度古蹟調査報告』第
一册, 朝鮮總督府.

13) 李健茂 외, 1989,「義昌 茶戶里遺蹟 發掘進展報告(1)」,『考古學誌』第1輯, 韓國考古美
術研究所.

### (3) 창원 성산

경남 창원시 외동 성산패총 서남구 C트렌치 패각층 맨 아래에서 五銖錢(그림 5-1-⑳) 1점이 출토되었다. 보고자는 오수전의 연대를 감안하여 패총의 상한을 기원전 1세기경으로 추정하였다. 이 오수전은 지름 2.4cm로 전면의 구멍 위에 2개의 점이 있고 후면은 구멍의 둘레에 도드라진 內郭이 이루어진 穿上半星文錢이다. 글자가 비교적 굵은 편이며 글자체도 큰 편에 속한다.

五자는 가운데서 교차하는 양획이 구부러지고 위아래의 획은 양획의 밖으로 약간 뻗쳤는데 아래 획은 구멍의 밑변에서 조금 치켜 올랐다. 銖자의 金자 머리 부분이 삼각형을 이루며 네 개의 점은 위아래로 같다. 朱자의 머리 부분은 분명하지 않지만 각지게 꺾인 듯 하고 아래는 둥글게 휜 모양이다. 후면은 별다른 특징이 없다. 낙양소구한묘의 출토형식으로 보아 제Ⅱ형에 속한다.[14]

### (4) 사천 늑도

경남 사천시 늑도 유적 C지구 패총에서 半兩錢(그림 5-1-④ · ⑥~⑦) 4점, 五銖錢(그림 5-1-⑤) 1점이 출토되었다. 반량전 4점 중 穿孔이 글자보다 작은 것이 2점, 큰 것이 2점으로 납의 함량이 높기 때문에 산화되어 밝은 회녹색에 가깝다. 지름 2.3cm, 두께 0.1cm로 모두 전한대의 四銖半兩錢이다. 오수전은 지름 2.5cm로 글자체로 보아서는 낙양소구한묘의 출토형식의 제Ⅱ형에 속한 것으로 보인다.[15] 이 유적의 연대는 상한은 기원전 3세기 말 혹은 기원전 2세기 초, 하한은 기원전후한 시기로 보고 있다.[16]

---

14) 崔夢龍, 1976,「西南區貝塚 發掘調査報告」,『馬山外洞城山貝塚發掘調査報告』, 文化公報部 文化財管理局.
池健吉, 1990, 앞의 논문.
15) 東亞大學校博物館, 2003,『發掘遺蹟과 遺物』.
16) 李東注, 2004,「泗川 勒島遺蹟 C地區의 調査成果」,『영남고고학 20년 발자취』, 創立20週年 記念 學術大會, 嶺南考古學會.

## (5) 경산 임당

경북 경산시 임당동 A-I지구 74호·121호, E지구 132호 목관묘에서 五銖錢이 각각 1점씩 모두 3점이 출토되었다.

A-I-74호 출토 오수전(그림 5-1-⑨)은 지름 2.6cm, 구멍너비 1.1cm의 穿下半星文錢이다. 五자의 머리 부분과 아랫부분 주곽이 일부 결실되었으나 잔존상태는 양호하다. 전면은 천곽은 없고 구멍 윗부분에 희미하게 가는 橫文 형태 같은 것이 나타나 있다. 후면은 주곽과 천곽이 보이나 五銖자 위아래 획은 모두 郭의 귀퉁이부터 주곽까지 미치고 있다. 五자의 중간 부분의 양획은 S자 모양으로 약간 휜 상태에서 교차하고 있다. 銖자는 金자의 머리 부분이 삼각형을 이루며 朱자의 머리 부분은 방형으로 아래 부분은 약간 둥글게 꺾여 있다. 金자의 4점은 짧게 찍혀 있고 銖자의 머리 부분은 金자보다 朱자가 약간 더 높다. 이 오수전은 철겸, 검파두식, 철모, 철도, 철부, 철겸, 판상철부 등과 함께 공반되었다.[17]

A-I-121호 출토 오수전(그림 5-1-⑩)은 지름 2.6cm, 구멍너비 1.0cm의 無特徵錢이다. 부식이 심하여 잔존상태가 불량하다. 전면은 주곽은 있지만 穿郭은 없다. 후면은 칠막이 고착되어 확인할 수 없다. 五銖자 위아래 획은 모두 곽의 귀퉁이부터 주곽에까지 미치고 있다. 五자의 중간 부분의 양획 중 왼쪽 획은 S자 모양으로 약간 휜 상태이나 오른쪽 획은 직선에 가깝게 교차하고 있으며 왼쪽 하단이 돌출되어 있다. 銖자는 金자의 머리 부분이 삼각형을 이루며 朱자의 머리 부분은 직각으로 꺾였으나 아랫부분은 약간 둥글게 꺾여 있다. 銖자의 金의 4점은 약간 길게 그었고 金자와 朱자의 머리 부분은 거의 같은 높이다. 이 오수전은 단경호, 주머니호, 발, 철겸, 철모, 철부, 철겸, 쇠스랑 등과 함께 공반되었다.

E-132호 출토 오수전(그림 5-1-⑧)은 지름 2.56cm, 구멍 너비 1.05cm의 穿下半星文錢이다. 가장자리가 일부 결실되었다. 전면은 周郭만 있고 천곽은 없

---

17) 韓國文化財保護財團, 1998, 『慶山 林堂遺蹟(I)-A~B地區 古墳群』.

으며, 아래 변 한가운데 반원형의 半星文이 있다. 후면은 주곽과 천곽은 뚜렷하다. 五자의 위아래 양획은 구멍의 귀퉁이에서 시작하나 주곽에까지는 미치지 못하며, 아래 획은 구멍의 아래 변과 일직선을 이루지만 위 획은 윗변의 약간 아래쪽에 위치한다. 가운데 양획은 약간 彎曲하며 교차하는데 교차점 하단이 상단보다 만곡도가 조금 더 크다. 銖자의 金자 부분의 꼭지는 정삼각형이며 4점은 방점으로 처리되었다. 朱자의 머리와 아래는 모두 方折되었다. 이 오수전은 주머니호, 호, 철검 2점, 검파두식, 철모, 철사, 철착, 철촉 등과 함께 공반되었다. 오수전들이 출토된 유구의 연대는 기원후 1세기 초엽으로 추정하고 있다. 오수전들은 낙양소구한묘의 출토형식으로 보아 제 II형에 속한 것들이다.[18]

### (6) 영천 용전리

경북 영천시 고경면 용전리 목관묘에서 동모, 철모, 철과, 철부, 철정, 동과, 금동노기, 철촉, 철겸, 동제과초 등과 함께 五銖錢 3점이 출토되었다. 오수전은 관내에 부장된 것이 아니라 관외의 지표에서 수습되었다. 3점 모두 穿에 아무런 특징이 없는 無特徵錢이다. 유구의 연대는 기원전 1세기 후반으로 추정하였다.[19]

오수전①(그림 5-1-⑬)은 가장자리의 1/2이 결실되었다. 후면에 사각결문이 있으나 전면에는 특징이 없다. 五자의 상하단 가로획은 양쪽으로 삐쳐 나왔으며, 중앙에 교차하는 부분으로 보아 상단의 오른쪽 획이 나중에 그어진 것으로 보이며, 대체적으로 직선적인 획이다. 銖자의 金의 머리는 아래 양쪽이 약간 삐쳐 나온 형태이며 4점은 점으로 표현하였다. 朱의 위쪽의 획은 90°로 꺾이고 아래 획은 둥글게 처리된 상절하곡이다. 오수전②(그림 5-1-⑪)은 가장자리의 1/2이 결실되었으며, 전면은 특징이 없고 후면은 사각결문이다. 五자

---

18) 韓國文化財保護財團, 1998, 『慶山 林堂遺蹟(VI)-E地區 古墳群-』.

19) 國立慶州博物館, 2007, 『永川 龍田里 遺蹟』.

의 상변의 가로획은 양쪽이 삐쳐 나왔지만 아래쪽은 세로획과 맞추었다. 세로획은 직선이지만 교차하는 부분에서 약간 둥글게 처리하였다. 銖자의 金의 머리는 삼각형이고 점은 약간 길게 그어져 있다. 朱는 상절하곡이다. 오수전③(그림 5-1-⑫)은 가장자리의 2/3가 결실되었다. 五자는 상·하단의 가로획이 양쪽으로 삐쳐 나온 것으로 추정된다. 세로획은 두께가 두껍게 그어져 있으며 상단의 왼쪽 획이 나중에 그어졌고 교차 부분에서 약간 둥글게 처리하였다. 銖자의 金의 머리는 삼각형이며 4점은 길게 그어졌다. 朱는 상절하곡이다. 3점의 오수전들은 낙양소구한묘의 출토형식으로 보아 제Ⅱ형에 속한 것들이다.

## 3) 중부지방

### (1) 서울 풍납토성(그림 5-1-⑭)

서울 풍납토성 경당지구 101호 유구에서 五銖錢 1점이 출토되었다. 五자 아랫부분이 일부 결실되었으나 상태는 양호하며 글자도 선명하다. 銖자의 金자는 머리 부분이 삼각형을 이루고 그 아래는 두 개의 점은 같으나 나머지 두 개는 잘 보이지 않는다. 朱의 윗부분은 각이 지게 꺾어져 있고 아래는 둥글게 휘어져 있다. 五자는 약간 뻗은 채 X형을 이룬다. 지름 2.45~2.55cm, 구멍 지름 1.0cm, 두께 0.7~1.0cm이다. 유구의 기능은 제의유구이며 연대는 토기 등으로 보아 3세기 후반으로 추정하고 있다.[20] 낙양소구한묘의 출토형식으로 보면 제Ⅲ형에 가깝다.

### (2) 강릉 초당동(그림 5-1-⑮)

강릉시 초당동 강릉고등학교 화장실 중축부지의 1호 주거지 바닥면에서 五銖錢 2점이 청동환 1점과 겹쳐서 출토되었다. 출토된 오수전 중 완전한 형

---

20) 權五榮·韓志仙, 2005, 『風納土城』 Ⅵ, 국립문화재연구소·한신대학교박물관.

태를 알 수 있는 위쪽 동전은 0.14cm 넓이의 주곽선이 둘려 있는데 주곽을
포함하지 않은 크기는 지름 2.5cm이며 주곽을 포함하면 지름 2.8cm이다. 두
께는 0.1cm이며 중앙에 사각형의 穿이 있고 천곽은 보이지 않는다. 문자는
비교적 뚜렷이 보이는 것은 위쪽 동전의 五자인데, 특징은 굵은 획과 글자의
폭이 넓고 중간에 교차되는 양획이 원만하게 꺾여 있다. 銖자의 朱자는 보이
지 않으나 金자는 희미하게 보이지만 머리 부분이 삼각형이다. 이 오수전은
五자가 완전한 형태를 띤 穿下半星文錢으로 왕망전과 함께 제주도 산지항에
서 출토된 오수전과 가장 유사한 형태를 띠고 있다. 따라서 낙양소구한묘의
출토 형식으로 보면 크기나 전문의 특징으로 볼 때 제Ⅲ~Ⅴ형의 것과 비슷
하나, 특히 五와 金자의 서체 특징과 크기를 볼 때 제Ⅲ형과 제일 유사하다.
유적의 연대는 1세기 중·후반으로 추정하고 있다.[21]

### 4) 제주도 지방

#### (1) 제주 산지항

1928년 제주시 건입동 산지항 축조공사 때 우연히 발견된 것으로 동경 2
점, 劍의 부속장식인 鐔金具 1점, 五銖錢 4점, 貨泉 11점, 大泉五十 2점, 貨布
1점 등이 일괄로 출토되었다.[22]

오수전(그림 5-1-⑱)은 4점 가운데 1점은 녹이 많이 슬었지만 나머지 3점은
상태가 양한 無特徵錢이다. 지름 2.51~2.62cm, 구멍 너비 0.92~0.99cm, 두
께 0.12cm, 무게 2.71~3.0g이다. 글자체는 비교적 굵은 편에 속하며 윤곽도
뚜렷하다. 五자의 위아래 획은 모두가 거의 구멍의 가장자리까지 미쳐 있으
며 가운데의 양획은 너비와 휜 정도가 서로 다르다. 銖자의 金 부분은 꼭지

21) 江原文化財研究所, 2005, 「강릉고등학교 화장실 증축공사부지내 文化遺蹟 試掘調査報
告書」, 『江陵地域 文化遺蹟 試掘調査 報告書』.
22) 梅原末治·藤田亮策, 1947, 「濟州道山地港出土の一括遺物」, 『朝鮮古文化綜鑑』 第Ⅰ卷,
德養社.

의 삼각형이 작지만 뾰족하고 그 아래의 4점은 위아래로 길다. 朱 부분의 머리 부분과 아래는 모두 둥글게 휘었는데 1점의 朱부분 밑동이 金 부분의 그것보다 밑으로 많이 처져 있다. 글자체로 보아 낙양소구한묘의 출토형식의 제Ⅲ형에 속한 것들이다.

화천(그림 5-1-⑯)은 11점 중에서 형태가 분명한 것은 7점으로 이 중 6점은 우측에 貨, 좌측에 泉자가 찍혀 있으나, 1점은 좌우 글자가 바뀌어져 있다. 지름 2.14~2.29cm, 구멍너비 0.63~0.78cm, 두께 0.12~0.2cm, 무게 2.11~2.72g이다. 전면에는 모두 주곽이 비교적 뚜렷하지만 천곽은 3점에서만 보이고 후면에는 주곽과 천곽이 모두 나타나 있다. 화천분류의 제Ⅱ·Ⅲ류에 해당된다.

대천오십(그림 5-1-⑰)은 2점 가운데 1점은 오른쪽 일부가 깨어져 훼손되었다. 각각 지름 2.73cm, 2.83cm, 두께 0.22cm, 0.23cm, 구멍 너비 0.77cm, 0.78cm, 무게 완형 5.76g이다. 주곽과 천곽은 전·후면에 모두 나타나 있는데 다른 것에 비해서 훨씬 넓다.

화포(그림 5-1-⑲)는 길이 5.77cm, 머리 너비 1.82cm, 어깨 너비 2.19cm, 두께 0.2cm, 구멍 지름 0.53cm, 무게 12.83g이다. 구멍 가장자리를 따라 孔郭이 이루어지고 구멍에서 凹部의 가운데까지 이어진 세로줄로 양분되어 우측에 貨, 좌측에 布자가 篆書로 찍혀 있는데 글자가 있는 양 가장자리가 가볍게 휘어들었다. 후면에는 글자가 없이 세로줄만 나타나 있다.

## (2) 제주 금성리

북제주군 애월읍 금성리 원형석렬 주거지에서 貨泉 2점이 출토되었다. 화천①은 지름 2.1cm, 두께 0.2cm로 상단부의 일부가 결실되어 있다. 주곽과 천곽이 비교적 뚜렷하며, 천곽은 방형의 單帶이다. 화천분류의 제Ⅱ류에 해당된다. 화천②는 지름 2.1cm, 두께 0.1cm로 주연부와 면이 구분이 안 될 정도로 얇게 마연되어 있다. 좌우의 글자가 희미하게 남아 있는데, 우측 貨자 아래에 조그만 구멍이 뚫려 있다. 보고자는 화폐와 회색연질토기로 보아 유

〈표 5-1〉 남한지역 출토 한대 금속화폐 현황

| 출 토 지 | 유적성격 | 종류 및 수량 | 유 구 연 대 | 참 고 문 헌 |
|---|---|---|---|---|
| 완주 상운리 | 토광묘 | 반량전 1 | 4세기 중후반 | 김승옥 · 이택구 2004 |
| 해남 군곡리 | 패 총 | 화 천 1 | 1세기 중반 | 최성락 1987 |
| 나주 랑동 | 저습지 | 화 천 2 | 4~5세기 | 김경칠 외 2004 |
| 여수 거문도 | 난파선 | 오수전 980 | 1~2세기 | 지건길 1990 |
| 김해 회현리 | 패 총 | 화 천 1 | 1세기 후반 | 濱田耕作 · 梅原末治 1923 |
| 창원 다호리 | 목관묘 | 오수전 3 | BC 1세기 후반 | 이건무 외 1989 |
| 창원 성산 | 패 총 | 오수전 1 | BC 1세기 | 최몽룡 1976 |
| 사천 늑도 | 패 총 | 반량전 4 오수전 1 | BC 2세기~ 기원전후 | 이동주 2004 |
| 경산 임당 | 목관묘 | 오수전 3 | 1세기 초엽 | 한국문화재보호재단 1998 |
| 영천 용전리 | 목관묘 | 오수전 3 | BC 1세기 후반 | 국립경주박물관 2007 |
| 서울 풍납토성 | 제 의 | 오수전 1 | 3세기 후반 | 권오영 · 한지선 2005 |
| 강릉 초당동 | 주거지 | 오수전 2 | 1세기 중 · 후반 | 강원문화재연구소 2005 |
| 제주 산지항 | 퇴 장 | 오수전 4 화 천 11 대천오십 2 화 포 1 | 1세기 | 梅原末治 · 藤田亮策 1947 |
| 제주 금성리 | 주거지 | 화 천 2 | 2~3세기 | 제주사정립사업추진위원회 외 2001 |
| 제주 종달리 | 패 총 | 화 천 1 | 1세기 | 신대곤 외 2006 |
| 제주도 출토품 | 미 상 | 오수전 11 대천오십 5 | | 이청규 · 강창화 1994 |

구의 중심연대를 기원후 2~3세기로 추정하였다.[23]

## (3) 제주 종달리

북제주군 구좌읍 종달리 패총 5층에서 貨泉 1점이 출토되었다. 지름 2.3cm로 주곽과 천곽이 뚜렷하며, 방형의 천곽이 단대인 것으로 보아 화천

---

23) 濟州史定立事業推進委員會 외, 2001, 『濟州錦城里遺蹟』.

분류의 제Ⅱ류에 해당된 것으로 보인다. 보고자는 5층의 상한연대는 화천으로 보아 기원후 1세기경으로 추정하였다.[24)]

이 밖에 제주도 출토품으로 전하는 제주도민속자연사박물관 소장의 오수전 11점과 대천오십 5점이 있다.[25)]

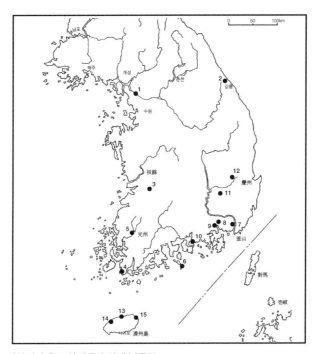

〈그림 5-2〉 남한지역 출토 한대 금속화폐 분포도

1. 서울 풍납토성 2. 강릉 초당동 3. 완주 상운리 4. 해남 군곡리 5. 나주 랑동 6. 여수 거문도 7. 김해 회현리 8. 창원 다호리 9. 창원 성산 10. 사천 늑도 11. 경산 임당 12. 영천 용전리 13. 제주 산지항 14. 제주 금성리 15. 제주 종달리

---

24) 申大坤 외, 2006, 『濟州終達里遺蹟』Ⅰ, 國立濟州博物館.
25) 李清圭 · 康昌和, 1994, 「제주도 출토 漢代 화폐유물의 한 例」, 『韓國上古史學報』第17號, 韓國上古史學會.

## 2. 화폐의 분석

### 1) 유구별 분포양상

지금까지 자료에 나타난 호남지방을 포함한 남한지역에서 漢代 금속화폐는 17개소에서 5종 1,043점[26]이 출토되었다. 물론 보고가 안 된 것을 포함하면 이보다는 훨씬 많은 수량이 있었을 것으로 추정된다. 이 중 오수전은 10개 지역에서 1,009점이 출토되었다(〈그림 5-3〉). 호남지방에서는 5개소에서 3종 984점이 출토되었다.

한반도에서 출토된 중국 금속화폐의 경우 명도전은 청천강 이북의 서북한 지역에, 반량전, 오수전, 화천, 대천오십 등은 한대화폐가 주류를 이루면서 낙랑군이 위치했던 평양을 중심으로 평안도, 황해도 일원의 서북한 지역의 낙랑유적인 토광묘, 낙랑고분을 비롯하여 토성지에서도 출토되면서 집중 분포하고 있다. 이에 반해서 남한지역에서는 충청도 지역을 제외한 전 지역의 해안가 및 도서지역, 수운이 편리한 내륙의 강변, 내륙지역 등 각지에서 발견되고 있다(〈표 5-2〉).

〈표 5-2〉 남한지역 한대 금속화폐 출토 지역별 현황

| 출 토 지 역 | | 출 토 지 | 출토화폐 | 수량 |
|---|---|---|---|---|
| 해 안 가 및 도서지역 | 서해안 | 해남 군곡리 | 화 천 | 1 |
| | 남해안 | 여수 거문도, 창원 성산, 사천 늑도, 김해 회현리 | 오수전, 반량전, 화 천 | 987 |
| | 동해안 | 강릉 초당동 | 오수전 | 2 |
| | 제주도 | 산지항, 금성리, 종달리, 제주도 출토품 | 오수전, 화 천, 대천오십, 화포 | 37 |
| 내륙강변지역 | | 서울 풍납토성, 나주 랑동 | 오수전, 화 천 | 3 |
| 내 륙 지 역 | | 완주 상운리, 창원 다호리, 경산 임당, 영천 용전리 | 반량전, 오수전 | 10 |

---

26) 신안 해저침몰선에서 출토된 화천 1점과 오수전 2점이 포함된 숫자이나 화폐의 분석 대상에서는 제외하였다.

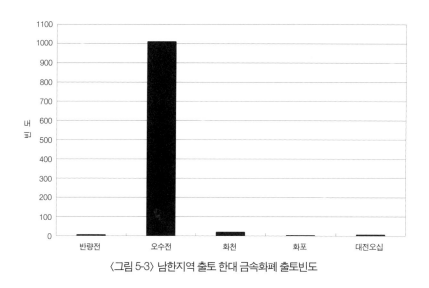

〈그림 5-3〉 남한지역 출토 한대 금속화폐 출토빈도

〈표 5-2〉에서 알 수 있듯이 화폐가 출토된 지점이 교류에 편리한 연안 또
는 해로상 및 대하천변에서 주로 출토되고 있는데, 특히 남부지역에서는 제
주도를 포함한 남해안의 해안가에 집중적으로 분포하고 있다. 이를 화폐의
종류별로 분포상을 살펴보며, 반량전은 도서지역인 늑도와 내륙지역인 상운
리에서 출토되었다. 늑도는 해로를 통한 交易路上에 위치하고 있으나 상운
리의 경우는 전세되어 무덤에 부장된 것으로 보인다. 오수전은 전 지역에서
고루 출토되고 있는데 10개소에서 1,009점이 확인된 것으로 보아 가장 널리
유통되거나 유입되었음을 알 수 있다. 이는 오수전의 사용기간이 길고 발행
매수도 막대했는데, 전한 말기의 平帝 元始 1~5년(기원후 1~5년)의 단기간에
280억 매 이상을 제조했던 것으로 전해지고 있음[27]을 보아서도 알 수 있다.
화천은 서남해안과 남해안 지역에서만 출토되고 있는데, 특히 제주도에서만
14점이 대천오십과 화포가 함께 확인되어 왕망전이 집중적으로 출토되고 있
는 특징을 보인다.

---

27) 森岡秀人, 2003, 「貨幣」, 『東アジアと日本の考古學Ⅲ-交流と交易-』, 同成社, p. 185.

〈표 5-3〉 남한지역 출토 한대 금속화폐 유구별 현황

| 유 구 별 | | 출 토 지 | 출 토 화 폐 | 수량 |
|---|---|---|---|---|
| 생활유적 | 주거지 | 강릉 초당동, 제주 금성리 | 오수전, 화천 | 4 |
| | 패 총 | 해남 군곡리, 김해 회현리, 창원 성산, 사천 늑도, 제주 종달리 | 화천, 오수전, 반량전 | 9 |
| 분 묘 | 토광묘 | 완주 상운리 | 반량전 | 1 |
| | 목관묘 | 창원 다호리, 경산 임당, 영천 용전리 | 오수전 | 9 |
| 제의 및 퇴장유적 | | 서울 풍납토성, 제주 산지항 | 오수전, 화천, 대천오십, 화포 | 19 |
| 저 습 지 | | 나주 랑동 | 화천 | 2 |
| 난파선 및 기타 | | 여수 거문도, 제주도 출토품 | 오수전, 화천, 대천오십 | 996 |

　　유구별로는 주거지, 패총, 분묘, 제의 및 퇴장, 저습지, 난파선 및 기타 등의 다양한 유구에서 출토되고 있는데(〈표 5-3〉), 이 중에서도 패총유적에서 확인된 경우가 제일 많음을 알 수 있다. 이러한 패총이나 주거지 등의 생활유적과 退藏遺蹟의 경우도 모두 수운이 편리한 해안이나 강변에 위치하고 있어 교류에 편리한 해로를 통해 유입된 것임을 알 수가 있으며, 출토된 화폐가 모두 중국 것으로 이는 對 중국 및 낙랑과 통하는 교류경로를 잘 보여주고 있는 것으로 이해할 수 있다. 한편 내륙지역에서 출토된 경우는 모두 분묘유적에서만 출토되고 있는데, 이른 시기의 화폐로 이는 해로보다는 육상루트를 통해서 유입된 후에 다른 용도로 분묘유적에 부장된 것으로 보인다. 또한 제주 산지항 등의 퇴장유적과 창원 다호리, 경산 임당, 영천 용전리, 완주 상운리 등의 분묘유적에서도 발견되어 생활유적과 제사유적 그리고 무덤유적과의 관계를 연결시키는 데도 많은 도움을 준다.[28]

---

28) 국립중앙박물관, 1998, 『한국고대국가의 형성』, 특별전 도록.

## 2) 화폐의 분석

호남지방을 포함하여 남한지역에서 출토된 한대 금속화폐는 반량전, 오수전, 화천, 화포, 대천오십 등이 있다.

반량전은 기원전 221년 秦나라의 始皇帝때부터 전한 元狩 5년(기원전 118년)까지 주조된 동전이다. 기원전 221년 진나라의 시황제는 중국을 통일하고 중앙집권을 강화하기 위하여 문자와 도량형을 통일함과 동시에 화폐제도를 통일하여 반량전을 주조하여 유일한 화폐로 정하고 중국 전역에 강제로 통용케 하였다. 반량전은 원형으로 가운데 방형의 구멍이 있고 半兩의 2字를 구멍을 사이에 두고 篆書로 우측에 '半', 좌측에 '兩' 자를 주출하였으며 배면은 무문양으로 편평하다. 무게는 半兩(12銖)으로 중량은 약 8g이다. 秦의 반량전은 漢의 반량전보다 커서 구별하기 쉽다. 이러한 진의 반량전은 중국 錢의 표준이 되었으며, 그 주변에까지 영향을 미쳐 한반도를 비롯하여 일본, 베트남 등 동아시아 여러 나라의 기본적인 형태가 되었다.

반량전은 이후 前漢代에도 주조되었는데, 지방에까지 錢范을 나누어 주고 주조했을 뿐만 아니라 민간에게까지도 주조를 추진하여 각 지역에 유통시켰다. 전한대의 반량전은 楡莢半兩錢, 八銖半兩錢, 四銖半兩錢 등 3종이 있다. 유협반량전은 전한 초에 주조된 것으로 가운데 뚫린 구멍이 매우 큰 것이 특징으로 무게는 2g 이하이며, 배면은 문양이 없고 편평하다. 팔수반량전은 기원전 186년(高后 2년)에 발행된 것으로 직경 2.7~3cm 정도로 대체로 크고 가벼우며, 배면은 무문양으로 편평하다. 사수반량전은 文帝 5년(기원전 175년)에서 武帝 元狩 5년(기원전 118년)까지 주조된 것으로 직경 2.2~2.5cm, 무게 2.5~2.8g이다.[29] 남한지역에서는 완주 상운리에서 1점과 사천 늑도에서 4점 등 모두 5점이 확인되었는데, 늑도 출토품은 모두 기본적으로 전한 문제 5년(기원전 175년)에서 무제 元狩 5년(기원전 118년) 사이에 제작된 四銖半兩錢으로 보고 있으나,[30] 낙랑토성에서 출토된 사수반량전의 錢范으로 보아 낙랑군에

---

29) 何賢武・王秋華, 1993, 『中國文物考古辭典』, 遼寧科學技術出版社.

서 제작되었거나 유통되다 기원전에 유입되었을 가능성을 제시한 견해도 있다.[31]

오수전은 반량전과 같이 무게의 단위인 銖를 화폐의 이름에 그대로 사용한 것으로 무게가 五銖, 즉 3.25g이어서 오수전이라는 이름이 붙은 화폐이다. 형태는 원형으로 가운데에 方形의 구멍이 있으며, 이 구멍을 사이에 두고 우측에 '五'자, 좌측에 '銖'자가 배치되어 있는데, 五와 銖의 위치가 바뀐 반오수도 있다. 오수전은 전한의 무제 元狩 5년(기원전 118년)에 처음 주조되어 魏晉南北朝를 거쳐 隋, 唐代에 이르기까지 700여 년에 걸쳐 단속적으로 발행, 사용되었다. 그 사이에 왕망의 幣制改革으로 9년부터 22년까지 오수전의 사용이 금지되기도 하였다. 후한 光武帝 建武 6년(30년)에는 오수전을 버리고 鐵錢을 주조하였다가 10년 뒤에 왕망전을 폐지하고 오수전을 정식으로 회복시켰다. 梁武帝 普通 4년(523년)에는 처음으로 철제의 오수전을 주조하였다. 그리고 唐高祖 武德 4년(621년)에 開元通寶가 주조되면서 오수전은 완전 폐지되었다.[32] 오수전은 元鼎 3년(기원전 114년)에는 관영공방에서 赤仄五銖錢을 주조하게 하였고, 다음 해인 元鼎 4년(기원전 113년)에는 郡國의 오수전과 적측오수전을 폐지하고 上林三官을 설치하여 後元 2년(기원전 87년)까지 관영공방에서 오수전을 전문적으로 주조하게 되었다. 그런데, 이러한 鑄錢權을 중앙정부에 귀속하여 엄격한 통제하에 동전이 발행되기도 하였으나 오랜 기간 사용되면서 군현의 제조는 물론 민간에서까지 私鑄되기도 하였다.

이 가운데 한대 낙양소구한묘에서 출토된 8,000여 점의 오수전을 크기와 모양, 글자체를 기준으로 모두 5형식으로 분류하고 각 형식은 다시 무늬의 성격에 따라 몇 가지로 나뉘었다. 무늬의 위치에 따라 穿上, 穿下, 穿傍으로

---

30) 신용민, 2002, 「사천시 늑도패총 출토 반량·오수에 대하여」, 『동아시아문물연구소 학술발표회 자료』.

31) 鄭仁盛, 2003, 「弁韓·加耶의 對外交涉-樂浪郡과의 교섭관계를 중심으로-」, 『가야 고고학의 새로운 조명』, 부산대학교 한국민족문화연구소편, 혜안.

32) 水野清一·小林行雄 編, 1987, 『圖解 考古學辭典』, 創元社.
    彭信威, 1988, 『中國貨幣史』 3版, 上海人民出版社.

분류하고 무늬 형태는 有郭(橫文), 有月牙(半星), 一星, 四決文 등으로 나누고, 이밖에 無特徵錢, 磨郭錢 등으로 나누었다. 또한 크기, 무게, 周郭, 제작기술, 文字書法에 따라 우선 절대연대를 결정하고, 다시 문헌이나 紀年銘錢范 등과의 비교를 통해서 절대연대를 제시하였다.[33]

한편, 岡內三眞은 황주 흑교리와 낙양소구한묘 출토의 漢代 오수전을 재검토하고 紀年銘錢范과 신출자료의 분석을 통해서 제작기술, 銅質, 중량, 크기, 형태, 書法 등을 기준으로 하여 3형 7식으로 분류하고 각 형식의 연대를 제시하였다.[34] 또한 최근의 중국 출토 자료를 분석해서 새롭게 郡國五銖錢, 赤仄五銖錢, 三官五銖錢, 昭帝五銖錢, 宣帝五銖錢으로 형식을 분류하고 편년을 제시하고 있다.[35] 그리고 중국의 기년을 가진 오수전범과 한반도 남부 지역 출토의 오수전을 비교하여 오수전의 절대연대를 살펴본 연구도 있다.[36]

남한지역에서는 서울 풍납토성 1점, 강릉 초당동 2점, 여수 거문도 980점, 창원 다호리 3점, 창원 성산 1점, 사천 늑도 1점, 경산 임당 3점, 영천 용전리 3점, 제주 산지항 4점, 그리고 제주도 출토품으로 전하는 11점 등이 확인되었다. 낙양소구한묘의 분류에 의하면 드물게 I형도 있지만 II·III형이 주류를 이루고 있음을 알 수 있다(〈표 5-4〉).

I형은 五자의 경우 중앙에 교차되는 양획은 직선으로 되어 있어 전반적으로 두 개의 삼각형이 마주하고 있는 형태이며, 銖자의 金의 머리는 삼각형과 양익형 화살촉 모양이 공존한다. 朱자의 머리 부분은 方折形이다. 시기는 昭帝 元鳳 6년(기원전 75년)에서 元帝 建昭 5년(기원전 34년) 시기에 해당된다. II형의 특징은 五자의 교차되는 양획이 직선이거나 약간 꺾인 것도 있으며, 銖

---

33) 洛陽區考古發掘隊 1959, 앞의 책.

34) 岡內三眞, 1982, 「漢代五銖錢の硏究」, 『朝鮮學報』 第102輯, 朝鮮學會.

35) 岡內三眞, 2006, 「中國新疆トルファン出土の五銖錢」, 『有光敎一先生白壽記念論叢』, 財團法人 高麗美術館.

36) 이영훈·이양수, 2007, 「한반도 남부 출토 오수전에 대하여」, 『永川 龍田里 遺蹟』, 國立慶州博物館.

| 출 토 지 | 수량 | 형식 | 주조연대 | 유 구 연 대 | 비 고 |
|---|---|---|---|---|---|
| 여수 거문도 | 980 | Ⅱ·Ⅲ | BC 74~AD 5<br>40~145 | 1~2세기 | 980점 중<br>232점만 분류 |
| 창원 다호리 | 3 | Ⅱ | BC 74~AD 5 | BC 1세기 후반 | |
| 창원 성산 | 1 | Ⅱ | 〃 | BC 1세기 | |
| 사천 늑도 | 1 | Ⅱ | 〃 | BC 2세기~기원전후 | 半兩錢과 공반 |
| 경산 임당 | 3 | Ⅱ | 〃 | 1세기 초엽 | |
| 영천 용전리 | 3 | Ⅱ | 〃 | BC 1세기 후반 | |
| 서울 풍남토성 | 1 | Ⅲ | 40~145 | 3세기 후반 | |
| 강릉 초당동 | 2 | Ⅲ | 〃 | 1세기 중·후반 | |
| 제주 산지항 | 4 | Ⅲ | 40~145 | 1세기 | 貨泉, 大泉五十,<br>貨布와 공반 |
| 제주도 출토품 | 11 | - | - | | |

의 金자는 머리 부분이 翼形 화살촉의 모양을 하고 있으며 朱자의 머리 부분이 方折形이다. 이 Ⅱ형의 가장 특징 중에 하나는 磨郭五銖인데, 이는 화폐의 주곽이나 錢肉(전폐의 周郭 안쪽부터 穿에 이르는 부분)을 갈아 사용한 점이다. Ⅱ형은 대략 전한 宣帝代(기원전 74~49년)부터 平帝(기원전 1~기원후 5년)에 이르기까지 통용되다가 왕망시대의 공백기를 거쳐 Ⅲ형이 주조된다. Ⅲ형의 특징은 전문의 크기가 Ⅱ형보다 넓고 커지며, 金자 머리 부분은 삼각형을 이루고 있으며 朱자의 머리는 圓折形이다. 이 형식은 후한의 光武帝 16년(40년)부터 質帝(145~146년)까지 통용된 것으로 보인다. Ⅳ형은 대체로 Ⅲ형과 비슷하나 다른 점이 있다면 朱자의 머리 부분의 좌우 양획이 밖으로 벌어져 있다는 것이다. 시기는 桓帝(146~167년), 靈帝(168~188년) 시기로 추측된다. Ⅴ형은 천곽의 사각에는 주곽까지 연결되는 4개의 직선이 있는데 이 때문에 "四出五銖"라 부르며, 이는 Ⅴ형에서만 나타나는 특징이다. 시기는 후한 말기로 영제 中平 3년(176년)에 주조된 것으로 추정된다.[37]

---

37) 洛陽區考古發掘隊, 1959, 앞의 책, pp. 223~228.

<표 5-5> 洛陽燒溝漢墓 출토 오수전 유형별 서체

| 서체 \ 유형 | I | II | III | IV | V |
|---|---|---|---|---|---|
| 五 字 | | | | | |
| 銖 字 | | | | | |

화천은 중국 전한(기원전 202~기원후 8년)을 무너뜨리고 新나라(8~23년)를 세운 王莽(기원전 45~기원후 23년)대에 주조된 동전으로 30여 종의 王莽錢 화폐 중의 하나이다. 그 형태는 원형으로 내부에 방형의 구멍이 있고 우측에 '貨' 자, 좌측에 '泉' 자를 배치하고 있으나 제주도 산지항 출토 화천[38]처럼 극히 드물게 좌우 글자가 바뀐 것도 있다. 크기는 오수전보다 약간 작은 지름 2.25cm이며, 무게는 3.19g이다.

『漢書』「食貨志」에 의하면 화천은 天鳳元年(14년)에 왕망이 제4차 폐제개혁 때 貨布와 함께 처음으로 주조한 것으로 기록되어 있으며, 후한 광무제 建武 16년(40년)에 왕망의 화폐를 일률적으로 폐지하고 오수전을 부활시킬 때까지 유통되었으나 실제로는 그 후에도 상당 기간 통용된 것으로 보고 있다. 또한 官私에서 다량으로 제작되어 크기와 무게 등이 일정하지 않다. 화천의 분포는 서쪽으로는 新疆省 위구르 자치구에서부터 동쪽으로는 한반도와 日本까지 이르고 있다. 이러한 화천은 전면의 穿郭 유무와 그 형태, 후면의 천곽에 나타난 四角決文의 유무를 기준으로 面郭이 이중이며 背郭의 사각에 결문을 만든 것을 제I류, 면곽이 있고 배곽에 결문을 만든 것과 만들지 않는 것은 제II류, 면곽이 없고 배곽에 결문을 만든 것과 만들지 않는 것은 제III류로 하여 형식분류가 이루어졌다(<표 5-6>).[39]

남한지역에서는 해남 군곡리 1점, 나주 랑동 2점, 김해 회현리 1점, 제주

38) 梅原末治・蘇田亮策, 1947, 앞의 논문.
39) 戴志强・謝世平, 1984, 앞의 논문.
　高倉洋彰, 1989, 「王莽錢の流入と流通」, 『九州歷史資料館硏究論集』 14, 九州歷史資料館.

〈표 5-6〉 화천의 형식분류

| 유 형 | 분 류 | |
|---|---|---|
| 제 I 류 | | |
| 제 II 류 | | |
| 제 III 류 | | |

산지항 11점, 제주 금성리 2점, 제주 종달리 1점 등 모두 6개소에서 18점이 확인되어 오수전 다음으로 그 빈도와 수량이 많다. 화천분류에 의하면 II · III류만 확인되고 있으며 주조 초기의 I류는 보이지 않는다(〈표 5-7〉). 이 형식들은 新代 말기~후한 建武 16년(40년)을 하한으로 한 후한 초기에 주조된 것으로 보고 있다.[40]

화포와 대천오십은 화천과 함께 왕망전 화폐 중의 하나이다. 화포는 天鳳 元年(14년)에 왕망이 제4차 幣制改革 때 화천과 함께 처음으로 주조한 것으로 화포 1은 화천 25에 해당된다. 전국시대에 성행하여 사용된 鋤의 형태를 가진 布錢을 모방한 것으로 方肩方足의 형태이다. 크기는 길이 5.8cm, 너비 2.3cm이며 무게는 16.3g로 규격화 되었다. 우측에 '貨' 자, 좌측에 '布' 자를 배치하였다.[41] 남한지역에서는 제주도 산지항 출토품 1점이 확인된 것이 유일하다. 대천오십은 居攝 2年(7년)에 처음으로 주조되어 天鳳元年(14년)에 화포와 화천을 주조하면서 폐지된 동전이다. 남한지역에서는 제주 산지항 2점과 제주도 출토품으로 전하는 5점이 있다.

이러한 王莽代의 화폐정책은 周나라 제도로 복귀하려는 理想의 일환으로 행해진 것이지만 名目貨幣를 채용했기 때문에 너무 복잡하고 유통이 정체되었으며, 대량으로 주조하여 유통시키는 등의 부작용이 속출하여 실패로 끝났다. 또한 백성과 주변 국가들에게 사용을 강요하여 사용을 하지 않았을 경우에는 가혹한 처벌을 하여 민심이 정권을 떠나는 등의 단기정권의 원인이

---

40) 高倉洋彰, 1989, 앞의 논문, p. 32.
41) 森岡秀人, 2003, 앞의 책.

〈표 5-7〉 남한지역 출토 화천 현황

| 출 토 지 | 수량 | 형식 | 주조연대 | 유구연대 | 비 고 |
|---|---|---|---|---|---|
| 해남 군곡리 | 1 | Ⅱ | 新代 말기~40 | 1세기 후반 | |
| 나주 랑동 | 2 | Ⅱ·Ⅲ | 〃 | 4~5세기 | |
| 김해 회현리 | 1 | Ⅱ | 〃 | 1세기 후반 | |
| 제주 산지항 | 11 | Ⅱ·Ⅲ | 〃 | 1세기 | 오수전, 대천오십, 화포와 공반 |
| 제주 금성리 | 2 | Ⅱ | 〃 | 2~3세기 | |
| 제주 종달리 | 1 | Ⅱ | 〃 | 1세기 | |

되기도 하였다.[42]


# 3. 금속화폐의 성격과 대외교류

## 1) 화폐의 유입시기

금속화폐는 고대유적에서 발견되는 예가 많은데 발행시기가 한정되어 있어 유구와 공반유물의 절대연대를 결정하는데 유용한 고고학적인 자료로 활용되고 있다. 특히 大泉五十·貨泉·貨布 등 이른바 王莽錢들은 그 제작시기(7~40년)가 한정되어 있어 다른 화폐들에 비해서 유적의 연대 폭을 결정적으로 좁혀주고 있는 자료가 된다. 그러나 화폐는 용도와는 달리 전세되거나 민간에서 私鑄하는 경우도 많아 연대를 파악하는 데 신중할 필요가 있다.

한반도에서 출토된 한대 금속화폐는 중국의 철기문화의 유입이나 낙랑문화의 생성과 그 궤를 같이한다고 볼 수 있는데 그 출토 지역도 대부분 중국문화의 직접적인 영향을 받았던 북부지역의 토광묘, 낙랑고분, 토성지 등의 낙랑유적에서 출토되면서 집중되어 있다. 그러나 남한지역에서 출토된 대부분의 중국화폐들은 해안가 또는 도서지역의 해로 및 수운이 편리한 대하천

---

42) 高倉洋彰, 1989, 앞의 논문.

변에 집중적으로 분포하고 있는 것으로 보아 대부분 해로를 통해 유입되었을 가능성을 강하게 시사해 주고 있는 근거 자료이다. 그 유입 시기는 기원전 1세기부터 기원후 1세기代로 보는 것이 일반적이다.[43] 그런데 늑도 출토四銖半兩錢을 통해서 늑도 유적의 연대를 기원전 2세기 이전으로 보는 것[44]에 대해서는 사수반량전이 기원전 118년에 폐지된 이후에도 군현이나 민간에서는 상당 기간 동안 주조되거나 유통되었는데, 이는 낙랑토성에서 활석으로 만든 반량전의 錢范이 발견된 것[45]으로도 알 수 있다. 또한 낙양소구한묘에서도 늑도 출토의 반량전과 같은 형태가 四型과 五型의 무덤(Ⅵ기 : 147~160년)에서 다수 발견되고 있는 점으로 보아 늑도의 사수반량전은 기원전후한 시기일 가능성을 제시한 견해[46]와 기원전 1세기 전·중반代로 보는 견해[47]도 있다.

유입은 중국(낙랑)↔한반도 서남부↔왜에 이르는 해상루트상에서 출토되었기 때문에 당시 중국(낙랑)과의 교역 중에 유입되었을 경우[48]와 공반된 유물들을 통해 볼 때 中原과의 직접적인 교역에 의한 것보다는 낙랑과의 간접적인 교섭에 의해 유입된 것으로 보는 견해[49]가 있다. 대개 이 시기는 한반

---

43) 池健吉, 1990, 앞의 논문.
　　박순발, 2001, 「馬韓 對外交涉의 變遷과 百濟의 登場」, 『百濟研究』 第33輯, 忠南大學校 百濟研究所.
　　李健茂, 2001, 「勒島遺蹟을 통해 본 古代 國際交流」, 『勒島遺蹟을 통해 본 韓·中·日 古代文化 交流』, 慶尙南道·慶尙大學校博物館.
　　李在賢, 2003, 『弁·辰韓社會의 考古學的 연구』, 釜山大學校大學院 博士學位論文.
　　이재현, 2005, 앞의 논문.
　　小田富士雄, 1992, 「日韓の出土五銖錢·第2報」, 『古文化談叢』 第28輯, 九州古文化研究會.
44) 李東注, 2004, 앞의 논문.
45) 鄭仁盛, 2001, 「樂浪土城と靑銅器製作」, 『東京大學 考古學研究室研究紀要』 第16號.
46) 이재현, 2005, 앞의 논문, pp. 25~26.
47) 이영훈·이양수, 2007, 앞의 논문.
48) 崔盛洛, 1993, 『韓國 原三國文化의 研究』, 學研文化社.
　　李賢惠, 1998, 「三韓의 對外交易체계」, 『韓國古代의 생산과 교역』, 一潮閣.

도 내에 설치되었던 낙랑군 등 한군현에 의해 漢문화의 확산이 가장 잦았던 시기의 역사적 배경을 하고 있다. 필자는 화폐가 출토된 유적에서 중국보다는 낙랑과 관련된 유물들이 함께 출토되고 있고, 설사 한대유물이 출토되었다 해도 낙랑을 통해서 유입된 것으로 볼 수 있기 때문에 화폐는 낙랑을 통해서 유입된 것으로 보고자 한다. 또한 낙랑지역에서 반량전, 화천 등의 화폐 거푸집이 출토되었기 때문에 낙랑에서 주조된 화폐가 육상 또는 해상교류를 통해서 유입된 것으로 보고자 한다.

## 2) 화폐의 성격

호남지방 및 남한지역에서 발견된 漢代 금속화폐는 對 중국 또는 낙랑과의 교류에 의한 産物이지만 그 기능과 용도, 성격에 대해서는 여러 가지로 나누어 생각해 볼 수 있다.

우리나라에서 최초로 화폐가 존재하고 있었음을 알 수 있는 자료로는 『漢書』「地理志」의 고조선 八條禁法에 "남의 물건을 도둑질한 자는…도둑질한 자가 죄를 벗으려면 50만 전을 내야 한다…"[50]라는 기록을 통해 알 수 있다. 또한 3세기代의 기록인 『三國志』「魏書」烏丸鮮卑東夷傳의 "시장에서의 모든 매매는 鐵을 사용하여서 마치 중국에서 돈을 사용하는 것과 같으며…"[51]는 철이 화폐의 기능을 하고 있음을 알려준다. 사서기록이 모두 중국 측 입장에서 서술된 것이기는 하지만 당시 사회에서 화폐의 기능과 용도에 대해서 사람들이 인지하고 있었다는 것을 짐작 할 수 있다.

그러면 호남지방을 포함한 남한지역에서 출토된 漢代 금속화폐의 기능과 용도, 성격에 대해서 몇 가지로 나누어서 살펴보기로 하겠다. 하지만 이것들은 서로 배타적인 것이 아니고 여러 가지가 중복될 가능성도 충분히 있다는 점을 미리 밝혀두고자 한다.

---

49) 李健茂, 2001, 앞의 논문, p. 7.
50) 『漢書』卷28,「地理志」. "相盜者…欲自贖者 人五十萬…."
51) 『三國志』卷30,「魏書」烏丸鮮卑東夷傳. "諸市買皆用鐵 如中國用錢…."

첫째는 화폐의 본래 고유 목적인 상품거래 수단의 교역 매개물으로서의 용도이다. 주지하다시피 중국에서는 戰國時代부터 화폐를 상품거래 수단으로 한 화폐경제 체제가 발달하였다. 화폐경제는 漢代에 더욱 발달하여 거래 수단으로는 물론 조세납부도 화폐로 하였다. 더욱이 新의 王莽代는 새로운 錢貨鑄造 기술인 疊鑄技法이 도입되어[52] 화폐를 대량으로 주조하여 유통시키고 주변 국가들에게 사용을 강요하기도 하였다.[53] 한편 한군현이 설치된 낙랑지역에서도 화폐를 자체적으로 주조하여 유통시킨 증거로 화폐거푸집으로 알 수 있다. 이를 통해 재지生産品을 화폐로 교환하게 한 다음 같은 화폐로서 중국제 價値材를 구입하게 하는 방식으로 郡의 재지주민을 경제적으로 통제하는 수단으로 활용되었다고 한다.[54] 이것으로 보아 중국이나 한군현 내에서는 일차적으로 상품거래 수단으로 화폐가 통용되었음을 알 수 있다. 그렇다고 하여 우리나라에서 상품거래 수단으로 이 화폐들이 실질적으로 사용되었다고 보기는 어렵다. 화폐 자체가 私貿易 활동의 증거이고, 발견된 장소가 교역활동의 루트로 설명되지만,[55] 화폐가 출토되는 여러 구체적인 고고학적 증거, 즉 매납, 부장, 폐기 등에서 다각도로 고려되어야 하고, 화폐로 교역할 수 있는 상품이나 화폐를 소지하고 유통시킬 수 있는 계층도 한계가 있기 때문이다.[56]

이러한 맥락에서 보면 호남지방을 비롯한 남한지역에서 발견된 한대 금속화폐들이 일반적으로 상품거래 수단으로 통용되기에는 단일 유적당 출토량이 여수 거문도 오수전을 제외하고는 대부분이 소량으로 출토비율이 적고 그 출토지가 저습지, 제의 및 퇴장, 분묘유적보다는 성지나 주거지 등과 같

---

52) 秋山進午, 1993, 「王莽鑄錢の技術と意義」, 『考古論集-潮見浩先生退官記念論文集-』, 潮見浩先生退官記念事業會 編, pp. 914~915.
53) 西嶋定生, 1981, 『中國古代社會經濟』, 東京大學出版會.
54) 李淸圭, 2003, 「韓中交流에 대한 考古學的 접근-청동기시대에서 철기시대까지-」, 『韓國古代史硏究』 32, 한국고대사학회, 서경문화사, p. 114.
55) 李賢惠, 1998, 앞의 책, pp. 272~273.
56) 李淸圭, 2003, 앞의 논문, p. 103.

은 생활유적에서의 출토 예나 수량이 높아야 할 것인데,[57] 아직까지는 그렇지 못한 실정이다. 따라서 남한지역에서 출토된 한대 금속화폐들은 상품거래에 상시적인 재화교환 수단으로 사용되었다고 보기는 어렵고, 적어도 군현과의 상거래에서는 교환의 수단으로는 사용되었을 가능성은 있다.[58] 만약 한대 금속화폐를 상품거래 수단으로 사용했다면 일반 대중보다는 일부 상위 신분에 있는 사람들에 의해 제한적으로 사용되었을 가능성이 있고,[59] 교역의 주체가 상위 또는 수장층을 중심으로 이루어졌다면 화폐 소유자도 對 중국 혹은 낙랑과의 교역 관련자였고 유통범위도 정치적 중심지나 교역장 혹은 교역루트상의 주요지점에 한정되었고 소량이 유통되었다고 보인다.[60] 또한 출토 횟수가 가장 많은 패총과 같은데서 대량의 화폐가 발견될 가능성도 지금까지의 상황으로 보아서는 매우 낮아 보이기 때문에 화폐가 일반적으로 상품거래 수단으로 사용되었다고 보기 어려운 실정이다.

둘째는 威勢品으로서의 용도이다. 창원 다호리 1호 목관묘에서는 오수전이 위세품의 하나인 星雲文鏡 등 다량의 한대유물과 함께 출토되었고, 제주도 출토품의 하나인 대천오십과 금성리 출토 화천에 끈을 매달기 위한 것으로 보이는 구멍이 뚫려 있는 것이 있고, 임당유적에서 오수전이 출토되는 유구에서는 반드시 철검(鐵刀 포함) 2자루가 매납되는데, 이 오수전은 철검 사이에서 출토되는 점으로 보아 검집에 위세품으로 매달았을 가능성을 제기하였다.[61] 따라서 화폐가 원래의 기능대로 사용되었다가 위세품이나 그에 버금

---

57) 李釦起, 2006, 「考古學資料를 통해 본 古代 南海岸地方 對外交流-貨幣와 卜骨을 中心으로-」, 『지방사와 지방문화』 제9권 2호, 역사문화학회편, 학연문화사.

58) 박순발, 2001, 앞의 논문, p. 17.

59) 李淸圭·康昌和, 1994, 앞의 논문.
李淸圭, 1995, 『濟州道 考古學 硏究』, 學硏文化社, p. 197.
박선미, 2008, 「한반도 출토 漢代 화폐와 그 의미-古朝鮮 멸망 이후 삼한지역 교역체계의 변동과 관련하여-」, 『先史와 古代』 28, 韓國古代學會, p. 285.

60) 金昌錫, 2001, 『三國 및 統一新羅의 商業과 流通』, 서울大學校大學院 博士學位論文, pp. 113~114.

61) 韓國文化財保護財團, 1998, 앞의 책, p. 374.

가는 용도로 전용되어 사용되었을 가능성[62]도 추정해 볼 수 있겠고, 또한 동전이 화살촉과 같이 조공에 대하여 賜與된 경우도 있어 정치적 상징성 의미도 생각해 볼 수 있는데,[63] 조공은 互市 등 중국 군현내에서 무역거래의 허가요건이며, 그에 따라 사여된 동전, 동경 같은 印綬衣幘은 호시의 출입증과 같은 기능을 했다고 한다.[64] 이러한 것은 『漢書』에 의하면[65] 왕망전의 일종인 貨布 등을 소지하지 못하면 關津을 출입할 수 없는 것으로 보아 新鑄貨幣가 출입증 구실을 한 것임을 알 수 있다.[66] 조공무역을 통해 인수의책의 수여 형식을 통한 형태는 대개 위세품의 경우는 조공무역의 형식을 통한 물자교류가 중심이었을 가능성이 높다. 이는 인수의책의 소유가 정치·사회적 권위를 높여주는 측면도 있지만 이를 받음으로써 군현과의 접촉에서 공식적인 자격을 인정받고 물자와 정보를 독점할 수 있는 이점이 있었기 때문이다.[67] 따라서 동전도 일부 대외교류를 담당하는 교역자나 수장층 등의 제한된 계층에서 조공무역을 통한 인수의책의 수여 형식에 의해 동전을 사여 받아 정치적 상징성이 강한 위세품의 성격으로 사용되었음을 추정할 수 있다.

셋째는 분묘의 副葬品으로서의 용도이다. 화폐가 분묘의 부장품으로 매납된 경우는 여러 유적에서 확인되고 있는데 단순히 무덤의 부장품으로만 생각할 수 없고 여러 기능을 생각해서 부장했을 것으로 보인다. 낙랑지역에서 보듯이 화폐가 분묘에 부장되는 것은 경제적 가치, 즉 財富의 상징으로 인식하고 있었을 가능성[68]과 10여 매의 오수전을 관대 옆에 일렬로 배치하여 부장한 석암리 218호분 例의 경우처럼 地鎭의 기능,[69] 교역과 관련된 자의 무

---

62) 李清圭·康昌和, 1994, 앞의 논문, p. 583.

63) 이재현, 2005, 앞의 논문, p. 25.

64) 尹龍九, 1999, 「三韓의 朝貢貿易에 대한 一考察-漢代 樂浪郡의 교역형태와 관련하여-」, 『歷史學報』 第162輯, 歷史學會, pp. 7~8.

65) 『漢書』 卷99, 王莽傳. "吏民出入 持布錢以副符傳 不持者 廚傳勿舍 關津苛留".

66) 大庭脩, 1982, 「漢代의 關所とパスポート」, 『秦漢法制史の研究』, 創文社, p. 600.

67) 李賢惠, 1998, 앞의 책, p. 286.

68) 박순발, 2001, 앞의 논문, p. 13.

덤,[70] 위세품, 노잣돈과 같은 역할[71]을 하였던 것으로 추정해 볼 수 있다.

넷째는 儀禮用으로 사용된 경우이다. 祭儀 유구에서 출토된 서울 풍납토성의 오수전은 동전이 의례에 사용된 의미를 상징하는 것으로 추정되며, 오수전이 다량으로 출토된 여수 거문도 유적을 퇴장유적으로 보는 경우도 있지만[72] 정황으로 보아 난판선으로 보는 것이 좋을 듯싶다.[73] 제주 산지항 유적은 의례와 관련된 퇴장유적으로 청동기와 함께 화폐를 의도적으로 매납하였는데 이러한 매납행위는 집단의 가장 중요한 의례의 하나로 집단을 대표하는 首長에 의해 주도되었다고 한다.[74]

다섯째는 傳世되어 후대에 폐기된 경우이다. 화폐가 원래의 기능을 상실하고 전세되었을 가능성은 여러 유적에서 확인되고 있다. 완주 상운리 토광묘 출토의 반량전은 전세되어 분묘에 부장된 例이고, 나주 랑동 출토 화천은 오랫동안 전세되었다가 후대의 저습지 유구에 폐기된 경우이다.[75] 중국 宋·元代에 해당되는 신안 해저침몰선 유물 중에서도 오수전과 화천이 포함되어 있는 것으로 보아 후대에 전세되고 있음을 알 수 있다. 또한 일본에서는 彌生時代뿐만 아니라 中世유적에서도 적지 않은 왕망전들이 출토되고 있다.[76]

따라서 이러한 화폐들이 실제 통용은 되지 않았더라도 오랫동안 전세되었거나, 전세 후 유적에 폐기되거나 분묘의 부장품으로 사용되었을 가능성도

---

69) 李在賢, 2003, 앞의 책, p. 148.

70) 金昌錫, 2001, 앞의 논문, p. 112.

71) 이영훈·이양수, 2007, 앞의 논문.

72) 국립중앙박물관, 1998, 앞의 책, p. 119.

73) 鄭仁盛, 2003, 앞의 논문, p. 570.
　　이영훈·이양수, 2007, 앞의 논문.

74) 李相吉, 2000, 『靑銅器時代 儀禮에 관한 考古學的 硏究』, 大邱曉星가톨릭大學校大學院 博士學位論文, p. 194.

75) 김경칠, 2006, 「羅州 郎洞遺蹟 出土 貨泉의 性格」, 『全南文化財』 第13輯, 全羅南道, p. 55.

76) 高倉洋彰, 1989, 앞의 논문.

있다 하겠다.[77] 그런데 패총에서 출토된 화폐가 전세되어 후대에 폐기되었다고 하는 견해[78]가 있는데, 이는 공반유물로 보아 후대에 폐기된 것이 아니라 당시 유물들과 함께 매장되었거나 매몰된 것[79]으로 보는 것이 설득력이 있다고 본다.

여섯째는 청동기 제작용 原料로서의 용도이다. 여수 거문도에서 발견된 980점의 오수전의 예로 보아 거문도는 해안에서 멀리 떨어진 작은 섬으로 해안 교역루트에서 벗어나 있고, 섬 자체가 규모가 작아 교역의 주체가 되지 못하여 당시 중국 또는 낙랑↔삼한↔왜를 왕래하던 낙랑무역선의 난파를 생각하게 한다. 또한 1,000점에 가까운 동전이 한꺼번에 운반되었다는 사실은 단순히 위세품의 성격으로 교역되지 않았음을 반영하는 것으로 청동기의 원료로 교역되었을 가능성이 있다. 이는 일본에서도 彌生時代 후기에 왕망전이 청동기 원재료로 유입되거나 이용되었을 가능성을 제기한 경우가 있다.[80] 그러나 이 시기 일본에서 제작, 매납된 청동기의 양을 보면 상당한 양의 원료가 수입되었을 것임에도 불구하고 아직 뚜렷하게 청동기의 원료로 판단될 만한 자료가 확인되지 않고 있다.[81]

---

77) 흔히 화폐가 사용되다가 폐기될 확률은 수학에서 말하는 "Renrwal theory"로 이해하는 이론이 있는데(Orton, C. 1980, 『Mathematics in Archaeology』, Cambridge University Press), 이는 실용품으로 통화가치를 지닌 화폐는 통화기간 중에는 그것이 폐기될 확률이 매우 작고 일정하다가 통화가치를 잃어 버렸을 때부터는 폐기될 확률은 매우 급격하게 높아진다는 것이다(李盛周, 1987, 『原三國時代 土器의 硏究-영남지방 출토 토기를 중심으로-』, 서울大學校大學院 碩士學位論文, p. 160).

78) 崔鍾圭, 1995, 『三韓考古學硏究』, 書景文化社, pp. 74~75.
    宋桂鉉, 1995, 「洛東江下流域의 古代 鐵生産」, 『加耶諸國의 鐵』, 신서원, p. 135.

79) 崔盛洛, 1996, 「韓國 南部地域의 鐵器文化」, 『東아시아의 鐵器文化-도입기의 제양상-』, 문화재연구소 국제학술대회 발표논문 제5집, 國立文化財研究所, p. 86.
    李健茂, 2001, 앞의 논문, p. 7.

80) 橋口達也, 1988, 『新町遺跡』II, 支摩町文化財調査報告書八.
    菅谷文則, 1991, 「倭と大陸-朝鮮半島の古代貿易基地を通じて」, 『古代の日本と東アジア』, 小學館, pp. 59~60.

81) 鄭仁盛, 2003, 앞의 논문, pp. 570~571.

이상에서 살펴본 것처럼 호남지방 및 남한지역에서 출토된 한대 금속화폐
는 여러 가지 기능과 용도로 사용되었음을 알 수 있었는데, 필자는 그 성격
에 대해서는 상품거래의 경제적인 수단으로서 통용되기 위해서 유입된 것이
아니라 일부 대외교류를 담당하는 교역자나 상위 또는 수장층 등의 제한된
계층에서 정치적 상징성이 강한 위세품의 성격으로 사용되었다고 보고자 한
다.[82] 이는 화폐가 발견되는 지역이 지역 정치체 집단들의 중심지역으로 추
정되며, 공반 유물상에서도 다른 위세품들과 함께 출토되는 경우가 많아 이
를 입증해 주고 있으며, 그리고 당시의 사회가 화폐경제 사회가 아니었으므
로 금속화폐도 화폐로서 유통되었다고 보기에는 어렵다는 점을 들 수 있겠
고,[83] 위세품은 화폐의 기능도 하였다.[84] 또한 대부분이 소량으로 출토비율
이 적고 그 출토지가 성지나 주거지 등과 같은 생활유적에서 출토 例나 수량
이 매우 낮으며, 출토 횟수가 가장 많은 패총 같은 데서 대량으로 화폐가 발
견될 가능성도 매우 낮아 보이기 때문에 화폐가 실제로 상품거래 수단으로
사용되었다고 보기 어려운 실정이다. 그리고 이러한 금속화폐는 화살촉과
같이 조공에 대하여 賜輿된 경우도 있어 정치적 상징성 의미도 생각해 볼 수
있는데, 조공은 互市 등 중국 군현내에서 무역거리의 허가요건이며, 그에 따
라 사여된 동전, 동경 같은 印綬衣幘은 호시의 출입증과 같은 기능을 했다고
한다. 이는 조공무역을 통해 인수의책의 소유가 정치·사회적 권위를 높여
주는 측면도 있지만 이를 받음으로써 군현과의 접촉에서 공식적인 자격을
인정받고 물자와 정보를 독점할 수 있는 이점이 있었기 때문이다. 따라서 남
한지역에서 출토된 漢代 금속화폐는 일부 대외교류를 담당하는 교역자나 상
위 또는 수장층 등의 제한된 계층에서 육상이나 해상루트를 통해서 조공무

---

82) 이재현, 2005, 앞의 논문, p. 25.
　　李釟起, 2006, 앞의 논문, pp. 132~133.
83) 岡崎敬, 1982, 「日本および韓國における貨泉·貨布および五銖錢について」, 『森貞次
　　郎博士古稀記念古文化論叢』 上卷, 森貞次郎博士古稀記念古文化論文集刊行會.
84) 宇野隆夫, 1996, 「西洋流通史の考古學的硏究-イギリス考古學の硏究動向から」, 『古代
　　文化』 48, 古代學協會, p. 10.

역을 실시한 인수의책의 사여품으로 정치적 상징성이 강한 위세품의 성격으로 유입하여 각각의 용도로 전용 또는 사용되었다가 후대에 폐기된 것으로 보고자 한다.[85]

### 3) 화폐로 본 교류형태

화폐의 유입경로에 대해서는 육상루트와 해상루트 등 두 가지로 생각해 볼 수 있다. 육상루트는 북부지역의 경우에는 중국대륙과 인접하고 있어 육상을 통한 유입의 가능성 많겠지만, 남부지역의 경우에는 육상루트보다는 출토된 대부분의 화폐들이 해안과 인접한 지역에서 확인된 것으로 보아 해상루트를 통해 유입된 것으로 보인다. 내륙지역에서 출토된 경우에는 일차적으로 해상을 통해 유입된 것이 내륙지역으로 이동된 것으로도 볼 수 있겠지만, 육상루트를 통해 유입되었을 가능성도 충분하게 있다. 이는 내륙지역에 위치한 지역 정치체 집단은 지리에 익숙하지 못한 경우는 현지인의 도움 없이는 외부상인이나 교역자가 왕래하기는 곤란하기 때문에 육상루트를 더 선호하였을 것이며, 특히 산으로 둘러싸인 산간지역이나 영남내륙의 경우는 더욱 그러하였을 것이다. 이러한 육상루트는 조공무역의 주요루트였다고 한다.[86]

해상루트를 통한 유입방법에 대해서는 몇 가지로 생각해 볼 수 있는데, 그 하나는 중국 또는 낙랑↔지역 정치체(삼한), 중국 또는 낙랑↔왜, 중국 또는 낙랑↔동해안↔왜와의 교역로상의 거점지역 또는 점이지역을 통한 유입방법이다. 이러한 지역은 교역로상의 요충지에 위치한 곳으로 物産이 집산되는 당시의 정치경제적 중심지일 가능성이 매우 높은 곳이다. 이러한 거점적 또는 점이적 기능을 수행한 대표적인 곳으로 서울 풍납토성, 강릉, 해남 군곡리, 사천 늑도 등을 들 수 있다. 또 하나의 방법으로는 중국 또는 낙랑↔지

---

85) 金京七, 2007, 「南韓地域 출토 漢代 金屬貨幣와 그 性格」, 『湖南考古學報』 27, 湖南考古學會.

86) 李淸圭, 2003, 앞의 논문, p. 121.

역 정치체, 중국 또는 낙랑↔왜와의 교역로상의 중간기항지 및 주변지역을 통한 유입방법이다. 이러한 지역은 원거리 항해에 필요한 식량, 식수의 공급, 풍랑 등의 자연재해를 피하기 위해서는 들러야할 장소로 자연적으로 교류가 이루어진 곳이라고 할 수 있다. 창원 성산, 김해 회현리 등이 해당 된다고 할 수 있다. 또 다른 방법은 교역로상의 거점지역 또는 점이지역을 통해 1차적으로 유입된 화폐가 2차적으로 내륙수로를 따라서 유입된 방법이다. 대표적인 곳으로 나주 랑동을 들 수 있다. 거점지역 또는 점이지역인 해남 군곡리는 영산강 내륙으로 연결되는 관문유적으로 추정된 곳으로 1차로 이곳에서 중국물품의 교역이 이루어진 다음에 2차적으로 해남 군곡리의 支線海路인 영산강의 내륙수로를 따라 나주 랑동 유적이 있는 회진포구를 통해 유입된 것으로 볼 수 있다.[87]

해상을 통해 유입되었다면 선박을 이용해야 하는데, 원삼국시대의 고대선박은 발견된 예가 없어 알 수 없으나 일본열도나 가야지역에서 발견된 船形土器나 선박형 회화 등에서 당시 선박의 형태를 유추해 볼 수밖에 없다. 따라서 범선이 이용되었다는 명료한 고고학적 증거가 없는 시기인 점을 고려하면 낙랑에서 倭로의 항로는 연안항로를 이용하였을 것으로 보인다. 해안에서의 안전을 보장받아야 하고 항로상의 여러 정치체와의 우호관계가 필수적이다. 낙랑과 왜 관련 유물이 연안 항로주변에서 발견된 것도 이러한 이유일 것으로 추정된다. 이는 4~5세기의 왜와 한반도 간의 교역루트와 고대항로에서도 알 수 있다.[88]

漢代 금속화폐로 본 대외교류의 형태로는 중국 군현과의 朝貢貿易을 통해 印綬衣幘 수여 형식을 통한 것과 중국 또는 낙랑상인과의 교역을 통한 무역형태를 생각해 볼 수 있겠는데, 대개 위세품의 성격을 띠는 것은 조공무역의 형식을 통한 물자교류가 중심이었을 가능성이 높다. 인수의책의 소유가 정

---

87) 김경칠, 2006, 앞의 논문.
88) 禹在柄, 2002, 「4~5世紀 倭에서 加耶·百濟로의 交易루트와 古代航路」, 『湖西考古學』 第6·7合輯, 湖西考古學會.

치·사회적 권위를 높여주는 측면보다 이를 받음으로써 군현과의 접촉에서 공식적인 자격을 인정받고 물자와 정보를 독점할 수 있는 이점이 있었기 때문이다.[89] 이는 동전이 조공에 대하여 賜與된 경우도 있어 정치적 상징성 의미도 있다. 조공은 互市 등 중국 군현 내에서 무역거래의 허가요건이며, 그에 따라 사여된 동전, 동경 같은 인수의책은 互市의 출입증과 같은 기능을 했다고 하는데, 이러한 것은 왕망전의 일종인 貨布 등을 소지하지 못하면 關津을 출입할 수 없는『漢書』王莽傳의 기록으로도 보아 新鑄貨幣가 출입증 구실을 한 것임을 알 수가 있다.[90]

또 다른 대외교류의 형태로는 중국이나 낙랑상인에 의한 교역활동을 생각해 볼 수 있다. 이는 조공무역이 직접적인 물자교환이므로 교역품목이나 교역물량에 일정한 제약이 따르지만, 상인이라는 중개인이 등장하게 되면 교역대상과 범위도 넓어지고 교역과정도 다양하고 자유러워진다. 그리고 화폐 또는 화폐의 기능을 가지는 교역 매개물이 사용된다. 중국상인의 교역활동에 대한 직접적인 언급은 없지만 문헌을 통해 낙랑지역에 와 있던 중국상인의 존재는 확인되고 있다.[91] 그런데 한대 상업이 전한 후기에 국가주도로부터 점차 지방군현의 토착세력에 의해 장악되어 갔다고 한다[92]면 중국상인의 교역활동은 군현지역 내에 국한되지 않고 군현 이외 지역에까지도 확대되었을 것으로 보이므로 남부(삼한)지역과의 교역도 상인이었을 것이며, 남한지역에서 발견되는 각종 한대 금속화폐도 이들 상인에 의한 교역활동의 흔적으로도 추정해 볼 수 있겠다. 특히 내륙지역보다는 해로의 교통상에서 발견되는 이들 한대 금속화폐는 중국 또는 낙랑상인의 활동지역이 해로를 통해 접근이 용이하면서도 내륙지역으로 깊이 들어갈수록 그만큼 신변위험이 커

89) 李賢惠, 1998, 앞의 책, p. 268.
90) 大庭脩, 1982, 앞의 논문, p. 600.
91)『漢書』卷28,「地理志」燕地條. "吏及內郡買入 往往以杯器食…及買人往者 夜卽爲盜 俗稍益薄."
92) 多田狷介, 1965,「漢代の地方商業について」,『史潮』92, pp. 36~49.

지게 되므로 신변의 안전이 보장되는 일정 지역에 국한[93]될 수밖에 없었음을 추정해 주는 것이라고 할 수 있으나 문헌이나 고고학적으로 뚜렷하게 증명할 만한 근거는 희박한 실정이다.

이상에서 살펴 본 바와 같이 한대 금속화폐는 호남지방을 포함하여 남한지역의 17개소에서 반량전, 오수전, 왕망전 등 5종 1,043점이 출토되었는데, 그 중에서 오수전이 10개 지역에서 1,009점으로 가장 많이 출토되었다. 이중 반량전은 늑도 출토품은 전한시기에 주조된 사수반량전이며, 오수전은 주로 낙양소구한묘 출토의 형식분류로 보아 II·III형이 주류를 이루고 있음을 알수 있다. 왕망전 중에서 화천은 후한 초기에 주조된 것으로 보이는 II·III형만 확인되고 있다.

분포상의 특징은 해안가 및 도서지역, 수운이 편리한 내륙 강변, 내륙지역에서 발견되고 있는데 주로 교류에 편리한 연안 또는 해로상 및 대하천변에 출토되고 있다. 유구별로는 주거지, 패총, 분묘, 제사 및 퇴장, 저습지 등의 다양한 유구에서 발견되고 있는데, 이 중 패총에서 출토된 경우가 제일 많으며, 내륙지역에서는 모두 분묘유적에서만 출토되는 특징을 보이고 있다.

漢代 금속화폐의 유입 시기는 명도전은 낙랑 설치 이전에 流入된 것으로도 생각해 볼 수 있겠지만 낙랑 설치 이후에도 유입되었을 가능성도 전혀 배제 할 수는 없으며, 나머지 화폐들은 기원전 1세기부터 기원후 1세기代에 유입되었는데, 이 시기는 한반도 내에 설치되었던 낙랑군 등 한군현에 의해 漢文化의 확산이 가장 잦았던 시기의 역사적 배경을 하고 있다.

한대의 금속화폐는 상품거래 수단의 교역 매개물, 위세품, 분묘 부장품, 의례용, 전세 후 후대 폐기, 청동기 제작용 원료 등 여러 가지 기능과 용도로 사용되었음을 알 수 있었는데, 그 성격에 대해서는 상품거래의 경제적인 수단으로 통용되기 위해서 유입된 것이 아니라 일부 대외교류를 담당하는 교역자나 상위 또는 수장층 등의 제한된 계층에서 정치적 상징성이 강한 위세

---

93) 李賢惠, 1998, 앞의 책, pp. 272~273.

품의 성격으로 사용되었을 가능성이 매우 크다. 이는 화폐가 발견되는 지점이 지역 정치체 집단들의 중심지역으로 추정되며, 공반유물상에서도 다른 위세품들과 함께 출토되는 경우가 많아 이를 입증해 주고 있으며, 그리고 당시의 사회가 화폐경제 사회가 아니었으므로 금속화폐도 화폐로서 유통되었다고 보기는 어렵다는 점을 들 수 있고, 위세품은 화폐의 기능도 하였다. 또한 대부분이 소량으로 출토비율이 적고 그 출토지가 성지나 주거지 등과 같은 생활유적에서의 출토 예나 수량이 매우 낮으며, 출토횟수가 가장 많은 패총과 같은데서 대량으로 화폐가 발견될 가능성도 매우 낮아 보이기 때문에 화폐가 일반적으로 상품거래 수단으로 사용되었다고 보기 어려운 실정이다.

화폐의 유입경로는 육상루트와 해상루트 등 두 가지로 상정되는데 내륙지역에서는 육상루트를 통해 유입되었으나 주로 화폐들이 발견된 지점들이 해안과 인접한 지역에서 확인되는 것으로 보아 해상루트를 통해 유입된 것으로 보이는데, 이는 중국 또는 낙랑↔지역 정치체(삼한), 중국 또는 낙랑↔왜, 중국 또는 낙랑↔동해안↔왜와의 교역로상의 해상루트를 통해 유입된 것으로 보인다.

교류형태로는 중국 군현과의 조공무역을 통해 印綬衣幘 수여 형식을 통한 것과 중국 또는 낙랑상인과의 교역을 통한 형태를 생각해 볼 수 있다. 조공무역을 통해 인수의책 수여 형식을 통한 형태는 대개 위세품의 경우는 조공무역의 형식을 통한 물자교류가 중심이었을 가능성이 높다. 이는 인수의책의 소유가 정치·사회적 권위를 높여주는 측면도 있지만 이를 받음으로써 郡縣과의 접촉에서 공식적인 자격을 인정받고 물자와 정보를 독점할 수 있는 이점이 있었기 때문이다. 중국 또는 낙랑상인과의 교역을 통한 형태는 화폐가 발견된 지점이 내륙보다는 교류에 편리한 해로상에서 발견되는 경우가 많기 때문에 한대 금속화폐는 중국 또는 낙랑상인의 활동지역이 해로를 통해 접근이 용이하면서도 내륙지역으로 깊이 들어갈수록 그만큼 신변위험이 커지게 되므로 신변의 안전이 보장되는 일정 지역에 국한될 수밖에 없었을 것이며 이때 화폐 또는 화폐의 기능을 가지는 교역매개물이 사용되는데, 남한지역에서 발견된 각종 한대의 금속화폐도 이들 상인에 의한 교역활동의 흔적으로도 추정해 볼 수는 있을 것이다.

하지만 호남지방을 포함한 남한지역에서 출토된 한대 금속화폐는 중국 또는 낙랑상인에 의한 유입보다도 조공무역을 통한 인수의책 수여 형식을 통해서 위세품의 성격으로 유입하여 각각의 용도로 전용 또는 사용되었다가 후대에 폐기된 것으로 보고자 한다.

남한지역에서 출토된 중국화폐의 수량이 소량으로 인해 화폐를 종합적으로 연구하기에는 부족한 점이 많으며, 또한 앞으로 중국화폐를 연구하는 데 있어서 서해안과 충청도 지역에서는 화폐가 출토되지 않고 있는데 이는 이 지역에서 일어난 당시의 역사적 상황과 함께 깊이 있는 연구[94]와 자료의 新出을 기대해 보고자 한다.

---

94) 池健吉, 1990, 앞의 논문.

# 제 Ⅵ 장
## 대외교류의 시기별 변천과 특징

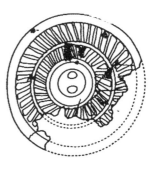

호남지방 대외교류의 시기별 변천양상의 설정은 관련유물의 유입시기를 고려하면, 크게 4시기로 나누어 볼 수 있다. Ⅰ期는 호남지방의 청동기사회에 中國系 유물과 戰國系 철기가 공반되면서 중국문물이 유입되는 시기로 기원전 3세기 후반~2세기 말경에 해당된다. Ⅱ期는 서북한 지역에 기원전 108년 中國 郡縣이 설치된 이후에 전한경, 鐵莖銅鏃, 화폐류, 낙랑계토기 등 낙랑계 유물과 漢式유물이 유입되어 樂浪郡과의 교류가 시작되는 시기로 기원전 1세기 초에서 기원후 1세기 중반까지이다. 이 시기는 철기제작의 기술과 정보가 들어와 철기의 제작이 이루어지고, 합구식옹관이 나타난다. Ⅲ期는 후한경이 유입되고 방제경이 제작되면서 유리제 관옥 등의 옥류가 낙랑에서 유입되고 彌生系土器, 옥류 등의 왜계유물이 보이면서 지역 정치체 집단이 성장하는 시기로 기원후 1세기 후반에서 2세기 중반까지이다. 이 시기는 역사적으로 韓·濊 등의 유력 정치체들이 강성해지면서 지역 정치체들도 성장하는 시기로 호남지방에서는 주구를 가진 토광묘가 중심이면서 옹관묘도 일부 나타난다. Ⅳ期는 중국 군현이 쇠퇴하면서 군현의 영향력이 감소하는 시기로 낙랑계토기가 전반적으로 한반도 중서부 지역을 비롯하여 호남지방에 나타나며, 한강유역의 백제국의 부상, 晉과의 직접교역, 왜와의 교류 등으로 대외교류가 확산 발전되는 시기로 2세기 후반에서 3세기 후반까지이다.[1]

---

1) Ⅰ·Ⅱ·Ⅲ·Ⅳ기는 최성락의 호남지방 철기시대의 시기구분, 즉 Ⅰ기(조기), Ⅱ기(전기), Ⅲ기(중기), Ⅳ(후기)에 각각 해당된다(최성락, 2000, 「호남지역의 철기시대-연구현황과 과제」, 『호남지역의 철기문화』, 第8回 湖南考古學會 學術大會 發表要旨, 湖南考古學,

그런데 이러한 4기로 구분되는 것은 고고학적인 시기구분에 의한 것이며, 역사적으로는 이 시기는 한반도 서북한 지역에 설치된 중국 군현과의 관계가 불가분할 수밖에 없는 실정이었으므로 본 장에서는 시기구분도 중국 군현의 변화의 큰 틀 속에서 고고학적인 유물의 이입시기를 고려해 구분하여 설명하고자 한다. 즉, 중국문물의 유입기(I기), 중국 군현 설치기의 문물교류(II기), 韓·濊 성장기의 문물교류(III기), 중국 군현 쇠퇴기의 문물교류(IV기)이다.

# 1. 중국문물의 유입기

이 시기는 서북한 지역에 낙랑군이 설치되기 이전으로 청동기사회에 중국계 유물과 북부지역의 戰國系 철기 및 유리제 옥류 등이 확인되는 것으로 보아 중국 문물이 서서히 유입되는 단계로, 유적은 중서부 지역에 집중되어 있다. 전라도 지역의 경우 금강유역권에 포함된 전북지방에서 주로 확인되는 특징을 보이고 있다. 이는 호남지방에서도 북부지역에 해당된 지역으로 중국문물이 동시에 유입된 것이 아니라 북부지역으로부터 가까운 곳에 먼저 유입되고 점진적으로 전남지방으로 유입되었을 것이라는 추정을 가능하게 하였는데, 출토 유물상으로도 확인되며 거의 대부분이 분묘 유적에서 확인되고 있다.

I기의 교류품으로 완주 상림리, 익산 신용리, 함평 초포리의 중국식동검, 익산 평장리의 반리문경, 익산 신동리, 완주 갈동, 장수 남양리의 전국계 철기, 갈동의 환형유리, 남양리의 유리제 관옥 등 전국계 옥류가 있다. 이들은 호남지방과 중국 및 古朝鮮과의 교류를 확인시켜 주는 고고학적 자료들이다.

중국식동검은 중국의 제작기술을 습득해서 재지에서 만든 倣製品으로, 이

---

pp. 17~18).

는 상림리 중국식동검의 産地를 추정한 결과, 이 동검이 한반도산 청동을 원료를 이용하여 제작된 것으로도 알 수 있다.[2] 이들 동검은 銅鉇, 반리문경 등과 함께 중국 楚나라와 관계가 있는 유물로 보는 견해[3]와 春秋末~戰國初에 발생한 亡命집단의 유입에 의해 제작된 것,[4] 표류성 항해로 인해 유입되었을 가능성이 제기되었다.[5] 하지만 방제품이 중국으로부터 들어온 제작기술 습득을 바탕으로 한 것이므로 서해를 통한 중국 남부지역과의 제작기술 정보의 교류 혹은 匠人의 이주가 이루어졌을 가능성이 매우 크다. 문헌에서도 중국에 대한 일정한 정보와 韓語 및 漢字에 정통한 세력이 존재하고 있음을 알 수 있어[6] 이러한 사실을 추측할 수 있다.[7] 따라서 중국식동검으로 보아 낙랑설치 이전에도 원격적인 상호작용의 관계망이 형성되어 있었음을 알 수 있다. 그런 추론이 가능하다면 서해안 지역과 長江 하류 지역과도 체계적이지는 않지만 단편적인 교섭이 있었음을 알 수 있다.[8]

평장리의 반리문경은 전국 말~전한 초로 편년되며 낙랑지역에 본격적으로 漢鏡이 수입되기 이전에 유입된 것으로 중국 또는 고조선과의 교류를 엿볼 수 있는 유물이다. 중국 본토에서 유입된 경우는 반리문경의 형식, 三韓 각지에 분포한 銅鉇의 존재 등을 예로 중국 남부의 楚나라와의 관계를 상정하였

---

2) 平尾良光, 1992, 「古代 東아시아에 있어서의 靑銅-납同位元素比를 通한 靑銅器文化의 解析-」, 『湖巖美術館 開館10周年 記念 招請 學術講演 發表要旨』, 湖巖美術館, p. 15.

3) 李在賢, 2000, 「加耶地域出土 銅鏡과 交易體系」, 『韓國古代史論叢』 9, 韓國古代史硏究所編, 財團法人 駕洛國史蹟開發硏究院, p. 64
　　李在賢, 2003, 『弁・辰韓社會의 考古學的 硏究』, 釜山大學校大學院 博士學位論文, p. 145.

4) 李彗竹・王靑, 2002, 「후기청동기시대~초기철기시대 중국 산동지역과 한국과의 교류」, 『白山學報』 64, 白山學會.

5) 李淸圭, 2003, 「韓中交流에 대한 考古學的 접근-청동기시대에서 철기시대까지-」, 『韓國古代史硏究』 32, 한국고대사학회편, 서경문화사, p. 115.

6) 『史記』 卷115, 朝鮮列傳. "眞番旁辰(衆)國欲上書見天子."

7) 李在賢, 2003, 앞의 논문, p. 145.

8) 李盛周, 2000, 「紀元前 1世紀代의 辰・弁韓地域」, 『전환기의 고고학 Ⅲ-歷史時代의 黎明-』, 第24回 韓國上古史學會 學術發表會, 韓國上古史學會, p. 128.

다.[9] 그러나 중국 남부지역에서 가까운 일본 오키나와(沖繩)의 구스구다게 패총(城嶽 貝塚)에서 오히려 戰國의 燕과 관련이 있는 명도전[10]과 함께, 요동지역의 牧羊城에서 출토된 활석혼입계 甕과 유사한 옹이 출토[11]된 것을 참고하면 중국 본토보다는 衛滿朝鮮의 주도로 對中교류가 이루어진 것으로 보고 있다. 또한 동사의 경우도 봉산 솔뫼골 무덤[12]과 위원 용연동 출토품과 같은 모양으로 楚나라보다는 위만조선과의 교류를 통해 유입되었을 것으로 보고 있다.[13] 그리고 이 반리문경을 제외하고는 금강유역뿐만 아니라 당시 한반도 어느 지역에서도 한경같이 상징성이 강한 중국 유물이 보이지 않고, 평장리에서도 당시 세형동검 등과 같은 재지유물과 공반되었기 때문에 중국 본토보다는 고조선을 우회하여 유입된 것으로 보고 있다.[14] 따라서 평장리의 반리문경은 호남지방에서 유일하게 한 점만이 출토되어 자료의 한계는 있지만 중국 본토에서 고조선으로 유입되었다가 이것이 다시 어떠한 경로를 통해서 호남 북부지역의 익산 평장리까지 완제품으로 유입된 것으로 추정된다.

강진 출토 明刀錢은 낙랑군 설치 이전에 유입된 것이라면 중국 및 고조선과의 교류를 알려주는 자료임에는 분명하다. 그런데 명도전은 戰國時代 말부터 秦代에 걸쳐 北中國에서 사용된 것으로 한반도에서는 서북부 지역에 집중 분포하고 있는데, 이는 燕의 滿洲植民과 상인의 한반도 왕래를 보여주는 것[15]과 衛滿朝鮮과 중국과의 교역관계로 보는 견해[16]와 고조선과 밀접한

9) 李在賢, 2000 · 2003, 앞의 논문.
10) 高宮廣衛, 1987,「城嶽と明刀錢」,『東アジアの考古學と歷史』中, 岡崎敬先生退官記念論集, 岡崎敬先生退官記念事業會.
11) 地下安廣, 1999,「沖繩縣嘉門貝塚出土の樂浪系土器」,『人類學史硏究』11, 人類史硏究會.
12) 황기덕, 1963,「황해북도 봉산군 송산리 솔뫼골 돌돌림무덤」,『고고학자료집』3, 과학원출판사.
13) 鄭仁盛, 2003,「弁韓 · 加耶의 對外交涉-樂浪郡과의 교섭관계를 중심으로-」,『가야 고고학의 새로운 조명』, 부산대학교 한국민족문화연구소편, 혜안, p. 579.
14) 朴辰一, 2000,『圓形粘土帶土器文化硏究-湖西 및 湖南地方을 중심으로』, 釜山大學校 大學院 碩士學位論文, p. 87.
15) 李龍範, 1976,「古代의 滿洲關係」,『春秋文庫』20, p. 34.

연관성을 제시한 견해[17] 등이 있다. 그러나 강진 출토의 명도전은 공반된 유물이 전혀 없고 출토 유구 역시 불확실하여 낙랑군 설치 이전에 유입된 것으로 본다면 고조선과의 연관성도 생각할 수 있겠지만, 낙랑군 설치 이후에도 유입되었을 가능성도 배제할 수 없어 고조선과의 관련성을 찾기에는 한계가 있다.

익산 신동리, 완주 갈동, 장수 남양리의 토광묘나 석관묘 계열의 적석토광묘에서 출토된 전국계 철기와 유리환옥, 유리제 관옥도 중국 또는 고조선과의 교류를 확인시켜 주는 문물자료이다. 전국계 철기가 한반도 남부지역까지 유입된 경로는 청천강 북안에서 육로를 따라 내려왔을 가능성과 세형동검문화의 유입과 마찬가지로 서해의 해로를 따라 유입되었을 가능성을 상정해 볼 수 있다. 그런데 중서부 지역에서는 철부와 철착이 공반되고 있지만 서북부 지역과 동북부 지역에서는 철부만 출토되고 있는 점에서 전국계 철기문화 역시 육로보다는 요동지역에서 해로를 따라 유입되었을 가능성이 크다.[18] 하지만 갈동의 鐵鎌은 전국시대 燕下都를 비롯해 내몽고, 요령, 길림지역에서 출토되는 燕나라 철기로 秦漢교체기와 前漢 전반 경에 주변으로 확산되는 과정에서 유입된 것으로 볼 수 있다. 한반도에서는 위원 용연동이나 연변 세죽리에서 출토된 바 있는데, 한반도 남부지역에서는 처음으로 확인된 점으로 보아 서북한 지역을 이용한 루트이외에도 중국 동북지역에서 해로를 이용한 다각도의 교류망이 있었음을 입증하고 있다.[19] 또한 유리환옥이나 유리제 관옥도 이러한 맥락에서 유입된 것으로 볼 수 있다. 아무튼 호남지방 이 시기 중국 문물의 유입루트는 서해안을 따라 해로가 역할을 하

16) 崔夢龍, 1985, 「古代國家成長과 貿易-衛滿朝鮮의 例-」, 『韓國古代의 國家와 社會』, 歷史學會編, 一潮閣.

17) 朴善美, 2000, 『기원전 3~2세기 古朝鮮 文化와 明刀錢 유적』, 서울市立大學校大學院 碩士學位論文.

18) 趙鎭先, 2004, 『細形銅劍文化의 展開過程 硏究』, 全北大學校大學院 博士學位論文, pp. 162~163.

19) 金建洙 외, 2005, 『完州 葛洞遺蹟』, 湖南文化財硏究院, pp. 80~86.

였음을 알 수 있다.[20]

　그런데 이러한 전국계 유물은 대동강유역의 위만조선을 경유하여 유입되었을 가능성이 있는데, 이는 중국 문화권에 편입된 요동지역으로부터 직·간접적인 교류 혹은 무역의 결과이기도 하다.[21] 이러한 직접 혹은 간접적으로 교류하는 주체는 상림리 동검의 埋納行爲나 전국계 철기의 분묘 부장에서 알 수 있듯이 원거리에 이산된 당시 지역집단의 지배층 또는 집단을 대표하는 수장간에 어떤 상호작용의 네트워크가 존재한 것으로 보인다.[22] 또한 위만조선 단계에 서북한 지역과 남부지역 사이에 물품 그 자체나 기술정보, 제작집단 등이 활발하게 교류되는 고고학적 증거는 細文鏡을 비롯한 非中國系 재지산 청동기이다. 그런데 금강유역과 전라도 지역은 세형동검문화의 중심지로서 대량의 청동기가 생산되었다고 볼 수 있는데, 청동기를 생산하기 위해서는 銅을 차지하더라도 주석은 외부에서 수입하지 않으면 안 된다. 따라서 이러한 간헐적인 중국계 유물도 일회성이라기보다는 청동기 생산에 따른 원료수입(주석)과 관련된 체계적인 교류일 가능성도 배제할 수는 없는 실정이다.[23]

　倭와의 교류는 한반도 서남부 지역의 청동기가 왜로 본격적으로 유입되는 시기에 해당되며, 이는 北部九州와 한반도 서남부 지역과의 교섭의 결과로 보고 있다.[24] 하지만 다른 교류품은 확인되지 않아 왜와의 관련성은 어려운 상황이다.

---

20) 최성락, 2000, 앞의 논문, pp. 18~19.

21) 李淸圭, 2003, 앞의 논문, p. 116.

22) 李盛周, 1996, 「靑銅器時代 東아시아 世界體系와 韓半島의 文化變動」, 『韓國上古史學報』 第23號, 韓國上古史學會.

23) 李在賢, 2003, 앞의 논문, p. 145.
　이재현, 2005, 「남한출토 낙랑관련 유물의 현황과 성격」, 『낙랑의 고고학』, 제33회 한국상고사학회 학술발표대회, p. 20.

24) 李淸圭, 1997, 「嶺南지방 靑銅器文化의 전개」, 『嶺南考古學』 21, 嶺南考古學會.
　井上主稅, 2006, 『嶺南地方 출토 倭係遺物로 본 한일교섭』, 慶北大學校大學院 博士學

〈표6-1〉 중국문물 유입기(I기)의 문물교류 현황

| 교 류 품 | 출 토 지 | 유입지역 | 유입형태 및 방법 |
|---|---|---|---|
| 中國式銅劍 | 완주 상림리, 익산 신용리, 함평 초포리 | 중국 남부 | 제작기술 정보, 해로 |
| 蟠螭文鏡 | 익산 평장리 | 고조선 | 교역, 해로 |
| 戰國系 鐵器(鐵斧, 鐵鉇, 鐵鑿, 鐵鎌) | 익산 신동리, 장수 남양리, 완주 갈동 | 고조선 | 교역, 해로 |
| 戰國系 玉類(琉璃還玉, 琉璃製 管玉) | 장수 남양리, 완주 갈동 | 고조선 | 교역, 해로 |
| 明刀錢 | 전남 강진(?) | ? | ? |

따라서 I기의 호남지방 대외교류의 특징은 유입된 유물로 보아 중국 남부 지역과 고조선과의 거시적인 상호작용의 네트워크가 형성되어 서해안의 해로를 이용한 직·간접적인 교류가 이루어졌는데, 주로 고조선과의 제한된 범위 내에서 접촉이 이루어졌음을 알 수 있다. 이를 통해서 북부지역의 새로운 문화를 서서히 습득한 것으로 보인다.


## 2. 중국 군현 설치기의 문물교류

이 시기는 한반도 서북한 지역에 기원전 108년 漢武帝에 의해 중국 郡縣이 설치되면서 낙랑군과의 교류가 처음으로 시작되는 시기이다. 낙랑군의 설치는 이전의 거시적 상호작용 시스템의 공간적 재편을 가져와 남부지역의 지역 정치체 집단에게는 커다란 충격이었을 것이며, 어떻게 이 변화에 적응하고 대응하야 하는지에 대한 주시할 시간도 필요했을 것이다. 이러한 변화에 따른 대응의 상호작용은 낙랑군이 설치되면서 즉각적으로 이루어지지 않고 약간 지체된 것으로 보이는데 이는 호남지방을 비롯한 남부지역에 낙랑을 통한 漢式文物의 유입이 기원전 1세기 후반경에 분묘유적에 처음 반영된 것으로도 알 수 있다. 물론 낙랑군 설치 직후에도 상호작용이 없었던 것은 아니겠지만 이때부터 본격적으로 삼한이나 일본 九州지역도 낙랑을 통한 漢의 거시적인 관계망, 즉 遠隔的인 정치경제적 상호작용의 네트워크에 포함되었으며, 새로운 체계 내 상호작용의 결과로서 보여지는 것이 낙랑을 통한 한식문물의 등장과 낙랑문화의 영향이다.[25]

Ⅱ기의 교류품으로는 동촉, 낙랑계토기, 복골, 이체자명대경, 반량전, 오수전, 화천 등은 중국 및 낙랑, 彌生系土器, 토제곡옥은 倭와의 교류를 확인시켜 주는 고고학적 유물들이다. 대표적인 유적은 광주 신창동 유적과 해남 군곡리 패총 Ⅱ · Ⅲ기층이 있다.[26]

완주 갈동의 동촉은 공부가 있는 兩翼形으로 정백동 1호묘[27]에서 출토된 형식과 유사한 점으로 보아 낙랑군 설치 이후에 유입되었지만,[28] 중국의 영향을 받아 재지에서 제작한 것으로 제작기술의 정보가 유입된 것임을 알 수 있다. 그 연대는 정백동 1호묘가 낙랑분묘 Ⅱ기에 분류됨으로 기원전 1세기 후반代에 해당된다.[29] 광주 신창동 철경동촉은 남부지역에서 출토된 형식과 같은 삼릉형으로 기원전후에서 기원후 1세기경에 유입된 것으로 볼 수 있다. 그 이유는 신창동에서 낙랑계토기가 출토되었고, 인근 나주 영산강변의 랑동유적에서 貨泉이 출토되었기 때문에 낙랑을 통해 서남해안을 거쳐 영산강의 내륙수로를 따라서 유입된 것으로 볼 수 있다.[30] 또한 낙랑토성이나 낙

位論文, p. 53.

25) 李盛周, 2000, 앞의 논문, p. 137.

26) 서현주는 해남 군곡리의 Ⅱ~Ⅳ기층의 연대를 기원후 1세기 중반 이후~2세기 초중반으로 보고 있다(서현주, 2000, 「호남지역 원삼국시대 패총의 현황과 형성 배경」, 『호남지역의 철기문화』, 第8回 湖南考古學會 學術大會 發表要旨, 湖南考古學會, p. 91).

27) 리순진, 1974, 「부조예군무덤 발굴보고」, 『고고학자료집』 제4집, 사회과학출판사.

28) 이재현은 동촉이 정백동 1호묘(부조예군묘)에서 출토된 것을 감안하여 유적의 연대를 기원전 2~1세기로 편년하였지만, 갈동 유적에서 출토된 鐵鎌과 鐵斧도 전형적인 전국-전한 초기의 철기에 해당됨으로 낙랑군 설치 이전 시기까지 연대를 올려 보아도 무방하다고 하였다(이재현, 2005, 앞의 논문, p. 20, 주5) 참조).

29) 高久健二, 1995, 『樂浪古墳文化研究』, 學研文化社, pp. 76~77.

30) 김경칠, 2006, 「羅州 郎洞遺蹟 出土 貨泉의 性格」, 『全南文化財』 第13輯, 全羅南道, p. 53.

랑 목관묘에서 출토되는 동촉의 대부분이 삼릉형인 것으로 보아서도 알 수 있다. 이러한 동촉은 일본열도의 長岐縣을 비롯하여 福井縣 등에서 출토된 바 있어 樂浪·韓·倭와의 교류관계의 일면을 파악할 수 있는 자료이다.[31]

여수의 이체자명대경은 전한 후기 또는 후한 초기에 해당되는 것으로 이와 비슷한 日光鏡의 유형은 영남지방의 대구와 경주지역에서만 출토되고 있는데, 한반도 중서부 지역을 포함하여 호남지방에서 유일하게 출토된 동경이다. 이 역시 기원후 1세기 전반경에 유입된 것으로 볼 수 있다.

호남지방 및 남한지역과 일본에서 출토된 대부분의 중국 금속화폐들은 해안가 또는 도서지역의 해로 및 수운이 편리한 대하천변에 분포하고 있는 것으로 보아 해로를 통해 유입되었을 가능성이 높다. 화폐는 상거래에서 지불수단이 일차적인 기능이지만, 기능은 여러 가지로 생각해 보아야 하며, 중국이나 낙랑상인과의 상거래의 과정에서 유입되었을 가능성도 생각해 볼 수 있다. 그런데 호남지방을 비롯하여 남한지역에서 발견된 대부분의 漢代 금속화폐들은 중국 또는 낙랑상인에 의한 유입보다도 朝貢貿易을 통한 印綬衣幘의 수여 형식을 통해 위세품의 성격으로 유입하여 각각의 용도로 전용 또는 사용되었다가 후대에 폐기된 것으로 보인다.[32] 이는 위세품의 경우 조공무역을 통한 인수의책의 물자교류가 중심이었을 가능성이 높고, 또한 인수의책의 소유가 정치·사회적 권위를 높여주는 측면도 있겠지만 이를 받음으로 군현과의 접촉에서 공식적인 자격을 인정받고 물자와 정보를 독점할 수 있는 이점이 있었기 때문이다.[33]

낙랑계토기는 신창동 출토품과 같은 구연단이 ㄱ자 형태를 이루는 형식의 토기의 대부분이 낙랑지역인 평양 부근에서 확인되고 있는 것으로 보아, 이

31) 申敬淑, 2002, 『湖南地方 粘土帶土器 研究』, 木浦大學校大學院 碩士學位論文, p. 92.
32) 金京七, 2007, 「南韓地域 出土 漢代 金屬貨幣와 그 性格」, 『湖南考古學報』 27, 湖南考古學會, p. 122. 272~273.
33) 李賢惠, 1998, 「三韓의 對外交易체계」, 『韓國古代의 생산과교역』, 一潮閣, pp. 272~273.

지역에서 제작된 것이 유입된 것으로 볼 수 있다. 군곡리의 승문원저호는 완제품으로 유입된 것인지 재지에서 만든 모방품인지는 정확하게 알 수 없지만, 같은 Ⅱ기층에서 출토된 화천과 함께 빠르면 기원후 1세기 중엽경에 낙랑과의 교류에 의해 유입된 것으로 볼 수 있다. 이러한 토기들은 교역품 보다는 교섭 또는 교역활동시 사람의 이동에 따른 음식물저장, 조리용, 저장용 등의 용도로 사용되기 위해서 함께 수반된 것이므로 교역품이 아닌 교류품으로 볼 수 있다.

한편, 정신문화로는 복골을 들 수 있는데, 복골은 중국에서 청동기문화와 함께 한반도에 일찍부터 유입되었는데, 낙랑지역에서 발견되지 않는 것으로 보아 중국으로부터 한반도와 일본에 그 기법이 직접 유입된 것으로 볼 수 있다.[34] 이러한 복골은 지배세력의 통치행위가 神의 뜻에 따른 것임을 부각시켜 지배력을 공고히 하려는 것으로, 지역 정치체 집단의 형성이 어느 정도 확립되고 가고 있음을 반영한 것으로 볼 수 있다.

倭와의 교류는 광주 신창동의 彌生系土器와 해남 군곡리에서 출토된 土製曲玉(그림 2-5-⑮)을 통해서 일부 확인할 수 있다. 신창동 유적에서는 北部九州의 彌生系土器인 須玖I式이 출토되었다. 이 토기는 彌生時代 중기 전반, 즉 기원전 2세기에 해당된 유물이다. 또한 군곡리 출토의 頭部에 刻線한 토제곡옥은 일본 佐賀縣 二塚山遺蹟[35]의 토광묘에서 출토된 것(그림 2-5-㉕)과 비슷하다. 따라서 기원전 1세기代 혹은 늦어도 기원을 전후한 시기에 일본 北部九州와의 교류를 상정할 수가 있다. 그러나 이 토기가 기원전 2세기代에 해당되지만, 낙랑군 설치 이전에 신창동지역에 유입되었는지에 대해서는 타 자료와 비교할 만한 유물이 없다. 또한 토제곡옥도 마찬가지이다. 다만, 서남부 지역에서는 신창동 유적에서 須玖I式이, 군곡리에서 토제곡옥 등이 일부 확인되었을 뿐, 다른 지역에서는 확인되지 않아 北部九州와의 직접적

---

34) 최성락, 1993, 『韓國 原三國文化의 研究』, 學研文化社, p. 221.
　　殷和秀, 1999, 『韓國 出土 卜骨에 對한 研究』, 全北大學校大學院 碩士學位論文.
35) 佐賀縣敎育委員會, 1979, 『二塚山』, pp. 178~179.

인 관련성을 상정하기는 어렵고 간접교류에 의해 유입된 것으로 보이는데, 이는 왜가 낙랑군 체제로 편입되는 과정에서 접촉이 이루어지면서 유입된 것으로 추정된다.

호남지방이 낙랑군과 교류를 개시한 시기에 대해서는 정확하게 알 수는 없지만 갈동의 동촉으로 보아 기원전 1세기 후반이 가장 빠름을 알 수 있다. 이는 영남지방의 다호리 1호 출토 星雲文鏡의 연대를 들어 기원전 1세기 후반으로 보는 경향과 일치한다.[36] 하지만 이보다 더 올라갈 가능성은 있을 수 있다고 본다.[37]

교역루트는 경주, 대구, 상주를 중심으로 하는 경북지방에 漢鏡이 집중된 것으로 보아 진한집단이 육로를 통한 낙랑군과의 교류가 이루어졌을 것으로 보이나 이를 판단하는 자료는 빈약하다. 즉 한강유역권이나 금강유역권에서는 이 시기의 낙랑군과의 교류하였음을 보여주는 자료가 거의 확인되지 않기 때문이다.[38] 반면 남해안 지역에서는 낙랑과 왜와의 교류를 나타내 주는 유물들이 확인되고 있어 중심 교역루트는 남해안과 연안항로였을 가능성이

---

36) 李盛周, 2000, 앞의 논문.

高久健二, 2000, 「낙랑군과 변·진한의 묘제-副葬品의 組成과 配置에 대한 分析을 중심으로-」, 『고고학으로 본 변·진한과 왜』, 영남고고학회·구주고고학회 제4회 합동 고고학대회.

尹龍九, 1995, 「三韓의 대외교역과 樂浪」, 『三韓의 社會와 文化』, 韓國古代史硏究會 第8回 合同討論會, 韓國古代史硏究會.

이현혜, 2001, 「加耶의 交易과 經濟-낙동강 하구지역을 중심으로-」, 『한국고대사 속의 가야』, 부산대학교 한국민족문화연구소편, 혜안, p. 300.

37) 최근에 정인성은 다호리 1호묘의 연대를 낙랑군에서 각종 유물이 모방되거나 변용이 이루어진 시기가 기원전 1세기 후반이라는 것은 교섭이 개시된 시기는 이보다 이르기 때문에 기원전 1세기 전반대로 올려 보고 있으며(鄭仁盛, 2003, 앞의 논문, pp. 582~584), 이양수는 다호리 1호묘에서 함께 출토된 穿上橫文, 四角決文五銖錢의 연대 폭과 낙랑으로 동경의 유입 속도로 보아 기원전 1세기 중반으로 올려 보고 있다(李陽洙, 2006, 「韓半島에서 漢鏡의 分配와 流通」, 『考古學誌』第15輯, 韓國考古美術硏究所, p. 46). 따라서 갈동 유적에서 출토된 동촉도 함께 출토된 鐵鎌과 鐵斧가 戰國系 철기에 해당됨으로 유입시기가 올라갈 가능성은 얼마든지 있다고 본다.

38) 鄭仁盛, 2003, 앞의 논문, p. 585.

높다.

또한 이 시기의 서남부 지역에서는 해남 군곡리, 남해안 지역에서는 사천 늑도가 對 중국 또는 낙랑↔왜와의 교역루트상의 중간 거점적 또는 점이적 기능을 수행한 대표적인 곳이다. 그중에서 해남 군곡리는 영산강 내륙으로 연결되는 관문유적으로 1차로 이곳에서 서해안을 통해 중국이나 낙랑과의 교역이 이루어진 후에, 2차로 해남 군곡리의 支線海路인 영산강의 내륙수로를 따라 내륙지역까지 교류가 이루어진 것으로 볼 수 있다. 이는 랑동 유적에서 발견된 화천을 통해서 알 수 있는데 이 화천은 영산강변의 회진포구를 통해 유입되었고, 더 나아가서는 이보다 더 내륙에 위치한 광주 신창동까지 漢文化 및 낙랑문화가 유입된 것으로 볼 수 있다.

그렇다면 랑동과 신창동까지 화천과 낙랑계토기, 철경동촉을 가지고 들어온 교역활동의 담당자는 누구였을까? 만약 이러한 담당자는 문헌기록으로 보아 중국의 內郡商人, 낙랑의 在地商人, 현지의 재지상인 및 교역자 등 다양하게 이해될 수 있는데, 前者의 두 부류의 상인보다 현지의 재지상인 또는 교역자일 가능성이 높다. 그 까닭은 교역활동은 교통수단은 물론 안전성이 보장될 때 발달하는데, 당시 이 지역의 정치체 집단이 불분명하고 특히, 바다보다는 강을 이용하여 내륙지역으로 깊이 들어갈수록 그만큼 신변위험이 커지게 되므로 중국 및 낙랑상인보다는 현지 지리에 익숙하고 신변의 안전이 보장되고 지역 정치체 집단의 보호 하에 있는 현지의 재지상인 또는 교역자에 의해서 이루어졌다고 밖에 볼 수 없다.[39]

교류형태는 호남지방에서는 일부를 차지하지만 영남지방에 유입된 물품이 대개 위세품의 성격을 띠는 동경이나 동촉, 화폐 등의 청동기류가 주류를 이루기 때문에 조공무역이 중심이었을 가능성이 높다.[40] 이는 한반도 중남

39) 김경칠, 2006, 앞의 논문, pp. 53~54.
40) 鄭仁盛, 2003, 앞의 논문, pp. 586~587.
　　尹龍九, 1999,「三韓의 朝貢貿易에 대한 一考察-漢代 樂浪郡의 교역형태와 관련하여-」,『歷史學報』第162輯, 歷史學會.

〈표 6-2〉 중국 군현 설치기(Ⅱ기)의 문물교류 현황

| 교 류 품 | 출 토 지 | 유입지역 | 유입형태 및 방법 |
|---|---|---|---|
| 銅鏃, 鐵莖銅鏃 | 완주 갈동, 광주 신창동 | 낙랑 | 제작기술 정보, 朝貢(?), 해로(내륙수로) |
| 異體字銘帶鏡 | 여수 | 낙랑 | 朝貢(印綬衣幘), 해로 |
| 卜 骨 | 해남 군곡리, 광주 신창동 | 중국 | 제작기술(기법) |
| 半兩錢, 五銖錢, 貨泉 | 완주 상운리, 여수 거문도, 나주 랑동 | 낙랑 | 印綬衣幘, 상인, 해로 |
| 樂浪系土器 | 광주 신창동, 해남 군곡리 | 낙랑 | 교류, 해로 |
| 彌生系土器 | 광주 신창동 | 왜 | 교류, 해로 |
| 土製曲玉 | 해남 군곡리 | 왜(?) | 교류, 해로 |

부, 동해안, 일본열도 등의 지역에서 낙랑계토기의 출토 예가 드문 것을 통해서도 알 수 있다. 물론 낙랑계토기의 존재와 중국화폐가 일부 낙랑상인과의 상거래의 기능으로 사용되었다면 낙랑상인도 부분적으로 교역활동에 참가한 것으로 추정할 수도 있다. 이러한 점에서 다음의 문헌기록은 주목된다.

"王莽의 地皇(AD 20~22년) 연간에, 염사치가 진한의 右渠帥가 되어 낙랑의 토지가 비옥하여 사람들의 생활이 풍요하고 안락하다는 소식을 듣고 도망가서 항복하기로 하였다. 〈중략〉 그리하여 치는 戶來를 데리고 출발하여 含資縣으로 갔다. 함자현에서 (낙랑)郡에 연락을 하자, 郡은 치를 통역으로 삼아 芩中으로부터 큰 배를 타고 진한에 들어가서 戶來 등을 맞이하여 데려갔다. 〈중략〉 진한 사람 만 5천 인과 弁韓布 만 5천 필을 내어 놓았다. 치는 그것을 거두어 가지고 곧바로 돌아갔다. 郡에서는 치의 功과 義를 표창하고, 冠幘과 田宅을 주었다. 그의 자손은 여러 代를 지나 安帝 延光 4년(125년)에 이르러서는 그로 인하여 부역을 면제받았다." [41]

---

41) 『三國志』 卷30, 「魏書」 烏丸鮮卑東夷傳, 韓條. "至王莽地皇時 廉斯鑡爲辰韓韓右渠帥 聞樂浪土地美 人民饒樂 亡欲來降…(辰)鑡因將戶來(來)出詣含資縣 縣言郡 郡卽以鑡爲 譯 從芩中乘大船入辰韓 逆取戶來…乃出辰韓萬五千人 弁韓布萬五千匹 鑡收取直還 郡 表鑡功義 賜冠幘·田宅 子孫數世 至安帝廷光四年時 故受復除."

이 기록은 비록 낙랑군과 진·변한이 교역을 행한 내용이지만 낙랑과의 교역에 있어서 교역루트는 육로와 해로가 모두 이용되었으며 대규모의 교역품을 운송하는 데는 큰 선박으로 해로를 이용하였음을 알 수 있다. 또한 교역품에는 生口와 弁韓布가 주된 품목이며, 낙랑에 생활근거지를 둔 낙랑상인에 의해 교역이 이루지고 있음을 알 수 있다. 따라서 이를 통해서 이 시기의 호남지방의 교역형태를 어느 정도 추론할 수 있으며, 이들 교류의 주체는 낙랑상인으로 교역이 수장이나 지배층에 의해서만 이루어진 것이 아니고 상인도 교역에 참여했음을 보여주고 있다.

　따라서 Ⅱ기의 호남지방 대외교류의 특징은 낙랑군과의 교류가 시작되는 단계부터 낙랑군과 지역 정치체 간의 상호작용은 보다 실제적으로 이루어지고 있음을 알 수 있다. 이는 호남지방에 존재했던 지역 정치체 집단의 지배층이나 수장이 낙랑군과의 조공무역을 통해서 유입한 한식물품은 권력의 기반을 꾀하고 지배층의 정치적 입지를 강화하려는 차원으로 작용했다. 하지만 조공무역 외에 상인에 의한 私무역을 통해 중국 문물에 대한 동경심 혹은 위세품이 강화되면서 상승작용을 일으켰다고 생각할 수 있다. 따라서 상인에 의한 중국 문물의 접촉 수용은 조공무역의 보완책으로 이루어졌다고 보는 것이 좋을 듯싶다. 반면 漢의 입장에서는 낙랑군을 통해서 한식문물을 분배해 줌으로써 주변사회의 통제를 위해 제공된 것으로 이해하는 상호작용의 관계망을 형성되게 하고 있음을 알 수 있다.

# 3. 한·예 성장기의 문물교류

　前 시기가 낙랑군과 교류를 시작하여 낙랑의 문화를 일방적으로 받아들이는 시기였다면 이 시기는 선진의 낙랑문화를 바탕으로 문헌상에 보이는 韓·濊 등의 지역 정치체들이 정치경제적으로 점차 성장하여, 점점 낙랑 등

중국 군현의 상호작용의 결과가 줄어든다. 이는 지역 정치체 간의 대내교류가 시작되고 경제적 富를 과시하는 사치품의 유입이 증가하고, 호남지방에서도 방제경이 제작되는 것으로 보아 내부적으로 발전하는 모습을 보인다.

Ⅲ기의 교류품으로 반룡경, 연호문경 등의 후한경, 방제경, 유리제 관옥·수정제 다면옥의 옥류 등은 낙랑, 유리소옥과 彌生系土器는 倭와의 교류를 살펴볼 수 있는 고고학적 유물들이다. 대표적인 유적으로 해남 군곡리 패총 Ⅳ기층, 영광 수동 토광묘, 남원 세전리 등이 있으며, 영남지방에서는 김해지역이 대외교류의 중심지로 부각되는 시기이다.

익산 연동리 반룡경과 고흥 안동의 연호문경은 후한 중기에 제작된 것이 유입된 것으로, 기원후 1세기대 이후에 이 지역에 유력 정치체들이 서서히 형성되면서 군현의 교섭상대로 인정받는 상호작용의 모습을 반영한 것으로 볼 수 있다.[42] 그런데 고흥 안동에서 출토된 연호문경은 鏡의 제작연대와 고분의 축조연대가 일치하지 않는 점에서 傳世鏡이거나 갑주 등을 왜계유물로 보는 견해[43]와 피장자를 倭人으로 보는 견해[44] 등으로 보아 왜로부터 유입되어 부장된 것이 아닐까하는 추정케 하고, 또한 삼국시대에는 중앙에서 지방의 유력세력에게 위세품으로 賜與한 경우도 있어 여러 가지로 생각해 볼 수 있지만 구체적인 논의는 보고서 간행 이후로 미루는 것이 좋을 듯하다.

---

42) 成正鏞·南宮丞, 2001, 「益山 蓮洞里 盤龍鏡과 馬韓의 對外交涉」, 『考古學誌』 第12輯, 韓國考古美術研究所.

43) 朴天秀, 2006, 「任那四縣과 己汶, 帶沙를 둘러싼 百濟와 大伽耶」, 『加耶, 洛東江에서 榮山江으로』, 第12回 加耶史國際學術會議, 金海市, p. 202, 주3).

44) 朴天秀, 2006, 앞의 논문.
柳澤一男, 2006, 「5~6世紀의 韓半島 西南部와 九州」, 『加耶, 洛東江에서 榮山江으로』, 第12回 加耶史國際學術會議, 金海市.
홍보식, 2006, 「한반도 남부지역의 왜계 요소-기원후 3~6세기대를 중심으로-」, 『韓國古代史研究』 44, 한국고대사학회.
이동희, 2007, 「남해안 일대의 가야와 백제문화-전남동부지역을 중심으로-」, 『교류와 갈등-호남지역의 백제, 가야, 그리고 왜-』, 제15회 호남고고학회 정기 학술대회, 湖南考古學會, pp. 98~99.

영광 수동 방제경은 원삼국시대 호남지방에서 최초로 확인된 방제경으로 漢의 한경 제작기술이 유입되어 재지에서 제작한 것으로 지역 정치체 집단의 성장과 발전을 반영한 것이라 할 수 있으며, 이는 인근의 군동 유적과 함께 지역 정치체 집단의 중요 지역으로서 위치를 점하고 있었을 가능성을 시사해 준다. 수동 방제경 이외에 마한지역에서 출토된 방제경은 3세기代의 중서부 지역인 하남 미사리 A지구 1호 주거지에서 후한 만기경으로 비정되는 四格四乳鏡의 內區만을 방제한 四乳方格規矩鏡(그림 4-11)이 출토되었고,[45] 서산 해미 기지리 21호 분구묘에서 四乳虺龍文鏡을 모방한 방제경이 출토된 것[46] 이외에는 영남지방에 비해 그 숫자가 매우 적다.

또한 교역품으로는 유리제 관옥, 수정제 다면옥, 유리소옥 등의 유리옥을 들 수 있는데, 금박유리옥은 확인되지 않고 있다. 이들 유리옥은 성분분석 결과나 형식으로 보아 납바륨유리로 밝혀져 낙랑을 통해 유입되었음을 알 수 있다. 이는 중국에서 낙랑으로 들어오는 주요 물품이 중국산 문방구를 비롯하여 絹(山東), 棺材(江南), 布·漆器·銅鏡(四川), 馬具(西域), 玳瑁·玉·琉璃(동남아)와 같은 고급 생활도구와 장신구 및 철제무기 등이 있는 것으로 보아, 중국산 사치품은 대개 낙랑에서 소비되었고, 주변 토착사회로는 일부만 유출되었을 것으로 보인다. 특히 수정이나 유리제 장신구 등은 경제적 부를 과시하는 사치품은 고가인데다 생활수준의 격차에 오는 문화적 이질감 등으로 수요는 한정되어 중국상인을 통해 유입된 것[47]보다는 조공무역에 따른 賞賜品으로 받은 것이 대부분이었을 것으로 보인다.[48]

교류형태는 前 시기와 변함없이 조공무역이 중심이 되었을 것으로 추정된다. 그러나 군곡리나 늑도에서 출토된 낙랑계토기로 보아 낙랑상인 또는 낙

---

45) 裴基同·金娥官, 1994, 「漢陽大學校發掘調査團 調査報告(1991년도)」, 『渼沙里』 2, 渼沙里先史遺蹟發掘調査團, p. 252.
46) 이남석·이현숙, 2006, 「서산 해미 기지리 분구묘」, 『墳丘墓·墳丘式 古墳의 新資料와 百濟』, 第49회 全國歷史學大會 考古學部 發表資料集, 韓國考古學會, p. 46.
47) 李賢惠, 1998, 앞의 책, pp. 276~277.
48) 尹龍九, 1999, 앞의 논문, p. 13.

랑인들이 마한지역뿐만 아니라 변한지역까지 진출해 교역활동이 이루어졌음을 시사한다. 또한 北部九州를 중심으로 일본에서는 기원후 2세기代가 되면서 낙랑계토기의 출토량이 급격히 늘어나는 것으로 보아 낙랑군과의 교류가 조공무역 중심에서 상인에 의한 교역 중심으로 바꾸어진 것으로도 보인다.[49] 교역루트는 여전히 낙랑↔삼한↔왜와의 해안루트가 중심이 된 것으로 보이며, 항로는 아직까지도 연안항로가 이용되었을 것으로 보인다.

倭와의 교류는 해남 군곡리의 유리소옥과 남원 세전리의 彌生系土器를 통해서 알 수 있다. 군곡리의 유리소옥은 성분을 분석한 결과 기원후 2세기代에 속하는 일본 北部九州의 二塚山遺蹟 출토의 알칼리석회 유리소옥이나 須玖遺蹟 출토의 소옥들과 관련이 있는 것으로 밝혀졌다.[50] 세전리에서는 北部九州의 彌生系土器인 下大隈式에 해당되는 細頸壺가 출토되었는데, 이 토기는 彌生時代 後期 후반, 즉 기원후 2세기代에 해당된 유물이다. 이러한 군곡리, 신창동, 세전리 등에서 倭 관련 유물이 산발적으로 발견된 것으로 보아 II기처럼 北部九州와의 직접적인 관련성을 상정하기는 역시 어려운 상항이다.

이에 대해서는 한반도에서 기원전 2세기~기원후 3세기 전반에 걸치는 彌生系土器가 부산 및 김해지역을 중심으로 한 동남해안 지역에, 기원후 1세기 후반부터 倭系 청동기가 김해지역에 집중된다. 이에 서남부 지역까지 倭人들이 직접 왔다기보다는 前 시기부터 교류가 있었던 남해안 및 동남해안 지역을 방문하여 仲介者를 통한 간접적으로 서남부 지역으로부터 청동기나 그 원료를 입수하기 위하여 온 왜인들의 교류품이 호남지방에 유입되었을 가능성으로 보는 것[51]과 변·진한 인들이 중국 및 낙랑과의 교역을 위해서는 서남해안을 거쳐야 했기 때문에 그 과정에서 왜계유물의 일부가 유입된 것으로 보는 경우[52]도 있다. 하지만 한반도와 왜 사이의 빈번한 교류의 흔적에도

49) 鄭仁盛, 2003, 앞의 논문, p. 590.
50) 李仁淑, 1993, 『한국의 古代유리』, 창문, p. 17.
51) 井上主稅, 2006, 앞의 논문, p. 54.

불구하고 양 지역 간의 교류가 구체적으로 어떠한 형태로 이루어졌는가는 알려진 것이 별로 없다. 따라서 이러한 왜와의 교류는 韓·濊가 성장함에 따라 호남지방의 지역 정치체도 함께 성장하면서 倭가 중국 군현을 거치지 않고 발달한 호남지방의 문화와 접촉하는 과정에서 유물이 유입되었을 가능성도 있다.

그런데 이 시기가 되면 弁·辰韓지역보다는 마한지역에서는 한식문물 및 낙랑군을 통해 유입되었다고 판단되는 유물의 출토 예가 극히 적어 對 군현과의 교류가 빈약했던 것으로 볼 수 있다. 이에 대해서는 군현 측의 羈縻策의 일환으로 군현에 지리적으로 가깝기 때문에 마한지역 정치체의 성장 및 통합은 군현의 입장에서 보면 정치·군사적 부담으로 인식되었을 가능성이 크기 때문에 특히 금강 이북의 마한세력에 대해서는 의도적으로 조공과 같은 공적교류를 허용하지 않았다는 견해가 있다.[53] 하지만 이는 韓·濊 등의 지역 정치체들이 성장하면서 낙랑 등 중국 군현의 영향을 점점 줄이는 대신에 내부적으로 집단의 결속을 강화하여 내적 성장을 기하면서 발전하여 필요에 따라서는 낙랑과의 교섭에 참여한 내부의 선택에 기인했을 가능성이 크다고 볼 수 있다.

한편, 이 시기에는 늑도 유적[54]과 군곡리 유적[55]에서 제주도산의 태토로 만든 대형토기편이 출토된 점으로 보아 남해안을 통한 지역 간의 對內交流가 있었음을 알 수 있으며, 이를 통해서 제주도(州胡)인들은 중국물품을 교

---

52) 이창희, 2005, 『三韓時代 南海岸의 日常土器 研究』, 釜山大學校大學院 碩士學位論文, p. 91.

53) 박순발, 2001, 「馬韓 對外交涉의 變遷과 百濟의 登場」, 『百濟研究』第33輯, 忠南大學校 百濟研究所, p. 11.
　　鄭仁盛, 2003, 앞의 논문, p. 582.
　　李陽洙, 2006, 「韓半島에서 漢鏡의 分配와 流通」, 『考古學誌』第15輯, 韓國考古美術研究所, p. 54.

54) 李清圭, 2003, 앞의 논문.

55) 崔盛洛, 1989, 『海南郡谷里貝塚』Ⅲ, 木浦大學校博物館, pp. 42~43.

<표 6-3> 한 · 예 성장기(Ⅲ기)의 문물교류 현황

| 교 류 품 | 출 토 지 | 유입지역 | 유입형태 및 방법 |
|---|---|---|---|
| 盤龍鏡 | 익산 연동리 | 낙 랑 | 朝貢(印綬衣幘), 해로 |
| 連弧文鏡 | 고흥 안동 | 낙랑, 왜(?) | 朝貢(?), 傳世鏡(?), 賜與品(?), 해로 |
| 倣製鏡 | 영광 수동 | 낙 랑(재지) | 제작기술 정보, 해로 |
| 水晶製 多面玉 | 영광 수동, 해남 군곡리 | 낙 랑 | 朝貢(印綬衣幘), 제작기술 정보, 해로 |
| 琉璃製 管玉 | 해남 군곡리 | 낙 랑 | 朝貢(印綬衣幘), 해로 |
| 琉璃小玉 | 해남 군곡리 | 왜(?) | 교류, 해로 |
| 彌生系土器 | 남원 세전리 | 왜(재지) | 교류, 해로 |

역하였을 것으로 보인다.[56]

따라서 Ⅲ기의 호남지방 대외교류의 특징은 前 시기에 낙랑과의 교류를 시작한 이래로 이를 바탕으로 낙랑과의 정치경제적 상호작용의 네트워크 관계망에 더욱 포함되면서 韓 · 濊 등의 유력 정치체들이 정치경제적으로 성장하여 내부 결속을 강화하고 발전하면서 낙랑 및 군현의 교섭 상대로 인정받아 가는 것으로 보인다. 또한 倭뿐만 아니라 제주도까지도 교류의 범위가 확대되고 있는데, 특히 왜와의 교류는 한 · 예가 성장함에 따라 호남지방의 지역 정치체도 함께 성장하면서 왜가 중국 군현을 거치지 않고 발달한 호남지방의 문화와 접촉하는 과정에서 유물이 유입된 것으로 보인다.

그리고 이 시기에 마한지역에서는 낙랑군을 통해 유입된 유물이 적어 對군현과의 교류가 빈약했던 것은 군현측의 기미책의 일환으로 마한세력에 대해서는 의도적으로 조공과 같은 공적교류를 허용하지 않았을 경우 보다는 韓 · 濊 등의 지역 정치체들이 성장하면서 중국 군현의 영향을 점점 줄이는 대신에 내적 성장을 꾀하면서 필요에 따라서 교섭에 참여한 선택에 기인한 것으로 보인다.

---

56) 李淸圭, 2003, 앞의 논문, p. 119.

# 4. 중국 군현 쇠퇴기의 문물교류

이 시기는 그 동안 낙랑 및 왜와의 교류를 통해서 성장한 지역 정치체들이 서서히 고대국가의 체제를 갖추기 위한 준비를 완료한 전 단계로, 동북아 지역의 복잡한 정치적인 정세와 맞물려 있다. 즉 낙랑계토기가 전반적으로 한반도 중서부 지역을 비롯하여 호남지방에 나타나며, 崎離營 전투 후 한강유역의 백제국의 부상, 3세기 후반에 지금까지 한반도 내에 머물렀던 韓의 토착세력들이 중국 쯤 본국과의 직접적인 원거리 교역으로 전환하였고, 왜와의 교류 등이 점진적으로 활발하게 진행되고, 변한 및 가야지역과의 교류도 보이고 있어 교류의 양상이 전반적으로 확산되는 시기에 해당된다. 이는 II · III 기까지의 양상과는 전혀 다른 것으로 중국 군현이 쇠퇴하면서 그 영향력이 감소하여 낙랑군을 통한 漢제국의 거시적인 정치경제적 네트워크 관계망에서 벗어나 새로운 晉國과의 체계 내의 관계망에 재편되는 상호작용의 결과에 포함되는 것으로 진대의 유물의 등장과 함께 대륙문화의 영향으로 나타난다. 이러한 변화는 중국대륙의 정치적 변화뿐만 아니라 지역 정치체 사회의 내적 성장, 특히 백제의 성장과 깊은 관계가 있어 보인다.

IV 기의 교류품으로는 낙랑계토기와 금박유리옥, 수정제 다면옥 등은 낙랑, 印文陶는 서진, 土師器系土器 등은 왜와의 교류를 상정해 볼 수 있는 고고학적 자료들이다. 그 시기는 기원후 2세기 후반에서 3세기 후반까지 해당되며, 대부분의 유적이 여기에 해당된다.

또한 영남지방의 진 · 변한 지역에서는 거의 낙랑계 유물이 확인되지 않는 대신 한반도 중부 및 서남부 지역에서는 전반적으로 낙랑계 유물이 나타나는데, 특히 낙랑계 유물 중에서도 낙랑계토기는 출토 빈도가 현저히 증가해지는 것을 볼 수 있다. 또한 조공무역의 중심이 낙랑군에서 대방군으로 바뀌고, 한강유역의 백제국의 부상, 晉 본국과의 직접적인 교섭이 실시되는 등의 변화가 보이고 있다. 이는 문헌기록으로 보아 桓靈之末의 혼란(147~189년), 公孫氏의 帶方郡 설치(204년), 후한의 멸망(220년), 曹魏의 公孫氏 정벌과 二郡

접수(238년), 대방군과 韓과의 기리영 전투(246년) 등의 3세기代 동북아 지역의 복잡한 정세와 맞물려 있기도 한다.

낙랑계토기로는 보성강유역의 낙수리, 대곡리, 진도 오산리 등의 주거지에서 확인되었으며, 금박유리옥과 수정제 다면옥 등은 분묘 유적에서 확인되고 있다. 이는 경기도를 비롯하여 중부지역에서 낙랑유물이 前 시기에 비해서 갑자기 빈출하고 있는 예와 함께 설명되어야 할 것으로 보인다. 이러한 현상은 지역 정치체에 대한 낙랑의 대처방식에 변화가 생겼거나 지역 정치체의 성장이 본 궤도에 올랐기 때문일 수도 있다.[57] 특히 토기는 3세기를 정점으로 낙랑산의 반입품에서 낙랑토기를 모방해서 제작하는 낙랑계토기가 재지에서 만들어지는 변화과정을 알 수 있는데, 이러한 경우에는 주민의 이주나 이동이 상정된다. 이러한 이유에 대해서는 다음의 문헌기록에 보이는 기사가 있어 주목된다.

"桓靈말기에 韓과 濊가 강성하여, 군현이 이를 통제하지 못하자 많은 군현민이 이탈하여 韓國에 유입되었다."[58]

즉, 桓帝-靈帝(147~189년) 말기, 2세기 중·후반에 후한의 정치적 혼란으로 인해 낙랑을 지원할 수 없게 되자, 이를 틈타 韓과 濊가 그 세력을 확대하여 나갔던 것이다. 그 결과 군현은 그 통제력이 약화되어 郡縣民들이 한과 예로 이탈해 가는 것을 막을 수가 없는 상태로까지 가게 되었던 것이다. 따라서 이러한 주민의 이동이나 이주에 의해서 한반도 중부지역 및 서남부 지역에 낙랑계 유물들이 급증하거나 재지화가 이루어지게 되었을 것으로 추정할 수 있다. 특히 화성 기안리 유적에서 다량의 낙랑계토기와 함께 제철 관련 유구

---

57) 權五榮, 2004, 「物資·技術·思想의 흐름을 통해 본 百濟와 樂浪의 交涉」, 『漢城期 百濟의 물류시스템과 對外交流』, 한신대학교학술원, 학연문화사, p. 229.

58) 『三國志』 卷30, 「魏書」 烏丸鮮卑東夷傳, 韓條. "桓靈之末 韓濊彊盛 郡縣不能制 民多流入韓國."

와 유물이 출토된 점으로 보아 낙랑의 제철기술 및 製陶術을 가진 工人集團의 이주가 있었음을 추정케 하는 예[59]가 있어 이를 뒷받침하고 있다.

하지만 중국 군현과의 교류형태는 3세기 전반 경(景初中)의 기록인『三國志』「魏書」烏丸鮮卑東夷傳[60]에 보이는 조공무역에 따른 印綬衣幘과 관련된 것으로 보인다. 이는 천안 청당동[61] 출토의 청동 및 鐵製馬形帶鉤, 曲棒形帶鉤와 금박유리옥 등으로 보아서도 알 수 있다.[62] 따라서 이 시기에 있어 호남지방의 분묘 유적에서 출토된 금박유리옥이나 수정제 다면옥 등도 이러한 형태로 유입된 것으로 볼 수 있다. 하지만 수정제 다면옥은 낙랑에서 유입된 것도 있지만 남부지역에서 출토된 일부 수정옥은 형태가 약간 다른 면도 있어 모두 낙랑에서 완제품으로 유입된 것이 아닌 제작기술이 유입되어 재지에서 제작되었을 가능도 있다. 물론 낙랑의 제작기술과 함께 印綬衣幘에 의한 유입이 이 시기만 이루어졌다고 보기에는 곤란하며 중국 군현과의 접촉과정에서 수차에 걸쳐 유입된 것으로 보아야 할 것이다. 그런데 3세기 초에 帶方郡이 설치(204년)되면서 對 중국 조공무역의 중심지가 낙랑군에서 대방군으로 옮겨졌는데, 그렇다면 이 시기의 조공무역은 대방군과 이루어졌다고 보아야 할 것이다. 하지만 낙랑군과 대방군과의 물질자료의 지역성에 대한 연구가 거의 이루어지지 않아 이를 분명하게 구분하기는 쉽지 않기 때

59) 金武重, 2004,「華城 旗安里製鐵遺蹟 出土 樂浪系土器에 대하여」,『百濟研究』第40輯, 忠南大學校 百濟研究所.
  權五榮, 2004, 앞의 논문, pp. 237~238.
60)『三國志』卷30,「魏書」烏丸鮮卑東夷傳, 韓條. "景初中(237~238) 明帝密遣帶方太守劉昕樂浪太守鮮宇嗣越海定二郡 諸韓國臣智加賜邑君印綬 其次與邑長. 其俗好衣幘 下戶詣郡朝謁皆假衣幘 自服印綬衣幘 千有餘人".
61) 韓永熙·咸舜燮, 1993,『清堂洞』, 국립중앙박물관.
  국립중앙박물관, 1995,『清堂洞』II.
  함순섭, 1998,「天安 清堂洞遺蹟을 통해 본 馬韓의 對外交涉」,『馬韓史研究』, 忠南大學校 出版部.
62) 함순섭, 1998, 앞의 논문, p. 72.
  權五榮, 1996,『三韓의「國」에 대한 研究』, 서울大學校大學院 博士學位論文, pp. 201~202.

문에 낙랑군과의 교류로 보는 것이 대부분이다.

교역루트는 육상루트와 해상루트가 있는데, 육상루트의 경우는 낙랑군(대방군)과 인근한 지역은 육상루트를 이용해 교류가 이루어졌을 것으로 보이나 고고학적으로 이를 설명하기에는 자료가 부족하다. 다만, 해상루트의 경우는 낙랑(대방)↔삼한↔왜와의 루트가 3세기대 중국문헌에서 확인되고 있다. 즉,

〈그림 6-1〉『三國志』倭人條에 의한 海路(최성락, 1993)

"왜는 帶方 동남쪽 큰 바다가운데 있다. …(낙랑·대방)郡으로부터 倭에 이르는 경로는 다음과 같다. 군에서 해안을 따라 가다가 韓國을 거쳐 다시 남쪽과 동쪽으로 잠시 가다보면 그 북쪽 해안에 있는 狗邪韓國에 이르게 되는데 거리가 7천여 里이다. 여기에서 다시 처음 바다를 건너 1천여里 가면 對馬國에 이르게 된다…."[63]

이 기록에 의한 海路는 郡(대동강·예성강 입구)→韓國→(남행)→(동행)→狗邪韓國(김해, 총 7천여 리)→對馬國(총 8천여 리)→倭 코스로 되어 있다(〈그림 6-1〉).[64] 따라서 이 시기에도 해로가 대외교류의 중요한 역할을 했음을 알 수가 있다.

---

63) 『三國志』卷30,「魏書」烏丸鮮卑東夷傳, 倭人條. "倭人在帶方東南大海之中…從郡至倭循海岸水行 歷韓國 乍南乍東 到其北岸狗邪韓國 七千餘里 始度一海 千餘里對馬國…".

64) 姜鳳龍, 1999,「3~5세기 영산강유역 '甕棺古墳社會'와 그 성격」,『歷史教育』第69輯, 歷史教育研究會, p. 82.

또한 해로를 통한 대외 및 대내교류가 이루어진 사항은 다음 기록을 통해서도 확인되고 있다.

"國에서 鐵이 산출되어 韓, 濊, 倭가 모두 그것을 취하여 갔다. … 또한 二郡(낙랑 · 대방)에도 공급하였다."[65]

이 기록에 의하면 鐵을 매개로 하여 변한→韓(마한)→대방 · 낙랑으로 가는 남해안 및 서해안 코스, 변한→韓(진한)→濊로 가는 동해안 코스, 변한→倭로 오가는 코스의 해로가 형성되었음을 알 수 있다. 이는 물론 육로를 통해서도 운반되었을 가능성도 있겠지만 철의 특성상 해로를 통해서 운반되었을 가능성이 더 높기 때문이다.

그런데 3세기 후반경이 되면 그간의 중국 및 군현의 정치적 혼란으로 인해 군현으로 들어오는 중국산 교류품이 크게 줄어들게 되고 낙랑군의 역할이 위축되면서 사치품 공급원으로서 중국 군현의 기능은 쇠퇴해가고 동시에 토착사회 자체의 교류품에 대한 수요가 늘어 낙랑 · 대방군을 통한 간접적인 대중국 교역에 만족하지 않고 중국 본국과 직접적으로 교역을 실시하게 된다.[66]

이는 景元 2년(261년)에 낙랑 이외에 東夷 · 濊貊이 種屬들을 거느리고 와서 조공하였다[67]고 하는 문헌기록을 보면, 3세기 후반경이 되면 韓의 지역 정치체의 토착세력들은 중국 군현을 거치지 않고 한반도를 벗어나 직접 중국 본국(魏)과의 대외교류를 시작으로 하여 276년(咸寧 2년)부터는 西晉과의 조공을 실시하게 됨을 알 수 있다. 특히 277년에 마한이 진(서진) 본국에 遣使

---

65) 『三國志』卷30, 「魏書」烏丸鮮卑東夷傳, 弁辰條. "國出鐵 韓濊倭皆從取之…又以供給二郡."
66) 李賢惠, 1998, 앞의 책, p. 286.
67) 『三國志』卷4, 「魏書本紀」陳留王 景元二年條. "秋七月, 樂浪外東夷, 濊貊各率其屬來朝貢."

한 것을 시작으로 290년(太熙 元年)까지 마한과 진한이 여러 차례 晉 본국에 遣使한 것으로 되어 있다(〈표 6-4〉).[68] 실제로 3세기 후반 경에 이 지역과 서진 (265~316년)과의 교류를 보여주는 고고학적 유물로는 보성 금평과 고성 동외 동 출토의 印文陶, 서울 몽촌토성, 풍납토성, 홍성 신금성의 錢文陶器와 풍 납토성에서 출토된 施釉陶器 등이 입증해 준다.

『晉書』馬韓條에 의하면 마한과 진의 교섭은 277년~290년의 14년간에 걸 쳐 총 8회에 달하는데(〈표 6-4〉), 진과 교섭한 마한의 주체는 마한 연맹체의 맹주국으로 보는 백제국을 중심으로 조직된 한강유역 일대로 보는 것이 일 반적이다.[69] 이는 몽촌토성, 풍납토성, 홍성 신금성 출토의 전문도기와 풍납 토성에서 출토된 시유도기 등으로 알 수 있다. 하지만, 『晉書』卷36의 張華 傳에 보이는 新彌諸國은 영산강유역을 중심으로 형성된 新彌國 중심의 마한 으로 보고 있는 것[70]과 마한과는 별개의 독자세력으로 보면서 영산강유역에 형성된 옹관고분사회로 보는 견해[71]가 있다.

그런데, 『진서』장화전의 '東夷馬韓新彌諸國'은 여러 가지 해석이 가능한

68) 『晉書』卷97, 東夷列傳 · 四夷傳, 馬韓 · 辰韓條.
69) 李基東, 1987, 「馬韓領域에서의 百濟의 成長」, 『馬韓 · 百濟文化』第十輯, 圓光大學校 馬韓 · 百濟文化研究所, p. 62.
　　權五榮, 1988, 「考古資料를 중심으로 본 百濟와 中國의 文物交流-江南地方과의 관계를 중심으로-」, 『震檀學報』第66號, 震檀學會, p. 183.
　　김수태, 1998, 「3세기 중 · 후반 백제의 발전과 馬韓」, 『馬韓史研究』, 忠南大學校 出版 部, pp. 204~205.
　　李賢惠, 1998, 앞의 책, p. 287.
　　林起煥, 2004, 「漢城期 百濟의 對外交涉-3~5세기를 중심으로-」, 『漢城期 百濟의 물류 시스템과 對外交涉』, 한신대학교학술원, 학연문화사, p. 97.
70) 盧重國, 1990, 「目支國에 대한 一考察」, 『百濟論叢』第2輯, 財團法人 百濟文化開發研 究院.
　　兪元載, 1994, 「《晋書》의 馬韓과 百濟」, 『韓國上古史學報』第17號, 韓國上古史學會, p. 153.
　　李賢惠, 1998, 앞의 책, p. 288.
71) 姜鳳龍, 1999, 앞의 논문, p. 90.

〈표 6-4〉『晉書』의 馬韓과 西晉의 교류(교섭) 내용

| 年　　代 | 帝　　　紀 | 馬　韓　條 | 辰　韓　條 | 張　華　傳 | 비 고 |
|---|---|---|---|---|---|
| 276년(咸寧 2) | 二月東夷八國歸化<br>七月東夷十七國 內附 | | | | |
| 277년(咸寧 3) | 十二月是歲 東國三國-內附 | 復來 | | | |
| 278년(咸寧 4) | 三月東夷六國來獻<br>十二月是歲 東國九國內附 | 又請內附 | | | |
| 280년(太康 1) | 六月東夷十國歸化<br>七月東夷二十國朝獻 | 其主頻遣使入貢方物 | 其王遣使獻方物 | | |
| 281년(太康 2) | 三月東夷五國來獻<br>六月東夷五國來附 | 其主頻遣使入貢方物 | 復來朝貢 | | |
| 282년(太康 3) | 九月東夷二十九國歸化<br>獻其方物 | | | 東夷馬韓新彌諸國<br>依山帶海 去州四千餘里<br>歷世未附者二十餘國<br>立遣使朝獻 | 卷36 |
| 286년(太康 7) | 八月東夷十一國內附<br>是歲馬韓等十一國遣使來獻 | 又頻至 | 又來 | | |
| 287년(太康 8) | 八月東夷二國內附 | 又頻至 | | | |
| 288년(太康 9) | 九月東夷七國詣校尉內附 | | | | |
| 289년(太康 10) | 二月東夷十一國內附<br>是歲 東夷絶遠三十餘國來獻 | 又頻至 | | | |
| 290년(太熙 1) | 五月東夷七國朝貢 | 詣東夷校尉何龕上獻 | | | |
| 291년(永平 1) | 是歲東夷十七國-詣校尉內附 | | | | |

데, 東夷는 일반적으로 중국인이 중국 동방의 제종족을 지칭하는 종족적 개
념으로 쓰는 것[72]으로 하여, '東夷, 馬韓, 新彌諸國'는 우선 제외하기로 한
다. 그러면 마한과 신미제국을 어떻게 해석함에 따라 그 의미가 달라진다.
즉, '東夷馬韓과 신미의 여러 나라'로 해석하여 마한과 신미국을 별개의 관
계로 보는 것[73]과 '東夷馬韓의 新彌의 여러 나라'로 해석[74]하여 마한 속에

---

72) 姜鳳龍, 1999, 앞의 논문, p. 93.

신미제국을 포함하는 넓은 범위의 종속관계로 보는 것이 있다. 이에 대해서는 필자는 후자의 견해를 따른다. 왜냐하면, 『진서』 장화전의 신미국의 등장은 282년(太康 3)에 마한 내의 세력변화를 의미하는 것이기는 하지만, 이유야 어떻든 간에 신미국이 마한의 종속관계 속에 없었다면 굳이 『진서』에 신미국만 기록해야 하는데 마한과 함께 병기했다는 것은 마한의 정통성을 둘러싸고 서로 마한을 칭하고 있는 것으로 이해된다. 따라서 신미제국은 백제가 칭하고 있는 마한과 별도로 마한의 정통성을 지닌 신미제국이라 칭하고 있는 것으로 사료된다. 그리하여 백제의 성장에 따라서 일시적이나마 신미국이 중심이 되어 연맹체를 만들어 마한세력 속에서 대등할 만큼의 위치를 점하고 있었음을 암시하는 것으로 보인다. 설사 신미국이 마한과는 별개의 독자세력으로 존속하였더라도 그리 길지는 못했을 것으로 보이는데, 282년 신미국 등장 이후부터 『진서』 마한조에 마한의 단독명으로 교섭이 이루어지기 전인 285년까지로 보인다.

따라서 『진서』 마한조의 277, 278, 280, 281년에 걸쳐 매년 정기적으로 晉과 교섭한 마한의 주체를 한강유역의 백제국으로 본다면, 286년부터 290년까지의 晉과 마한과의 교섭은 영산강유역으로 대표되는 신미국 중심의 전라도 일대의 마한세력으로 추정된다.[75] 이 지역과 진과의 교섭을 증명해 주는 유물이 보성 금평에서 출토된 印文陶이다. 이는 보성지역에 존재했던 정치체들이 진과의 원거리 교류를 통해서 유입된 것으로 볼 수 있다. 또한 282년

73) 兪元載, 1994, 앞의 논문, p. 151.
   권오영, 1996, 「백제의 성립과 발전」, 『신편 한국사』 6, p. 34.
74) 李賢惠, 1993, 「原三國時代論 檢討」, 『韓國古代史論叢』 5, 韓國古代社會硏究所 編, 財團法人 駕洛國史蹟開發硏究院, p. 19.
   金周成, 1997, 「榮山江流域 大形甕棺墓社會의 成長에 대한 試論」, 『百濟硏究』 27, 忠南大學校 百濟硏究所, pp. 29~30.
   김수태, 1998, 앞의 논문, p. 212.
75) 兪元載, 1994, 앞의 논문, p. 153.
   李賢惠, 1998, 앞의 책, p. 288.

(太康 3년)의 東夷 29國은 한반도의 서남부지역 및 남해안일대의 小國들을 모두 포괄한 범위로 추정한다면,[76] 고성 동외동 출토의 印文陶도 변한지역과 진과의 교류를 증명해 주는 유물이다.

倭와의 교류는 土師器系土器를 통해 알 수가 있는데, Ⅱ·Ⅲ기처럼 왜계자료가 극히 소량으로 왜와의 직접적인 교류를 상정할 수 없는 실정이다. 호남지방에서 출토된 土師器系土器는 왜와의 직접적인 교류보다는 낙동강하류지역을 통하여 유입된 것으로 보기도 하지만,[77] 두 지역 간의 직접적인 교류는 있었다고 보고 있다.[78] 이는 금강 이남 지역에 분포하고 있는 호형분주토기에 반영된 埴輪 수립 전통을 볼 때도 北部九州 지역과 호남지방과의 교류는 인정된다. 또한 일본에서의 馬韓系 유물을 보면 彌生時代 후기~古墳時代 전기까지는 양이부호나 이중구연토기가 주로 北部九州 지역에서 출토되지만 고분시대 중기에는 畿內지역에서 양이부호 등이 출토되어 시기적인 차이가 있는 점[79]에서도 3~4세기代 호남지방의 왜계자료들은 주로 北部九州 지역과의 교류에 의한 것으로 보고 있다. 하지만 이러한 왜와의 교류는 3세기 후반 이후부터는 가능했을 것으로 보이는데, 이는 이 무렵에 백제의 성장에 따른 왜의 항해상 호남지방이 필요한 거점지역으로 부상되었기 때문일 수도 있다.

한편, 3세기 중반경으로 편년되는 나주 용호 12호분[80]에서 출토된 판상철부(그림 2-3-⑧)는 낙동강 하류지역으로부터 유입된 것으로 보고 있는데,[81] 이

---

76) 林起煥, 2006, 앞의 논문, p. 100.

77) 홍보식, 2006, 앞의 논문, p. 30.

78) 吉井秀夫, 2004, 「土器資料를 통해서 본 3~5세기의 百濟와 倭의 交涉關係」, 『漢城期 百濟의 물류시스템과 對外交涉』, 한신대학교학술원, 학연문화사.
서현주, 2007, 「湖南地域의 倭系文化」, 『교류와 갈등-호남지역의 백제, 가야, 그리고 왜-』, 제15회 호남고고학회 정기학술대회, 湖南考古學會, pp. 62~63.

79) 白井克也, 2001, 「百濟土器·馬韓土器と倭」, 『檢證古代の河內と百濟』, 枚方歴史フォーラム實行委員會.
吉井秀夫, 2004, 앞의 논문.

80) 金建洙, 외 2003, 『羅州 龍虎古墳群』, 湖南文化財研究院.

〈표 6-5〉 중국 군현 쇠퇴기(Ⅳ기)의 문물교류 현황

| 교 류 품 | 출 토 지 | 유입지역 | 유입형태 및 방법 |
|---|---|---|---|
| 金箔琉璃玉 | 완주 상운리, 영암 신연리 | 낙 랑 | 朝貢(印綬衣幘), 해로 |
| 水晶製 多面玉 | 고창 만동 | 낙 랑 | 朝貢(印綬衣幘), 해로 |
| 樂浪系土器 | 순천 낙수리, 대곡리, 도롱 진도 오산리 | 낙랑, 재지 | 교류, 제작기술(이주), 해로 |
| 土師器系土器 | 군산 남전, 고창 장두리, 함평 소명 | 왜 | 교류, 해로 |
| 印文陶 | 보성 금평 | 서진 | 朝貢(원거리 교역), 해로 |
| 卜骨 | 군산 남전, 해남 군곡리, 보성 금평 | 중국 | 제작기법(기술) |

는 낙동강 하류지역에서 마한계 유물이 출토된 점으로 보아 금관가야와 마한지역과의 양 지역 사이에 對內交流가 이루어진 것으로 볼 수 있다. 또한 繩蓆文이 시문된 圓底短頸壺는 해남 신금, 해남 분토리, 장흥 지천리, 장흥 상방촌 등지에서 확인되고 있는데, 이들 토기를 阿羅加耶系 토기로 보면[82] 은 3세기 후반에서 4세기 전반에 아라가야와의 대내교류를 상정할 수 있다.

따라서 Ⅳ기의 대외교류의 양상은 중국 군현, 진, 왜, 가야 등으로 확산되는 시기로 前 시기까지 낙랑군을 통한 漢제국의 거시적인 정치경제적 네트워크 관계망이 중국 군현의 쇠퇴로 인하여 그 영향력이 감소되어 퇴락되고 새로운 진국과의 체계 내의 관계망에 재편되는 상호작용의 결과에 포함되는 것으로 나타난다. 특히 쯤 본국과 같은 원거리 국제교역은 다량의 물품을 모아들이고 관리할 수 있는 내부조직의 발달과 원거리 항해에 필요한 교통수단과 기술 축적 없이는 불가능하며 이 같은 조직과 기술은 정치권력의 집중

---

81) 홍보식, 2006, 앞의 논문, p. 32.
82) 朴天秀, 2006, 「加耶 土器의 樣式과 編年」, 『제11회 호남문화재연구원 초청강연회자료집』, 湖南文化財研究院, p. 21.
　　이동희, 2007, 앞의 논문, pp. 82~83.

화와 궤를 같이한다. 즉, 교역규모가 커지고 교역 거리가 멀어지면 그만큼 위험부담도 커지므로 교역활동의 조직화가 요구되고 결과적으로 교역을 주도하는 구심체가 등장하게 된다. 따라서 원거리 국제교역이 전개되면서 多元的이고 산발적인 상태의 대외교류 활동은 점차 지양되고 일정한 구심점을 축으로 하는 대규모의 조직적인 교역체계의 네트워크가 각 지역별로 성립될 수 있어서[83] 고대국가로 발전하는 데 상호작용의 결과로 나타난다. 또한 倭와의 교류는 백제의 성장에 따른 왜의 항해상 호남지역이 필요한 거점으로 부상되었기 때문에 직접교류로 전환된 것으로 보인다.

---

83) 李賢惠, 1998, 앞의 책, p. 287.

# 제 VII 장
## 결 론

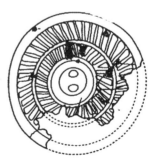

호남지방에서도 고고학적인 발굴이 증가하면서 대외교류 내용을 살펴볼 수 있는 많은 외래유물이 출토되었고, 기존에 출토된 유물 중에서도 새롭게 확인, 재조명된 외래유물의 양이 증가하였다.

　그럼에도 원삼국시대 대외교류 관련 연구는 미진한 실정이었으며, 특히 호남지역의 경우 체계적인 연구가 진행되지 못했다. 이에 유물의 성격과 대외교류의 변천양상에 대한 연구의 필요성이 대두되게 되었다. 본 연구는 바로 이러한 원삼국시대 호남지방에서 출토된 외래유물을 통해 대외교류의 양상과 특징을 고고학적 방법에 의해 복원하고자 하는 데 목적이 있다.

　호남지방에서 원삼국시대 대외교류와 관련된 청동기 유물로는 중국식동검, 동촉, 동경이 있는데 중국식동검은 대체로 戰國時代 후기에 한반도에 유입되어 곧 방제품이 제작되었으나 유행하지 않고 소멸된 것으로 보인다. 완주 상림리의 중국식동검은 매납행위로, 함평 초포리 출토품은 피장자의 위세품으로 추정된다. 동촉중 완주 갈동 출토품은 중국의 영향을 받아 자체 제작했을 가능성이 크며, 광주 신창동의 철경동촉은 낙랑지역을 통해서 유입, 실용화된 것으로 볼 수 있다.

　동경은 익산 평장리 반리문경은 낙랑지역에 본격적으로 한경이 수입되기 이전 시기에 해당되는 것이고, 여수 출토의 이체자명대경은 전한 후기 또는 후한 초기, 익산 연동리의 반룡경과 고흥 안동의 연호문경은 후한 중기에 제작된 것으로, 이들 동경은 낙랑을 통해 유입된 것이다.

철기류는 철부, 철겸, 철사, 철착 등의 전국계 철기로 농구류가 주류를 이루고 있으며, 이들은 북부지역의 철기와 같은 형태이나 종류가 한정되어 있고, 화폐류는 반량전, 화천, 오수전이 출토되었는데, 완주 상운리의 반량전은 함께 출토된 금박유리구슬로 보아 낙랑에서 유입되어 傳世 후에 무덤에 부장된 것이며, 나주 랑동 화천은 영산강의 내륙수로를 따라 유입된 후 전세되었다가 저습지에 폐기된 것이다. 해남 군곡리 화천은 당시 유물들과 함께 매장되었거나 매몰된 것이며, 여수 거문도의 오수전은 청동기의 原料로 교역되었을 가능성이 있다.

옥류는 완주 갈동의 유리환옥은 한반도에서 출토된 적이 없는 특이한 형태로 장수 남양리의 유리제 관옥과 함께 납바륨유리로 밝혀져 戰國과의 관련성을 추정해 볼 수 있어, 낙랑군 설치 이전에 중국 혹은 고조선과의 교류를 통해 유입된 것이다. 해남 군곡리의 유리제 관옥도 납바륨유리로 밝혀졌으나 낙랑군 설치 이후에 유입된 것으로 보인다. 이러한 납바륨유리는 고도의 생산기술과 대규모 생산조직을 필요로 했기 때문에 교역을 통해 위세품으로 유입된 것이다. 그리고 군곡리의 또 다른 유리제 관옥은 소다유리계로 중국 외의 다른 지역에서 유입된 것이 아니라 중국→낙랑→호남지방으로 유입된 것으로 볼 수 있다. 금박유리옥은 제작방법과 색상의 조절 등에서 고난도의 기술이 필요하다는 점에서 낙랑을 통해 유입한 것이며, 수정제 다면옥는 낙랑에서 유입된 것도 있지만 제작기술이 도입되어 재지에서 제작된 것도 있다. 군곡리의 유리소옥은 일본에서 출토된 小玉들과도 관련이 있는 것으로 보아 北部九州와의 교류도 생각해 볼 수 있는 문물자료이다.[1]

토기류는 낙랑계토기, 印文陶, 왜계토기가 확인되었는데 낙랑계토기 중에서 신창동 출토품은 완제품으로, 군곡리의 승문원저호는 화천과 함께 낙랑과의 교류에 의해 유입된 것이다. 낙수리·대곡리에서 출토된 낙랑계토기들

---

1) 金京七, 2008, 「湖南地方出土の原三國時代外來玉類小考」, 『高麗美術館研究紀要』第6号, 高麗美術館研究所.

은 섬진강 수계를 따라 보성강 유역으로 유입된 것으로 추정할 수 있으며, 오산리의 원저단경호나 유공호형토기는 재지에서 제작된 낙랑계토기로 보인다. 보성 금평의 印文陶는 西晉(265~316)과의 교류를 보여주는 문물자료이다. 왜계토기로는 彌生系土器와 土師器系土器가 확인되었는데, 신창동과 세전리에서 출토된 彌生系土器는 한반도 동남부 지역에 집중 분포하고 서남부 지역에서는 일부만 확인되어서 北部九州와의 직접적인 관련성을 상정하기는 어려운 상항이다. 土師器系土器들은 금강 하류나 서해안 일대의 생활유적에서 출토되었는데, 北部九州 지역과의 교류가 있었던 것으로 보인다.[2]

복골은 고대 사회집단의 통치자나 지배세력에 의하여 행해지는 특수한 의식으로서 고대국가 성립과 매우 밀접한 관계가 있으며, 복골이 출토되는 지역은 이미 상당한 수준의 사회조직을 갖추고 있었을 것으로 보인다. 또한 출토된 지점이 주로 고대 해로와 밀접한 관련이 있기 때문에 항해의 안전을 점치고 無事祈願의 의식과 관련이 있을 것으로 보이며, 패총뿐만 아니라 내륙의 저습지에서도 출토된 점으로 보아 당시 사회의 다양한 占卜에 이용되었음을 알 수 있다.

다음으로 영광 수동유적에서 원삼국시대 호남지방에서 최초로 확인된 방제경을 통하여 특징 검토와 함께 타 지역 출토품과의 비교, 제작지와 제작배경, 유적의 편년, 피장자의 성격 등을 살펴보았다. 수동 방제경 a鏡은 연호문계방제경, b鏡은 중권문계방제경으로 특히 a鏡의 內區에 시문된 3중의 세장한 鋸齒文은 세형동검문화기에 충청·호남지역에서 출토되는 다뉴경의 문양에서 보이고, 다뉴경의 복수부장 풍습도 보이고 있어 그 전통이 수동 방제경에 반영되어 기원후 1세기 후반~2세기 초반경에 재지에서 제작된 것이다.

피장자는 조문청동기로 보아 祭儀와 관련된 사람일 가능성이 매우 높으

2) 金京七, 2008, 「湖南地方 出土 原三國期 外來土器의 性格」, 『全南考古』 제2호, 全南文化財研究院.

며, 방제경은 의례용으로 사용한 것을 조문청동기와 함께 무덤에 부장한 것으로 보인다. 또한 漢鏡이 권위를 상징하는 위세품이라는 것을 알고 있었으나 한경을 직접 입수하지 못하고 방제경을 자체 제작해서 소유하게 되었고, 이를 바탕으로 실질적으로 지배의 정당성을 유지한 것으로 보인다. 그리고 직·간접적으로 낙랑군과의 기술과 정보를 통한 대외교류가 이루어진 것으로 보았다.

원삼국시대의 호남지방 및 남한지역 유적에서 출토되는 漢代 금속화폐를 분석해 보면 화폐의 유입시기, 용도 및 성격, 교류형태를 통한 대외교류의 일면을 고찰할 수 있다.

이들 화폐들은 연안 또는 해로상 및 대하천변에서 주로 출토되고 있으며, 유구별로는 주거지, 패총, 분묘, 제사 및 퇴장, 저습지 등으로 패총에서 출토된 경우가 가장 많으며, 내륙지역에서는 모두 분묘유적에서만 출토되는 특징이 있다. 반량전은 전한시기에 주조된 사수반량전이며, 오수전은 Ⅱ·Ⅲ형이 주류를 이루며, 화천은 Ⅱ·Ⅲ형만 확인되고 있는데 그 유입 시기는 기원전 1세기~기원후 1세기代가 일반적이다. 유입은 육상루트와 해상루트로 상정되는데 내륙지역에서는 육상루트를 통해 유입되었으나 주로 중국 또는 낙랑↔지역 정치체(삼한), 중국 또는 낙랑↔왜, 중국 또는 낙랑↔동해↔왜와의 교역해로상의 연안항로를 이용한 해상루트를 통해서 유입된 것으로 보인다. 교류형태로는 印綬衣幘과 중국 또는 낙랑상인과의 교역을 통한 형태를 생각해 볼 수 있다. 하지만 호남지방을 포함한 남한지역에서 출토된 한대 금속화폐의 대부분은 인수의책 수여 형식을 통해서 정치적 상징성이 강한 위세품의 성격으로 유입하여 각각의 용도로 전용 또는 사용되었다가 후대에 폐기된 것으로 보았다.

마지막으로 제Ⅵ장에서는 원삼국시대 호남지방의 대외교류 변천양상을 4시기로 나누어 각 시기별 교류양상의 변천과 특징을 살펴보았다.

Ⅰ기(중국문물의 유입기)는 호남지방의 청동기사회에 중국 문물이 서서히 유

입되는 시기로, 유입과정은 북부지역과 가까운 전북지방에 먼저 유입되고 점진적으로 전남지방까지 유입된 것으로 보이며, 중국식동검, 반리문경, 전국계 철기류, 환형유리, 유리제 관옥 등의 유물로 보아 중국 남부지역과 고조선을 통해 유입되었음을 알 수 있다.

중국 남부지역과는 중국식동검으로 보아 낙랑 설치 이전에도 원격적인 상호작용의 관계망이 형성되어 있어, 서해안 지역과 長江하류 지역과도 체계적이지는 않지만 단편적인 교섭이 있었음을 알 수 있다. 다른 유물들은 주로 고조선과의 접촉을 통해 유입된 것이 대부분인데 제한된 범위 내에서 접촉이 이루어졌음을 알 수 있다.

Ⅱ기(중국 군현 설치기)는 한반도 서북한 지역에 기원전 108년 중국 郡縣이 설치되면서 낙랑군과의 교류가 시작되는 시기로 호남지방을 비롯한 남부지역에서의 낙랑을 통한 漢式文物의 유입은 기원전 1세기 후반경에 처음 반영된 것으로 볼 수 있다. 이 시기의 교류품으로는 동촉, 철경동촉, 낙랑계토기, 복골, 이체자명대경, 반량전, 오수전, 화천 등은 낙랑, 彌生系土器, 토제곡옥 등은 왜와의 교류를 통해 유입된 문물들이다.

이러한 교류품을 통해 낙랑과의 교류는 호남지방에 존재했던 지역 정치집단의 수장이 낙랑군과의 조공무역을 통해서 유입한 한식문물을 통해 권력의 기반을 꾀하고 지배층의 정치적 입지를 강화하려는 차원으로 작용했고, 반면 漢의 입장에서는 낙랑군을 통해서 한식문물을 분배해 줌으로써 주변사회의 통제를 위해 제공된 것으로 이해하는 상호작용의 결과임을 알 수 있다. 한편 倭와의 교류는 왜가 낙랑군 체제로 편입되는 과정에서 접촉이 이루어지면서 유물이 유입된 것으로 보인다.

Ⅲ기(한·예 성장기)는 前 시기에 낙랑과의 교류를 시작한 이래로 이를 바탕으로 낙랑과의 정치경제적 상호작용의 네트워크 관계망에 더욱 포함되면서 韓·濊 등의 유력 정치체들이 정치경제적으로 성장하여 내부 결속을 강화하고 발전하면서 낙랑 및 군현의 교섭 상대로 인정받아 가는 시기로 보인다. 이는 지역 정치체 간의 대내교류가 시작되고 경제적 부를 과시하는 사치품

의 유입이 증가하고, 방제경이 제작되는 것으로 알 수 있다.

교류품으로는 반룡경, 연호문경 등의 후한경, 방제경, 수정제 다면옥, 유리제관옥 등은 낙랑, 유리소옥과 彌生系土器는 倭와의 교류를 살펴볼 수 있는 고고학적 유물들이다. 특히 왜와의 교류는 韓·濊가 성장함에 따라 호남지방의 지역 정치체도 함께 성장하면서 倭가 중국 군현을 거치지 않고 발달한 호남지역의 문화와 접촉하는 과정에서 유물이 유입된 것으로 보인다. 그리고 유입된 유물의 양으로 보아 소규모적으로 對 군현과의 교류에 참여한 흔적이 나타나는데, 이는 한·예 등의 지역 정치체들이 성장하면서 중국 군현의 영향을 점점 줄이는 대신에 내적 성장을 꾀하면서 필요에 따라서 교섭에 참여한 선택에 기인한 것으로 보인다.

Ⅳ기(중국 군현 쇠퇴기)는 중국 군현이 쇠퇴하기 시작하면서 그 영향력이 감소하는 시기로 낙랑계토기가 전반적으로 한반도 중서부 지역을 비롯하여 호남지방에 나타나며, 가야지역과의 교류도 보이고 있어 교류의 양상이 전반적으로 확산되는 시기이다. 교류품으로는 낙랑계토기와 금박유리옥, 수정제 다면옥은 낙랑, 印文陶는 晋, 土師器系土器는 왜와의 교류를 상정해 볼 수 있는 고고학적 자료들이다. 특히, 『晋書』張華傳의 '東夷馬韓新彌諸國'은 '東夷馬韓의 新彌의 여러 나라'로 해석하여 마한 속에 신미제국을 포함하는 넓은 범위의 종속관계로 보고자 하였다. 이는 마한의 정통성을 둘러싸고 서로 마한을 칭하고 있는 것으로 이해되며, 신미제국은 백제가 칭하고 있는 마한과 별도로 마한의 정통성 지닌 신미제국이라 칭하고 있는 것으로 추정된다. 그리하여 백제의 성장에 따라 일시적으로 신미국이 중심이 된 연맹체를 만들어 마한세력 속에서 대등할 만큼의 위치를 점하고 있었음을 암시하는 것으로 보인다. 따라서 『진서』馬韓條의 286년부터 290년까지의 진과 마한과의 교섭은 영산강유역으로 대표되는 新彌國 중심의 전라도 일대의 마한세력으로 추정하였다. 이들과의 교류를 증명해 주는 문물이 보성 금평의 印文陶이다. 倭의 유물은 백제의 성장에 따른 왜의 항해상 호남지방이 필요한 거점지역으로 부상되면서 교류에 의해 유입된 것으로 보인다.

이상 호남지방에서 출토된 원삼국시대 대외교류 관련 유물을 중심으로 대외교류의 변천양상과 특징을 종합적으로 정리해 보았다. 호남지방에서 출토된 원삼국시대 대외교류 관련 유물을 중심으로 대외교류의 변천양상과 특징을 정리한 본 연구는 이제까지 미진했던 호남지방의 원삼국시대 대외교류에 대하여 처음으로, 종합적으로 정리했다는 점에서 그 의의를 찾을 수 있다.

　따라서 한계도 적지 않을 것이고, 보완점도 많으리라 본다. 특정 몇몇 유물의 照明에 있어서도 일부에서 이루어졌던 과학적 분석을 통한 원료 산지를 파악 작업, 제조 생산관계 유적이나 유물에 대한 조사, 유물의 원산지 확인[3] 등도 폭넓고 다양하게 이루어져야 할 것이다. 그리고 앞으로 보다 다양하고 많은 발굴자료의 증가와 유물의 과학적인 분석을 토대로 필자의 이 견해가 재검토, 보완되기를 기대한다.

---

3) 李南珪, 2004,「漢城期 百濟 물류시스템과 對外交涉 硏究의 問題點」,『漢城期 百濟의 물류시스템과 對外交涉』, 한신대학교학술원, 학연문화사, p. 21.

# 참 고 문 헌

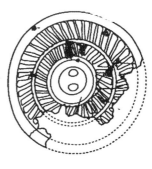

# 1. 사료

『史記』, 『漢書』, 『後漢書』, 『晉書』, 『三國志』

# 2. 저서 및 도록

國立慶州博物館, 1987, 『菊隱 李養璠 蒐集文化財』 도록.

국립김해박물관, 2004, 『영혼의 전달자-새·풍요·숭배-』, 특별전 도록.

국립중앙박물관, 1998, 『한국고대국가의 형성』, 특별전 도록.

국립중앙박물관, 2001, 『낙랑』, 특별전 도록.

金元龍, 1963, 『韓國考古學槪說』, 一志社(제3판).

金貞培, 1993, 『韓國古代의 國家起源과 形成』, 고려대학교출판부.

복천박물관, 2002, 『고대아시아 문물교류』, 특별전 도록.

부산대학교박물관, 1996, 『선사와 고대의 문화』, 특별전 도록.

沈奉謹, 1999, 『韓國에서 본 日本彌生文化의 展開』, 學研文化社.

李蘭暎, 1992, 『韓國古代金屬工藝研究』, 一志社.

李蘭暎, 2003, 『高麗鏡 研究』, 신유.

이성규·정인성·이남규·오영찬·김무중·김길식, 2006, 『낙랑문화연구』, 동북아역사재단연구총서 20, 동북아역사재단.

李仁淑, 1993, 『한국의 古代유리』, 창문.

李淸圭, 1995, 『濟州道 考古學 研究』, 學研文化社.

李賢惠, 1998, 『韓國 古代의 생산과 교역』, 一潮閣.

최몽룡·김경택, 2005, 『한성시대 백제와 마한』, 주류성.

崔盛洛, 1993, 『韓國 原三國文化의 研究』, 學研文化社.

崔鍾圭, 1995, 『三韓考古學研究』, 書景文化社.

高久健二, 1995, 『樂浪古墳文化研究』, 學研文化社.

## 3. 논문

국내

姜鳳龍, 1999, 「3~5세기 영산강유역 '甕棺古墳社會'와 그 성격」, 『歷史敎育』第69輯, 歷史敎育硏究會.

姜銀英, 2001, 『漢鏡의 제작과 辰·弁韓 지역 유입과정』, 서울大學校大學院碩士學位論文.

康昌和, 2003, 「耽羅 以前의 社會와 耽羅國의 形成」, 『강좌한국고대사』제10권, 재단법인 가락국사적개발연구원.

강형태·정광용·이기길, 2002, 「납동위원소비법에 의한 영광 수동유적 청동기의 산지추정」, 『湖南考古學報』15, 湖南考古學會.

강형태·조남철·정광용·한민수, 2003, 「수동유적 움무덤 유리구슬의 성분분석」, 『영광 마전·군동·원당·수동유적』, 조선대학교박물관.

高久健二, 1997, 「樂浪郡과 三韓과의 交涉形態에 대하여-三韓地域 出土의 漢式 遺物과 非漢式 遺物의 檢討를 중심으로-」, 『文物硏究』창간호, 재단법인 동아시아문물연구학술재단.

高久健二, 2000, 「낙랑군과 변·진한의 묘제-副葬品의 組成과 配置에 대한 分析을 중심으로-」, 『고고학으로 본 변·진한과 왜』, 영남고고학회·구주고고학회 제4회 합동고고학대회.

權五榮, 1988, 「考古資料를 중심으로 본 百濟와 中國의 文物交流-江南地方과의 관계를 중심으로-」, 『震檀學報』第66號, 震檀學會.

權五榮, 1996, 『三韓의 「國」에 대한 硏究』, 서울大學校大學院 博士學位論文.

권오영, 1996, 「백제의 성립과 발전」, 『신편 한국사』6.

권오영, 1999, 「한국 고대의 새〔鳥〕관념과 제의〔祭儀〕」, 『역사와 현실』제32호, 한국역사연구회.

권오영, 2001, 「백제국(伯濟國)에서 백제(百濟)로의 전환」, 『역사와 현실』제40호, 한국역사연구회.

權五榮, 2004, 「物資·技術·思想의 흐름을 통해 본 百濟와 樂浪의 交涉」, 『漢城期 百濟의 물류시스템과 對外交流』, 한신대학교학술원, 학연문화사.

權學洙, 1994, 「加耶諸國의 相互關係와 聯盟構造」, 『韓國考古學報』 31, 韓國考古學會.

吉井秀夫, 2003, 「土器資料를 통해서 본 3~5세기의 百濟와 倭의 交涉關係」, 『漢城期 百濟의 물류시스템과 對外交涉』, 한신대학교학술원, 학연문화사.

金京七, 2005, 「靈光 水洞鏡으로 본 被葬者의 性格」, 『지방사와 지방문화』 제8권 2호, 역사문화학회편, 학연문화사.

김경칠, 2006, 「羅州 郎洞遺蹟 出土 貨泉의 性格」, 『全南文化財』 第13輯, 全羅南道.

金京七, 2006, 「有孔壺形土器一考」, 『百濟文化』 第35輯, 公州大學校 百濟文化研究所.

金京七, 2007, 「南韓地域 出土 漢代 金屬貨幣와 그 性格」, 『湖南考古學報』 27, 湖南考古學會.

金京七, 2008, 「湖南地方 出土 原三國期 外來土器의 性格」, 『全南考古』 제2호, 全南文化財研究院.

金邱軍, 2000, 「虎形帶鉤의 型式分類와 編年」, 『慶北大學校 考古人類學科 20周年 紀念論叢』, 慶北大學校 人文大學 考古人類學科.

김규호·송유나·김나영, 2005, 「완주 갈동유적 출토 유리환의 고고화학적 고찰」, 『完州 葛洞遺蹟』, 湖南文化財研究院.

김길식, 2001, 「삼한지역 출토 낙랑계 문물」, 『낙랑』 특별전 도록, 국립중앙박물관.

김두철, 2000, 「祭祀考古學의 研究成果와 課題-竪穴式儀禮遺構를 중심으로-」, 『고고학의 새로운 지향』, 부산복천박물관.

金度憲, 2002, 「三韓時代 鑄造鐵斧의 流通樣相에 대한 檢討」, 『嶺南考古學』

31, 嶺南考古學會.

金武重, 2004, 「考古資料를 통해 본 百濟와 樂浪의 交涉」, 『湖西考古學』第11
　　輯, 湖西考古學會.

金武重, 2004, 「華城 旗安里製鐵遺蹟 出土 樂浪系土器에 대하여」, 『百濟研
　　究』第40輯, 忠南大學校 百濟研究所.

김수태, 1998, 「3세기 중·후반 백제의 발전과 馬韓」, 『馬韓史研究』, 忠南大
　　學校 出版部.

金承玉, 1997, 「鋸齒文 : 정치적 권위의 象徵的 表象」, 『韓國考古學報』36, 韓
　　國考古學會.

김영원, 1998, 「百濟時代 中國陶磁의 輸入과 倣製」, 『百濟文化』第27輯, 公州
　　大學校 百濟文化研究所.

金垠井, 2006, 『全北地方 原三國時代 住居址 研究』, 全北大學校大學院 碩士
　　學位論文.

金貞培, 1979, 「三韓社會의 "國"의 解釋問題」, 『韓國史研究』26, 韓國史研究會.

김종만, 1999, 「馬韓圈域出土 兩耳附壺 小考」, 『考古學誌』第10輯, 韓國考古
　　美術研究所.

金周成, 1997, 「榮山江流域 大形甕棺墓社會의 成長에 대한 試論」, 『百濟研
　　究』第27輯, 忠南大學校 百濟研究所.

金周弘, 2007, 『古代 琉璃玉 製作技術 研究』, 木浦大學校大學院 碩士學位論文.

金昌錫, 2001, 『三國 및 統一新羅의 商業과 流通』, 서울大學校大學院 博士學
　　位論文.

金鉉珍, 2006, 『영남지역 출토 한식경의 제작과 교역』, 嶺南大學校大學院 碩
　　士學位論文.

盧重國, 1990, 「目支國에 대한 一考察」, 『百濟論叢』第2輯, 財團法人 百濟文
　　化開發研究院.

노중국, 2003, 「馬韓과 樂浪·帶方郡과의 군사 충돌과 目支國의 쇠퇴-正始
　　연간(240-248)을 중심으로-」, 『大邱史學』第71輯, 大邱史學會.

武末純一, 1995,「고고학으로 본 영산강유역과 일본 큐슈지역」,『영산강유역 고대문화권의 역사적 성격』, 광주전남발전연구원 영산강연구센 터·호남고고학회.

武末純一, 2009,「茶戶里遺蹟과 日本」,『考古學誌』特輯號, 國立中央博物館.

朴善美, 2000,『기원전 3~2세기 古朝鮮 文化와 明刀錢 유적』, 서울市立大學 校大學院 碩士學位論文.

박선미, 2008,「한반도 출토 漢代 화폐와 그 의미」,『先史와 古代』28, 韓國古 代學會.

朴淳發, 1999,「漢城百濟의 對外關係-國家 成立期 對外交涉의 實狀과 意義-」, 『百濟研究』第30輯, 忠南大學校 百濟研究所.

박순발, 2001,「馬韓 對外交涉의 變遷과 百濟의 登場」,『百濟研究』第33輯, 忠南大學校 百濟研究所.

朴淳發, 2004,「百濟土器 形成期에 보이는 樂浪土器의 影響-深鉢形土器 및 長卵形土器 形成 過程을 中心으로-」,『百濟研究』第40輯, 忠南大學 校 百濟研究所.

박순발, 2004,「湖南地方 原三國時代 編年에 대하여」,『밖에서 본 호남고고 학의 성과와 쟁점』, 湖南考古學會.

朴辰一, 2000,『圓形粘土帶土器文化研究-湖西 및 湖南地方을 中心으로-』, 釜 山大學校大學院 碩士學位論文.

朴天秀, 2006,「加耶 土器의 樣式과 編年」,『제11회 호남문화재연구원 초청 강연회 자료집』, 湖南文化財研究院.

朴天秀, 2006,「任那四縣과 己汶, 帶沙를 둘러싼 百濟와 大伽耶」,『加耶, 洛 東江에서 榮山江으로』, 第12回 加耶史國際學術會議, 金海市.

사회과학원, 1947,「재령군 고산리 성황동에서 나온 유물」,『고고학자료집』 제4집.

서현주, 1996,「南海岸地域 原三國時代 貝塚의 時期區分과 起源問題-出土遺 物을 중심으로-」,『湖南考古學報』4, 湖南考古學會.

서현주, 2000,「호남지역 원삼국시대 패총의 현황과 형성 배경」,『호남지역의 철기문화』, 第8回 湖南考古學會 學術大會 發表要旨, 湖南考古學會.

徐賢珠, 2006,『榮山江流域 三國時代 土器 研究』, 서울大學校大學院 博士學位論文.

서현주, 2007,「湖南地域의 倭系文化」,『교류와 갈등-호남지역의 백제, 가야, 그리고 왜-』, 제15회 호남고고학회 정기학술대회, 湖南考古學會.

成正鏞·南宮丞, 2001,「益山 蓮洞里 盤龍鏡과 馬韓의 對外交涉」,『考古學誌』第12輯, 韓國考古美術研究所.

宋桂鉉, 1995,「洛東江下流域의 古代 鐵生産」,『加耶諸國의 鐵』, 仁濟大學校 加耶文化研究所編, 신서원.

송순탁, 1993,「우리나라에서 좁은놋단검의 형식의 형성과정에 대하여(1)」,『조선고고학연구』93-2, 사회과학출판사.

申敬淑, 2002,『湖南地方 粘土帶土器 研究』, 木浦大學校大學院 碩士學位論文.

신용민, 2002,「사천시 늑도유적 출토 반량·오수에 대하여」,『동아시아문물 연구소 학술발표회 자료』.

신희권, 2001,「1~3세기 한강유역 주거와 백제의 형성」,『동아시아 1~3세기 의 주거와 분묘』, 문화재연구소 국제학술대회 발표논문 제10집, 國立文化財研究所.

沈奉謹, 1990,「三韓·原三國時代의 銅鏡」,『石堂論叢』16, 東亞大學校 傳統文化研究院.

沈奉謹, 1998,「固城 東外洞貝塚出土 彌生系遺物」,『石堂論叢』27, 東亞大學校 傳統文化研究院.

沈奉謹, 1998,「東亞大學校 博物館所藏 三角緣系 古代銅鏡」,『東北아시아의 古代 銅鏡』, 東亞大學校博物館.

安京淑, 1998,『多鈕鏡에서 漢鏡으로 轉換에 대한 研究』, 漢陽大學校大學院 碩士學位論文.

安在晧, 1997,「鐵鎌의 變化와 劃期」,『伽倻考古學論集』2, 財團法人 駕洛國

史蹟開發研究院.

安在晧·洪潽植, 1998,「三韓時代 嶺南地方과 北九州地方의 交涉史 研究」,
　　　『韓國民族文化』12, 부산대학교 한국민족문화연구소.

오영찬, 2001,「낙랑토기의 제작기법」,『낙랑』특별전 도록, 국립중앙박물관.

禹在柄, 2002,「4~5世紀 倭에서 加耶·百濟로의 交易루트와 古代航路」,『湖
　　　西考古學』第6·7合輯, 湖西考古學會.

兪炳夏, 1997,『扶安 竹幕洞 遺蹟의 海神과 祭祀-제사양상의 비교 검토를 중
　　　심으로-』, 서울大學校大學院 碩士學位論文.

兪元載, 1994,「《晋書》의 馬韓과 百濟」,『韓國上古史學報』第17號, 韓國上古
　　　史學會.

柳佑相, 1966,「胎峰寺出土 晋鏡에 대한 考察-百濟의 國際關係를 中心으로-」,
　　　『湖南文化研究』4, 湖南文化研究所.

柳澤一男, 2006,「5~6世紀의 韓半島 西南部와 九州」,『加耶, 洛東江에서 榮
　　　山江으로』, 第12回 加耶史國際學術會議, 金海市.

尹龍九, 1995,「三韓의 대외교역과 樂浪」,『三韓의 社會와 文化』, 韓國古代史
　　　研究會 第8回 合同討論會, 韓國古代史研究會.

尹龍九, 1999,「三韓의 朝貢貿易에 대한 一考察-漢代 樂浪郡의 교역형태와
　　　관련하여-」,『歷史學報』第162輯, 歷史學會.

尹龍九, 1999,「三韓의 對中交涉과 그 性格-曹魏의 東夷經略과 관련하여-」,
　　　『國史館論叢』第85輯, 國史編纂委員會.

尹龍二, 1988,「百濟 遺蹟發見의 中國磁器를 通해 본 南朝의 交涉」,『震檀學
　　　報』第66號, 震檀學會.

殷和秀, 1999,『韓國 出土 卜骨에 對한 研究』, 全北大學校大學院 碩士學位論文.

李健茂, 1990,「扶餘 合松里遺蹟 出土 一括遺物」,『考古學誌』第2輯, 韓國考
　　　古美術研究所.

李健茂, 1991,「唐津 素素里遺蹟 出土 一括遺物」,『考古學誌』第3輯, 韓國考
　　　古美術研究所.

李健茂, 2001, 「勒島遺蹟을 통해 본 古代 國際交流」, 『勒島遺蹟을 통해 본 韓·中·日 古代文化 交流』, 慶尙南道·慶尙大學校博物館.

이기길, 2001, 「새로 밝혀진 영광군의 선사와 고대문화-서해안 고속도로 건설 구간의 발굴자료를 중심으로」, 『先史와 古代』16, 韓國古代學會.

李基東, 1987, 「馬韓領域에서의 百濟의 成長」, 『馬韓·百濟文化』第十輯, 圓光大學校 馬韓·百濟文化硏究所.

李南珪, 2002, 「韓半島 初期鐵器文化의 流入 樣相」, 『韓國上古史學報』第36號, 韓國上古史學會.

李南珪, 2004, 「漢城期 百濟 물류시스템과 對外交涉 硏究의 問題點」, 『漢城期 百濟의 물류시스템과 對外交涉』, 한신대학교학술원, 학연문화사.

李南珪, 2005, 「韓半島 西部地域 原三國時代 鐵器文化-地域性과 展開樣相의 特性-」, 『원삼국시대 문화와 지역성 변동』, 제29회 한국고고학전국대회, 韓國考古學會.

이남석·이현숙, 2006, 「서산 해미 기지리 분구묘」, 『墳丘墓·墳丘式 古墳의 新資料와 百濟』, 第49回 全國歷史學大會 考古學部 發表資料集, 韓國考古學會.

李東注, 2004, 「泗川 勒島遺蹟 C地區의 調査成果」, 『영남고고학 20년 발자취』, 創立 20週年 記念 學術大會, 嶺南考古學會.

이동희, 2007, 「남해안 일대의 가야와 백제문화-전남 동부지역을 중심으로-」, 『교류와 갈등-호남지역의 백제, 가야, 그리고 왜-』, 제15회 호남고고학회 정기 학술대회, 湖南考古學會.

李釙起, 2006, 「考古學資料를 통해 본 古代 南海岸地方 對外交流-貨幣와 卜骨을 中心으로-」, 『지방사와 지방문화』제9권 2호, 역사문화학회편, 학연문화사.

李相吉, 2000, 『靑銅器時代 儀禮에 관한 考古學的 硏究』, 大邱曉星가톨릭大學校大學院 博士學位論文.

李盛周, 1987, 『原三國時代 土器의 硏究-영남지방 출토 토기를 중심으로-』,

서울大學校大學院 碩士學位論文.

李盛周, 1996,「靑銅器時代 東아시아 世界體系와 韓半島의 文化變動」,『韓國上古史學報』第23號, 韓國上古史學會.

李盛周, 1998,「韓半島 鐵器時代에 대한 槪念化의 試圖」,『東아시아의 鐵器文化』, 문화재연구소 국제학술대회 발표논문 제7집, 國立文化財研究所.

李盛周, 1999,「辰·弁韓地域 墳墓 出土 1~4世紀 土器의 編年」,『嶺南考古學』24, 嶺南考古學會.

李盛周, 2000,「紀元前 1世紀代의 辰·弁韓地域」,『전환기의 고고학 Ⅲ』, 第24回 韓國上古史學會 學術發表大會, 韓國上古史學會.

李盛周, 2000,「打捺文短頸壺의 研究」,『文化財』第33號, 國立文化財研究所.

李盛周, 2003,「加耶-倭 相互作用에 대한 考古學의 解釋-韓半島 南部地域 出土 倭系遺物의 解釋-」,『伽倻文化』第16號, 財團法人 伽倻文化研究院.

이양수, 2004,「密陽 校洞遺蹟 出土 前漢鏡-前漢鏡의 製作方法을 中心으로-」,『密陽校洞遺蹟』, 密陽大學校博物館.

李陽洙, 2006,「韓半島에서 漢鏡의 分配와 流通」,『考古學誌』第15輯, 韓國考古美術研究所.

李暎澈, 2005,「榮山江流域의 原三國時代 土器相」,『원삼국시대 문화의 지역성과 변동』, 제29회 한국고고학전국대회, 韓國考古學會.

이영훈·이양수, 2007,「한반도 남부 출토 오수전에 대하여」,『永川 龍田里 遺蹟』, 國立慶州博物館.

李龍範, 1976,「古代의 滿洲關係」,『春秋文庫』20.

李在賢, 2000,「加耶地域出土 銅鏡과 交易體系」,『韓國古代史論叢』9, 韓國古代社會研究所編, 財團法人 駕洛國史蹟開發研究院.

李在賢, 2001,「勒島遺蹟 B地區 發掘調査 槪要」,『勒島遺蹟을 통해 본 韓·中·日 古代文化 交流』, 慶尙南道·慶尙大學校博物館.

李在賢, 2003,『弁·辰韓社會의 考古學的 연구』, 釜山大學校大學院 博士學

位論文.

李在賢, 2004,「영남지역 출토 삼한시기 倣製鏡의 文樣과 의미」, 『韓國考古學報』 53, 韓國考古學會.

이재현, 2005,「남한출토 낙랑관련 유물의 현황과 성격」, 『낙랑의 고고학』, 제33회 한국상고사학회 학술발표대회, 한국상고사학회.

이창희, 2005, 『三韓時代 南海岸의 日常土器 研究』, 釜山大學校大學院 碩士學位論文.

李淸圭·康昌和, 1994,「제주도 출토 漢代 화폐유물의 한 例」, 『韓國上古史學報』 第17號, 韓國上古史學會.

李淸圭, 1997,「嶺南지방 靑銅器文化의 전개」, 『嶺南考古學』 21, 嶺南考古學會.

이청규, 2001,「기원 전후 慶州와 周邊과의 交流-토기와 청동기를 중심으로-」, 『國家形成期 慶州와 周邊地域』, 학술문화사.

李淸圭, 2003,「韓中交流에 대한 考古學的 접근-청동기시대에서 철기시대까지-」, 『韓國古代史研究』 32, 한국고대사학회편, 서경문화사.

李賢惠, 1993,「原三國時代論 檢討」, 『韓國古代史論叢』 5, 韓國古代社會研究所編, 財團法人 駕洛國史蹟開發研究院.

李賢惠, 1998,「三韓의 對外交易체계」, 『韓國古代의 생산과 교역』, 一潮閣.

이현혜, 2001,「加耶의 交易과 經濟-낙동강 하구지역을 중심으로-」, 『한국고대사 속의 가야』, 부산대학교 한국민족문화연구소편, 혜안.

李彗竹·王靑, 2002,「후기청동기시대~초기철기시대 중국 산동지역과 한국과의 교류」, 『白山學報』 64, 白山學會.

李澤求, 2006, 『韓半島 中西部地域 馬韓 墳丘墓 研究』, 全北大學校大學院 碩士學位論文.

林起煥, 2004,「漢城期 百濟의 對外交涉-3~5세기를 중심으로-」, 『漢城期 百濟의 물류시스템과 對外交涉』, 한신대학교학술원, 학연문화사.

林永珍, 1992,「〈原三國時代 貝塚文化〉에 대한 檢討」, 『第16回 韓國考古學 全國大會 發表要旨』, 韓國考古學會.

林孝澤, 1993,「洛東江 下地域 加耶墓制의 系統」,『先史와 古代』4, 韓國古代
學會.

林孝澤, 1997,「洛東江流域 良洞里 第427號 加耶古墳 考察」,『加耶文化』第
10號, 財團法人 伽倻文化研究院.

林孝澤, 2000,「金海 良洞里 第427號 土壙木棺墓 考察」,『金海良洞里古墳
化』, 東義大學校博物館.

全榮來, 1976,「完州 上林里出土 中國式銅劍에 關하여」,『全北遺蹟調査報
告』第6輯, 全州市立博物館.

全榮來, 1987,「錦江流域 靑銅器文化圈 新資料」,『馬韓·百濟文化』第十輯,
圓光大學校 馬韓·百濟文化研究所.

鄭相石, 2001,「錦江流域 細形銅劍文化의 발전과 桃氏劍」,『韓國古代史研
究』22, 한국고대사학회편, 서경문화사.

井上主税, 2006,『嶺南地方 출토 倭係遺物로 본 한일교섭』, 慶北大學校大學
院 博士學位論文.

鄭永和·金順玉, 2000,「慶州地域 鐵器生産의 變遷」,『古文化』第56輯, 韓國
大學博物館協會.

鄭仁盛, 2003,「弁韓·加耶의 對外交涉-樂浪郡과의 교섭관계를 중심으로-」,
『가야 고고학의 새로운 조명』, 부산대학교 한국민족문화연구소편,
혜안.

정인성, 2005,「樂浪土器와 평기와의 제작기법-盆形土器의 관찰과 제작실험
을 중심으로-」,『낙랑의 고고학』, 제33회 한국상고사학회 학술발표
대회, 한국상고사학회.

조대연, 2007,「초기철시시대 납-바륨 유리에 관한 고찰-실험고고학적 연구
를 중심으로-」,『한국고고학보』63, 한국고고학회.

趙鎭先, 2004,『細形銅劍文化의 展開過程 研究』, 全北大學校大學院 博士學
位論文.

趙現鐘, 2001,「韓國 低濕地考古學의 展望」,『南道文化研究』第7輯, 順天大

學校 南道文化硏究所.

조현종, 2005,「先史時代 濟州의 對外交流」,『제주도의 고고학』, 제13회 호남 고고학회 학술대회 발표요지, 湖南考古學會.

池健吉, 1990,「南海岸地方 漢代貨幣」,『昌山金正基博士華甲記念論叢』, 昌 山金正基博士華甲記念論叢刊行委員會.

池健吉, 1990,「長水 南陽里 出土 靑銅器・鐵器 一括遺物」,『考古學誌』第2 輯, 韓國考古美術硏究所.

崔夢龍, 1985,「古代國家成長과 貿易-衛滿朝鮮의 例-」,『韓國古代의 國家와 社會』, 歷史學會編, 一潮閣.

崔美淑, 2001,『全南地方 鐵器時代 住居址硏究』, 木浦大學校大學院 碩士學 位論文.

崔盛洛, 1996,「韓國 南部地域의 鐵器文化」,『東아시아의 鐵器文化-도입기의 제양상-』, 문화재연구소 국제학술대회 발표논문 제5집, 國立文化財 硏究所.

崔盛洛, 1998,「철기시대 주거지를 통해 본 사회상」,『東아시아의 鐵器文化- 住居 및 古墳을 통해본 政治・社會相-』, 문화재연구 국제학술대회 발표논문 제7집, 國立文化財硏究所.

최성락, 2000,「호남지역의 철기시대-연구현황과 과제」,『호남지역의 철기 문화』, 第8回 湖南考古學會 學術大會 發表要旨, 湖南考古學會.

최성락, 2002,「철기시대 토기의 실체와 연구방향」,『지방사와 지방문화』제 5권 2호, 역사문화학회편, 학연문화사.

최성락, 2005,「고고학에서 본 고대 한일문화교류의 쟁점」,『북방사논총』8 호, 고구려연구재단.

최성락・김건수, 2002,「철기시대 패총의 형성과 배경」,『湖南考古學報』15, 湖南考古學會.

韓玉珉, 2000,『全南地方 土壙墓 硏究』, 全北大學校大學院 碩士學位論文.

韓玉珉, 2001,「전남지방 토광묘 성격에 대한 고찰」,『湖南考古學報』13, 湖

南考古學會.

崔完奎, 2000,「湖南地域의 馬韓墳墓 類型과 展開」,『湖南考古學報』11, 湖南
　　考古學會.

崔完奎, 2002,「全北地方의 周溝墓」,『東아시아의 周溝墓』, 호남고고학회 창
　　립10주년 기념 국제학술 발표요지, 湖南考古學會.

崔完奎, 2006,「墳丘墓 研究의 現況과 課題」,『墳丘墓・墳丘式 古墳의 新資
　　料와 百濟』, 第49回 全國歷史學大會 考古學部發表資料集, 韓國考古
　　學會.

황기덕, 1963,「황해북도 봉산군 송산리 솔뫼골 돌돌림무덤」,『고고학자료
　　집』3, 과학원출판사.

韓修英, 2004,「青銅鏃 小考」,『研究論文集』第4號, 湖南文化財研究院.

함순섭, 1998,「天安 清堂洞遺蹟을 통해 본 馬韓의 對外交涉」,『馬韓史研究』,
　　忠南大學校 出版部.

홍보식, 2006,「한반도 남부지역의 왜계 요소-기원후 3~6세기대를 중심으
　　로-」,『韓國古代史研究』44, 한국고대사학회.

홍보식, 2007,「신라・가야권역내의 마한・백제계 문물」,『4~6세기 가야・
　　신라 고분출토의 외래계 문물』, 第16回 嶺南考古學會 學術發表會,
　　嶺南考古學會.

洪思俊, 1960,「全北 益山出土 六朝鏡」,『考古美術』第1卷 第1號, 考古美術동
　　인회.

平尾良光, 1992,「古代 東아시아에 있어서의 青銅-납同位元素比를 通한 青
　　銅器文化의 解析-」,『湖巖美術館 開館10周年 記念 招請 學術講演
　　發表要旨』, 湖巖美術館.


국외

岡崎敬, 1982,「日本および韓國における貨泉・貨布および五銖錢につい
　　て」,『森貞次郎博士古稀記念古文化論集』上卷, 森貞次郎博士古稀

　　　　記念論文集刊行會.

岡內三眞, 1982, 「漢代五銖錢の硏究」, 『朝鮮學報』 第102輯, 朝鮮學會.

岡內三眞, 2006, 「中國新疆トルファン出土の五銖錢」, 『有光敎一先生白壽記
　　　　念論叢』, 財團法人 高麗美術館.

岡村秀典, 1984, 「前漢鏡の編年と樣式」, 『史林』 67-5, 史學硏究會.

岡村秀典, 1993, 「後漢鏡の編年」, 『國立歷史民俗博物館硏究報告』 第55輯,
　　　　國立歷史民俗博物館.

高宮廣衛, 1987, 「城嶽と明刀錢」, 『東アジアの考古學と歷史』 中, 岡崎敬先
　　　　生退官記念論 集, 岡崎敬先生退官記念事業會.

高倉洋彰, 1972, 「彌生時代 小型倣製鏡について」, 『考古學雜誌』 58-3.

高倉洋彰, 1985, 「彌生時代 小型倣製鏡について(前承)」, 『考古學雜誌』 70-3.

高倉洋彰, 1989, 「王莽錢の流入と流通」, 『九州歷史資料館硏究論集』 14, 九
　　　　州歷史資料館.

高倉洋彰, 1989, 「韓國原三國時代の銅鏡」, 『九州歷史資料館硏究論集』 14,
　　　　九州歷史資料館.

高倉洋彰, 1990, 「彌生時代の小型倣製鏡」, 『日本金屬器出現期の考古學』, 學
　　　　生社.

高倉洋彰, 1993, 「彌生時代小形仿製鏡の製作地」, 『季刊考古學』 43, 雄山閣.

高倉洋彰, 1994, 「後漢・原三國時代・彌生時代後期の銅鏡」, 『古代東亞細亞
　　　　의 再發見』, 호암미술관.

高倉洋彰, 2002, 「弁韓・辰韓の銅鏡」, 『韓半島考古學論叢』, すずさわ書店.

關野貞 外, 1927, 『樂浪郡時代の遺蹟』, 古蹟調査特別報告第四冊.

菅谷文則, 1991, 「倭と大陸-朝鮮半島の古代貿易基地を通じて」, 『古代の日
　　　　本と東アジア』, 小學館.

橋口達也, 1988, 『新町遺跡』 II, 志摩町文化財調査報告書八.

廣瀨和雄, 1993, 「彌生時代首長のイデオロギ-形成」, 『彌生文化博物館硏究
　　　　報告』 第2輯, 大阪府立彌生文化博物館.

谷一尙, 1988,「金層ガラス珠の技法と傳播」,『民族藝術』4.

金京七, 2008,「湖南地方出土の原三國時代外來玉類小考」,『高麗美術館研究
　　　　紀要』第6号, 高麗美術館研究所.

多田狷介, 1965,「漢代の地方商業について」,『史潮』92.

大庭脩, 1982,「漢代の關所とパスポ-ト」,『秦漢法制史の研究』, 創文社.

森岡秀人, 2003,「貨幣」,『東アジアと日本の考古學Ⅲ-交流と交易-』, 同成社.

森貞次郎, 1966,「彌生文化の發展と地域性-九州-」,『日本の考古學』Ⅲ.

梅原末治・蘇田亮策, 1947,『朝鮮古文化綜鑑』第Ⅰ卷, 養德社.

武末純一, 1987,「須玖式土器」,『彌生文化の研究』4, 雄山閣.

白井克也, 2001,「百濟土器・馬韓土器と倭」,『檢證古代の河內と百濟』, 枚方
　　　　歴史フォ-ラム實行委員會.

白井克也, 2001,「勒島貿易と原の辻遺蹟-粘土帶土器・三韓土器・樂浪土器
　　　　からみた彌生時代の交易-」,『彌生時代の交易-モノの動きとその
　　　　擔い手-』, 第49回 埋藏文化財研究集會.

福永伸哉, 2001,『邪馬臺國から大和政權へ』, 大阪大學出版會.

榧本社人, 1935,「金海貝塚・其の新發見」,『考古學』6-2.

濱田耕作・梅原末治, 1923,「金海貝塚發掘調査報告」,『大正九年度古蹟調査
　　　　報告』第一册, 朝鮮總督府.

林巳奈夫, 1989,「中國古代における蓮花の象徵」,『漢代の神神』, 臨川書店.

山尾幸久, 1989,『古代の日朝關係』, 槁書房.

杉本厚典, 2003,「河內布留式土器の細分各地との竝行關係」,『古墳出現期の
　　　　土師器と實年代シンポジウム資料集』, 大阪府文化財センタ-.

西嶋定生, 1981,『中國古代社會經濟』, 東京大學出版會.

小田富士雄, 1967,「發生期古墳の地域相-北九州について」,『歴史教育』15-4.

小田富士雄, 1980,「九州系彌生文物の對外傳播覺書」,『日本民族とその周
　　　　邊・考古編』.

小田富士雄, 1981,「日・韓地域出土の同范小銅鏡」,『古文化談叢』9, 九州古

文化研究會.

小田富士雄・韓炳三 編, 1991,『日韓交涉の考古學-彌生時代 篇-』, 六興出版.

小田富士雄, 1992,「日韓の出土五銖錢・第2報」,『古文化談叢』第28輯, 九州
　　　古文化研究會.

小場恒吉・榧本龜次郎, 1935,『樂浪王光墓』, 古蹟調查報告第二, 朝鮮古蹟研
　　　究會.

小川英文 編, 2000,『交流考古學』, 朝倉書店.

神澤湧一, 1987,「日本の卜骨」,『考古學ジャ-ナル』9.

宇野隆夫, 1996,「西洋流通史の考古學的研究-イギリス考古學の研究動向か
　　　ら」,『古代文化』48, 古代學協會.

奧平昌洪, 1936,『東亞錢志』第二卷.

柳田康雄, 1989,「朝鮮半島における日本系遺物」,『九州における古墳文化と
　　　朝鮮半島』, 學生社.

田尻義了, 2003,「彌生時代小形倣製鏡の製作地-初期小形倣製鏡の檢討」,
　　　『青丘學術論文集』22, 財團法人 韓國文化研究振興財團.

佐佐木憲一, 1995,「地域間交流の考古學-最近の歐美における動向」,『展望
　　　考古學-考古學研究會40周年記念論集』.

佐賀縣敎育委員會, 1979,『二塚山』.

鄭仁盛, 2001,「樂浪土城と靑銅器製作」,『東京大學 考古學研究室研究紀要』
　　　第16號.

鄭仁盛, 2002,「樂浪土城と靑銅鏃」,『東京大學 考古學研究室研究紀要』第17號.

朝鮮總督府, 1925,「南朝鮮に於ける漢代の遺跡」,『大正十一年度古蹟調查報
　　　告』第二册.

地下安廣, 1999,「沖繩縣嘉門貝塚出土の樂浪系土器」,『人類學史研究』11,
　　　人類史研究會.

秋山進午, 1993,「王莽鑄錢の技術と意義」,『考古論集-潮見浩先生退官記念
　　　論文集-』, 潮見浩先生退官記念事業會編.

片岡宏二, 1993, 「韓國出土の彌生土器」, 『二十一世紀への考古學』, 雄山閣.

平美典, 2001, 「韓半島出土彌生系土器から見た日韓交涉」, 『彌生時代におけ
る九州・韓半島交流史の研究』, 九州大學大學院 比較社會文化研究
院 基層構造講座.

樋口隆康, 1979, 『古鏡』, 新潮社.

後藤直, 1979, 「朝鮮系無文土器」, 『三上次南先生頌壽記念東洋史・考古學論集』.

洛陽區考古發掘隊, 1959, 「洛陽燒溝漢墓」, 『中國田野考古報告集』, 科學出版社.

常春林, 1982, 「遼寧錦西縣邵集屯發現全局刀幣」, 『考古學集刊』 2集.

成東・鍾少異, 1995, 『中國古代兵器圖集』.

吳榮會, 1956, 「中國古代的錢幣」, 『考古通訊』 56-4.

中國科學院考古學研究所 編, 1981, 『廣州漢墓』, 科學出版社.

王增新, 1964, 「遼寧撫順市蓮花堡遺址發掘簡報」, 『考古』 第6期.

戴志强・謝世平, 1984, 「"貨泉"初探-兼論莽錢制作特徵的演變」, 『中國錢幣』,
1984-1.

彭活凡, 1987, 『中國南方古代印紋陶』, 文物出版社.

彭信威, 1988, 『中國貨幣史』 3版, 上海人民出版社.

孫仲滙・胡薇, 1989, 『古錢幣圖解』, 上海書店出版社.

河北省文物研究所, 1996, 『燕下都』, 文物出版社.

何賢武・王秋華, 1993, 『中國文物考古辭典』, 遼寧科學技術出版社.

## 4. 보고서

江原文化財研究所, 2005, 「강릉고등학교 화장실 증축공사부지내 文化遺蹟
試掘調査 報告書」, 『江陵地域 文化遺蹟 試掘調査 報告
書』.

權五榮・韓志仙, 2005, 『風納土城』 VI, 국립문화재연구소・한신대학교박물관.

국립광주박물관, 1993, 『靈巖 新燕里 9號墳』.

國立慶州博物館, 2007,『永川 龍田里 遺蹟』.

국립문화재연구소, 2001,『風納土城』I.

國立全州博物館, 1994,『扶安 竹幕洞 祭祀遺蹟』.

국립중앙박물관, 1995,『清堂洞』II.

國立晋州博物館, 1993,『煙臺島』I.

金建洙・李暎澈・陳萬江・李恩政, 2003,『羅州 龍虎古墳群』, 湖南文化財研究院.

金建洙・李永德, 2004,『高敞 萬洞遺蹟』, 湖南文化財研究院.

金建洙・韓修英・陳萬江・申元才, 2005,『完州 葛洞遺蹟』, 湖南文化財研究院.

金京七・李釩起・張喜京, 2004,『珍島 五山里遺蹟 試掘調査報告』, 全南文化財研究院.

金京七・鄭一・李雲炯, 2004,『羅州 郎洞遺蹟 試掘調査報告』, 全南文化財研究院.

金秉模・沈光注, 1991,『二聖山城 3次發掘調査報告書』, 漢陽大學校博物館.

金承玉・李澤求, 2004,「完州 上雲里遺蹟 發掘調査 槪報」,『통일신라시대고고학』, 제28회 한국고고학전국대회, 韓國考古學會.

김영우, 1964,「세죽리 유적 발굴 중간보고(2)」,『고고민속』4.

김정문, 1964,「세죽리 유적 발굴 중간보고(1)」,『고고민속』2.

김종혁, 1974,「토성동 제4호무덤 발굴보고」,『고고학자료집』제4집, 사회과학출판사.

東亞大學校博物館, 1984,「固城東外洞貝塚」,『上老大島』.

林永珍・趙鎭先・徐賢珠, 1998,『寶城 金坪 遺蹟』, 全南大學校博物館.

林永珍・李昇龍・全炯玟, 2003,『咸平 昭明 住居址』, 全南大學校博物館.

林永珍・吳東墠, 2006,「高興 吉頭里 雁洞古墳 試掘調査 槪報」,『研究論文集』第7號, 湖南文化財研究院.

林孝澤・郭東哲, 2000,『金海良洞里古墳文化』, 東義大學校博物館.

리순진, 1974,「부조예군무덤 발굴보고」,『고고학자료집』제4집, 사회과학출판사.

文化財管理局, 1988,『新安海底遺物』.

夢村土城發掘調査團, 1985,『夢村土城發掘調査報告』.

密陽大學校博物館, 2004,『密陽校洞遺蹟』.

裵基同·金娥官, 1994,「漢陽大學校發掘調査團 調査報告(1991년도)」,『渼沙里』第2卷, 渼沙里先史遺蹟發掘調査團.

釜山大學校 人文大學 考古學科, 2002,『金海 會峴里貝塚』.

徐聲勳·成洛俊, 1989,「大谷里 도롱·한실 住居址」,『住岩댐水沒地域 文化遺蹟發掘調査報告書』VI, 全南大學校博物館.

申大坤·張齊根·宋晧娟, 2006,『濟州終達里遺蹟』I, 國立濟州博物館.

申相孝·崔相宗·尹孝男, 2001,『光州 新昌洞 低濕地 遺蹟』III, 國立光州博物館.

安承周·李南奭, 1987,『公山城 百濟推定王宮址 發掘調査報告書』, 公州師範大 學博物館.

安春培, 1984,『昌原三東洞甕棺墓』, 釜山女子大學校博物館.

嶺南埋藏文化財研究院, 1998,『浦項玉城里古墳群-나地區-』I.

嶺南文化財研究院, 2000,『대구 팔달동유적』I.

嶺南文化財研究院, 2001,『慶州舍羅里遺蹟』II.

尹德香, 2000,『南陽里 發掘調査報告書』, 全北大學校博物館.

尹世英·李弘鍾, 1994,『渼沙里』第5卷, 渼沙里先史遺蹟發掘調査團.

李健茂·徐聲勳, 1988,『咸平草浦里遺蹟』, 國立光州博物館.

李健茂·李榮勳·尹光鎭·申大坤, 1989,「義昌 茶戸里遺蹟 發掘進展報告(1)」,『考古學誌』第1輯, 韓國考古美術研究所.

이기길·김선주·최미노, 2003,『영광 마전·군동·원당·수동유적』, 조선대학교박물관.

李南奭·徐程錫, 2000,『斗井洞遺蹟』, 公州大學校博物館.

李暎澈·金美蓮·張明燁, 2005,『海南 新今遺蹟』, 湖南文化財研究院.

濟州史定立事業推進委員會·濟州大學校博物館·濟州道民俗自然史博物館, 2001,『濟州錦城里遺蹟』.

全北大學校博物館, 1989,『細田里 發掘調查報告書』圖面·圖版 I.

中央文化財研究院, 2001,『論山 院北里遺蹟』.

趙現鐘·申相孝·李宗哲, 2003,『光州 新昌洞 低濕地 遺蹟-土器를 중심으로-』V, 國立光州博物館.

忠南大學校博物館, 1994,『神衿城』.

崔夢龍, 1976,「西南區貝塚 發掘調查報告」,『馬山外洞城山貝塚發掘調查報告』, 文化公報部 文化財管理局.

崔夢龍·李盛周·李根旭, 1989,「洛水里 낙수 住居址」,『住岩댐水沒地域 文化遺蹟發掘調查報告書』VI, 全南大學校博物館.

崔夢龍·權五榮·金承玉, 1989,「大谷里 도롱 住居址」,『住岩댐水沒地域 文化遺蹟發掘調查報告書』VI, 全南大學校博物館.

崔盛洛, 1987·1988·1989,『海南 郡谷里 貝塚』I·II·III, 木浦大學校博物館.

최성락·박철원·최미숙, 2000,『장흥 지천리유적』, 목포대학교박물관.

최성락·이영철·한옥민·김영희, 2001,『영광 군동유적-라지구 주거지·분묘-』, 목포대학교박물관.

최성락·고용규·김병수, 2006,『진도 용장산성』, 목포대학교박물관.

崔盛洛·金京七·鄭一·韓美珍·李景琳, 2006,『羅州 郎洞遺蹟』, 全南文化財研究院.

崔盛洛·金珍英·白明鮮, 2008,『海南 黃山里 分吐遺蹟』I, 全南文化財研究院.

崔完奎·趙仙榮·朴祥善, 2005,『益山 信洞里 遺蹟』, 圓光大學校 馬韓·百濟文化研究所.

崔仁善·朴泰洪·宋美珍, 2004,『麗水 鼓樂山城』II, 順天大學校博物館.

韓國文化財保護財團, 1998,『慶山 林堂遺蹟(I)-A~B地區 古墳群-』.

韓國文化財保護財團, 1998,『慶山 林堂遺蹟(VI)-E地區 古墳群-』.

한신大學校博物館, 2003,『風納土城』III·IV.

韓永熙·咸舜燮, 1993,『淸堂洞』, 국립중앙박물관.

湖南文化財研究院, 2006,『長興上芳村B遺蹟』.

湖南文化財研究院, 2009,『完州 葛洞遺蹟(Ⅱ)』.

# 찾아보기